다시, 혁신교육을 생각하다

다시, 혁신 교육을 생각하다

2

초등학교의 열두 달
혁신 교육 활동 안내서

양영희·최탁·고은정·권재우·심은보·박상혁 지음

창비
교육

여는 글

느리더라도 꾸준히 걷기

공교육이 제구실을 하지 못한다는 비판이 끊이지 않는다. 바닥을 치고 있는 공교육의 위상은 아이들이 학교를 떠나거나, 자신들만의 방법으로 수업 시간을 무력하게 만드는 저항 단계에까지 와 있다. 어디서도 아이들 목소리를 있는 그대로 담아내지 못한 채, 교육은 겉모습만 계속 바꾼다.

이런 가운데 경기도에서 시작된 혁신학교는 많은 한계에도 불구하고 오랜 시간 동안 교육의 변혁을 꿈꿔 왔던 교사와 학부모, 시민들에게 큰 반향을 일으키고 있다. 모래알 같았던 학교의 구성원들이 공동체를 꿈꾸며 서로 배우고 나누는 혁신학교의 이야기는 공교육의 진정한 변화를 체감하게 했다. 혁신학교들은 작은 시도와 노력을 거듭하며 신나게 학교를 바꾸어 나갔다. 그 과정에서 아이들이 좋아하고 학부모가 박수를 치는 멋진 모습이 나오기도 했다. 그리고 이제 혁신학교가 꿈꿨던 교육과 그 실천들이 전국 곳곳에 영향을 미치는 중이다.

이 책을 쓴 저자들은 혁신학교의 가장 큰 장점으로 교사들이 자율성을 발휘해 학교와 학급을 운영할 수 있다는 점을 꼽았다. 단 한순간도 우리의 이야기를 꺼내 보지 못하고 살았던 교육계의 수직적인 문화가 변화하는 것을 경험했기 때문이다. 혁신학교에서 가장 중요하게 여기는 것은 공동체인데, 이것은 학교의 민주화가 전제되지 않으면 완성이 불가능하다. 그래서 혁신학교에서는 처음에 서로 목소리를 내는 연습부터 한다. 고요하던 학교가 와글거리고 서서히 구체적인 합의와 실천을 거치며 마음을 엮어 간다.

혁신학교 내 구성원들이 아무리 한마음이 되어 강한 의지로 살아간다 해도 현재의 우리 교육 환경에서는 한계가 있다. 단위 학교에서 결정할 수 없는 여러 제도와 인사 문제, 승진 제도, 예산, 국가 수준의 교육과정과 교과서, 정해진 수업 시수와 수업 일수, 학벌 중심의 사회, 자본의 논리가 교육을 삼켜 버릴 것 같은 환경 등이 여전히 굳건하기 때문이다. 결국 학교 밖 세상과 학교가 손잡고 아이들을 지켜 내는 구조가 아니라면 학교 안의 노력은 쉽사리 무너질지도 모른다.

그럼에도 불구하고 아이들을 매일 만나는 우리들은 아이들이 행복해지는 교육을 실천하려는 노력을 멈출 수 없다. 아이들이 우리 삶의 유일한 희망이기 때문이다. 아이들이 스스로를 사랑하고 귀히 여기며, 그 자세로 다른 사람들을 대하면 세상은 어떻게든 좋은 방향으로 나아갈 것이다. 지금 우리 아이들은 자존감이 약하고 친구에게 다가가는 법도 모른다. 또 문제가 생기면 등을 돌리고 외면하려고만 한다. 역사를 배우면서, 세월호를 보면서, 뉴스를 시청하면서 우리나라 청소년들은 이 나라를 떠나는 꿈을 꾼다고 한다. 교육은 '사람 사는 세상'을 지향해야 하고 그 시작은 학교가 해야 한다. 아이들이 학교에서 만난 세상이 따뜻하다고 느끼게 해야 한다. 그 안에서 자기가 보호받고 있기에 학교는 신뢰할 수 있는 곳이라 여기게 해야 한다. 나아가 이 사회도 그럴 수 있다고 믿고, 스스로 이 사회를 바꾸어 나가게 해야 한다. 결국 혁신학교 역시 '사람의 이야기'이고 '사람들의 사랑 이야기'이다. '사랑할 수 있는 사람들이 모여 사는 곳' 말이다. 그리고 그것은 마을과 지역 사회, 국가로 연결되어야 비로소 완성될 수 있다.

『다시, 혁신 교육을 생각하다』는 혁신학교를 처음 접하거나 일반 학교에 있지만 혁신학교를 알고 싶어 하는 선생님들께 도움이 되기를 기대하며 만들었다. 혁신학교가 제대로 정착되어 구성원들이 행복하게 살기를 원하는 바람이 간절했지만 무엇을 먼저 해야 할지, 어디서부터 시작해야 할지, 왜 그것을 해야 할지를 제대로 고민하고 느리더라도 꾸준히 가도록 도와주는 환경은 부족했다. 그래서 혁신학교와 관련된 과장된 정보를 걷어 내고 있는 그대로의 경험과 생각을 이 책에 담고자 했다. 특히 2권에서는 혁신 초등학교에서 하는 교육 활동을 월별로 정리했다. 여러 저자들이 각각의 주제를 정리하고 나 못한 이야기는 한자리에 모여 나눴다. 그 대화는 마지막 부분에 '그럼에도 불구하고'로 수록하였다.

많은 사람들이 이 책을 통로로 혁신학교의 철학과 교육 내용, 교육 방법, 그럼에도 과제로 남은 여러 고민을 동시에 들여다볼 수 있기를 희망한다. 그런 의미에서 혁신학교의 철학을 담은 1권과 학교급별 주요 교육 활동을 다룬 2, 3권을 동시에 읽어 보시기를 권한다. 아침 맞이나 중간 놀이 같은 특정한 활동을 해야 혁신학교가 되는 것이 아니라 그 활동을 해야만 하는 이유를 생각하고 그 생각을 구성원들과 공유하는 것이 혁신학교로 가는 첫걸음이라고 생각하기 때문이다.

인생을 살아가며 겪는 크고 작은 문제에 정답은 없다. 혁신학교 이야기를 담은 이 책 또한 마찬가지다. 다만 우리는 먼저 길을 간 사람으로서 우리가 관계를 맺고 함께 살아가는 법을 익힌 이야기와 그 역사를 조심스럽게 꺼내어 펼칠 뿐이다. 그리고 그것이 모두 예쁜 모양새일 수는 없었음을 고백한다. 이 책이 아이들을 위한 새 길을 열어가는 사람들에게 작은 위안이라도 되기를 바란다.

2016년 봄

저자들의 마음을 모아 양영희 씀.

차례

13월 매일을 풍요롭게 하는 활동

그럼에도 불구하고

3~4월

시작하는 봄

3~4월은 학교가 모든 것을 새롭게 시작하는 때다. 두려움과 설 렘을 안고 학교에 첫발을 디딘 아이들과 낯선 학교로 전근 와 모든 것을 새롭게 시작하는 선생님들이 함께 어울린다. 서로를

알아 가고 호흡을 맞추려는 노력이 필요한 시기이다. 3~4월 혁 신학교는 '너'를 온몸으로 맞이하는 데에 초점을 두고 일상적인 교육 활동을 시작한다.

입학식
귀한 환대로 시작하다

아이는 뒤에 서 있는 부모만 바라보고, 부모도 불안한 마음으로 아이만 바라본다.
잠시 앉았다가 일어나면 입학식이 끝나고, 사진 찍고 집으로 돌아간다.
아이들이 입학식 날 알고 싶어 하는 것은 '담임 선생님은 누구일까?' 뿐이다.

첫아이를 학교에 보내는 부모들은 떨림과 설렘을 안고 자녀의 입학을 준비한다. 아이들도 학교라는 공간과 거기에서 만날 사람들, 겪게 될 일들을 기대 반 걱정 반으로 상상한다. 아이들이 학교에 대한 이미지를 형성하는 첫 단계는 입학식이다. 입학식 날, 학교의 모든 식구에게 환대받으며 그곳의 새 주인으로 인정받는 느낌이 들었다면, 아이는 학교를 행복한 곳이라고 여길 것이다. 따라서 아이들이 학교에서 행복하게 지내게 하려면 학교 구성원들이 마음을 모아, 아이들의 마음을 열게 해야 한다.

하지만 학교에서 아이들을 맞이하고 입학식을 준비하는 풍경은 어떤가? 아이나 부모와는 달리, 학교의 관점에서 보자면 입학식도 많은 행사 중 하나일 뿐일지도 모른다. 그래서 해마다 담당자만 바꿔

가며, 같은 지침에 따라 같은 공간에서, 같은 장식을 쓰며, 같은 업체에서 제공한 물건으로 입학식을 진행하는 것이다. 관례를 따르면 편리하다. 그러나 색다른 의미와 관계를 형성하는 일은 차단된다. 쉬운 결정과 일 처리는 편안한 진행을 보장하지만 정작 입학식에서 필요한 진정한 마음과 태도를 놓치게 하는지도 모른다. 입학식은 교사와 학생, 교사와 학부모, 사람과 사람이 만나는 중요한 순간인데 말이다. 혁신학교는 사람과 사람의 마음을 연결하는 장으로 입학식을 생각하고 준비한다.

입학식 준비하기

아이들을 '특별하고 귀하게' 맞이하는 혁신학교가 많다. 이렇게 하자면 기존의 입학식 풍경을 바꿔야 한다. 격식과 형식에 따른 진행, 딱딱한 분위기, 내빈, 애국가, 교가, 학교장 축사를 어떻게 바꾸고 생략하며 풀어 갈지 고민해야 한다. 입학식을 1학년만의 의례적인 행사가 아니라, 학교 전체 가족들이 새 가족을 맞이하는 행사라고 여겨야 한다. 이런 의미를 생각하며 입학하는 아이들을 환대하는 마음을 공유하고, 이를 어떻게 표현할지 의논한다. 작은 학교는 온 식구가 한자리에 모여 축하하고, 큰 학교는 그 많은 식구가 한자리에 모일 수 없으니 다른 방법을 찾는다.

교실에서는 담임 교사와 아이들이 짧지만 특별한 첫 만남을 시작한다. 먼저 아이들의 이름을 불러 주어 보자. 아이들을 기억하고 그 이름을 불러 주는 일은 중요하다. 1학년 교사들이 예비 소집일 이후부터 아이들 명단과 반 편성 자료를 가지고 아이들 각각, 혹은 학급 구성원 전체에게 축하 메시지를 담은 영상을 찍거나 편지를 쓰기도 한다. 입학식에서 아이들에게 줄 입학 증서도 만들고, 학생 자치회나 학부모회 혹은 마을의 풍선 아트 동아리 등의 협력을 받아 풍선이나 꽃 장식을 마련하기도 한다. 입학식장의 모든 의자에 아이들 이름을 하나씩 붙여 놓아 아이들이 식장을 찾을 때부터 자신이 귀한 주인공이란 느낌을 받게 한다. 또 이미 발표된 반 편성 명단을 크게 출력하여 식장 주변에 붙여 놓아 자기 반을 확인할 수 있게 한다. 작은 학교라면 학생이 많지 않으므로 행사지에 아이들 이름을 모두 써 주고, 행사장에도 명단과 함께 축하 메시지를 아이별로 써 준다.

신입생을 환영하는 현수막을 거는 방법도 좋다. 선배들이 12월이나 2월에 직접 만들면 의미가 있다. 형편이 여의치 않다면 축하 문구를 아이들이 생각하게 하고, 그것을 학교에서 현수막으로 제작해도 좋다. '동생들아! 너희들이 우리 학교에 오게 돼서 기뻐. 6년 동안 행복하게 같이 잘 지내자.' 정도라면 좋은 예가 될 것이다. 기존의 획일화된 크기나 길이에서 벗어나, 자연스러운 내용과 길이로 제작하면 더 정감 있다. 1학년 선생님들이 머리를 맞대고 의논한 문구로 현수막을 제작할 수도 있다. '행복한 배움, 나누는 기쁨, ○○ 초등학교 1학년이 된 것을 축하합니다.'처럼 현수막에도 학교의 가치와 철학을 반영해 보자.

함께하는 입학식

입학식 당일 행사는 보통 다음과 같은 순서로 진행한다. 물론 학교 규모나 상황에 따라 순서와 내용은 얼마든지 달라질 수 있다.

입학생 반 확인하기 → 자기 이름이 적힌 의자 찾아가기 → 사회자 인사하기(사회를 학생 자치회에서 맡으면 더 좋다.) → 선배들의 축하 인사 또는 축시(2학년, 6학년) → 선배 부모님들의 축하 인사 → 선생님, 교장 선생님의 축하 인사 → 입학생 소감, 소망 말하기 → 입학생 부모님의 소감 말하기 → 축하 공연(선배들, 학부모 동아리 등) → 학교 돌아보기(선배 손을 잡고) → 교실로 가서 선생님 만나기 → 부모님, 선생님과 기념 촬영 하기

입학식 때 입학생의 소감을 들으면 좋다. 아이가 말하기 힘들어하면 부모가 대신해도 괜찮다. 또 각 학년을 대표한 학생이나 선배 몇 명, 혹은 선배의 부모님들이 마음을 담은 축하 인사를 하기도 한다. 인사말을 축하 공연이나 축시·편지 낭독 등으로 대신해도 입학식이 따뜻해질 것이다. 학교 행사가 지루한 격식에서 벗어난 작은 파티라고 생각하게 되면 아이들은 그만큼 기뻐한다. 그러려면 내 아이만 생각하지 않고 모두의 아이를 함께 바라볼 수 있게, 학부모들의 참여를 이끌어야 한다.

작은 학교라면 자리 배치를 원탁형으로 해 보자. 학교 측에서 준비해 준 이름표를 선배들이 신입생들 목에 걸어 주고, 손을 잡아 자리

까지 안내해 준다. 역시 미리 준비해 둔 입학 선물도 전달하고, 동생들 손을 잡고서 학교도 구경시켜 준다. 이때 담임 교사는 학부모와 인사하고 학급 안내를 하며 친교의 시간을 보낸다. 축하 공연은 원하는 선배 학생들의 신청을 받아 준비한다.

큰 학교라면 담임 교사가 이름표를 아이들 목에 걸어 주며 인사한다. 반별 자리 배치도를 입구에 붙여 두면 편하다. 입학식상에 입학생이 들어올 때, 식이 끝난 후 식장을 나갈 때 교직원들과 선배들이 입구에 두 줄로 서서 박수를 치거나 노래를 부르거나 축하한다고 말해 주자. 큰 학교는 입학식 때 선배까지 한자리에 모이기 어렵다. 입학 후 6학년 언니, 오빠가 신입생들 손을 잡고 교실로 안내하는 방법을 써 본다. 1학년 교실로 선배들이 놀러 와 축하 인사를 하거나 아이들과 놀아 주기, 편지나 축하 메시지를 1학년 교실에 붙여 놓기 등 다양한 방법을 찾을 수 있다.

동생들아, 입학을 축하해!

구름산 초등학교는 도시에 위치한 큰 학교라 교사, 선배 들이 모두 참여하는 입학식은 상상도 할 수 없다. 전 학년이 아니라 한 학년 선배들이 함께할 공간도 없으니 말이다. 입학생과 그 가족만으로도 강당이 꽉 찬다. 첫해에는 6학년 선배들이 입학생들의 손을 잡고 교실까지 안내하는 행사를 기획했지만 사람이 너무 많아 복도를 지나가지도 못했다. 선배들은 짧은 축하 공연과 메시지로만 후배들에게 마음을 전해야 했다.

그래서 구름산 초등학교에서는 300명이 넘는 인원이지만 신입생들 한 명, 한 명에게 입학 증서를 주고, 아이들을 모두 무대 위에 불러 교장 선생님과 악수하는 시간을 마련했다. 자칫하면 그 시간이 지루해질지도 모르기에 아이들 이름으로 영상을 만들어 축하 메시지를 띄웠다. 나중에 아이들은 그 시간이 기억에 남았다고 했다. 또 의자에 이름을 붙여 놓고 앉게 한 일을 두고, 아이들은 "거기 내 이름이 있었어요." 하며 기뻐했다. 2학년 아이가 "이 자리에 서니 옛날 생각이 납니다. 동생들아, 공부 열심히 해. 입학을 축하해!"라고 쓴 축하 편지를 읽을 때는 식장이 웃음바다가 되기도 했다. 입학식 날에 작은 마을을 이루듯 함께 도우며 살아가자는 말, 아이들을 누구와도 비교하지 말고 있는 그대로 존중하고 모든 아이들의 성장을 돕자는 말, 아이 친구의 이름을 외우고 내 아이, 네 아이를 함께 껴안고 살자는 말 등을 하며 그 마음을 전달해 보자. 입학식 날은 예쁜 옷보다 따뜻한 마음이 먼저 준비되어야 한다.

학급 교육과정 세우기
새롭게 만드는 우리 학교

교육과정 안에 아이들이 있는가?
어른들이 만든 위험하고 냉정한 세상을 살아가는 방법만 그 안에 있는 것은 아닐까?
그런 교육과정이라면 아이들은 학교에서 행복하지 않다.

혁신학교는 아이들을 '잘 키우는 교육'이 아니라 아이들이 '잘 크는 교육'을 꿈꾼다. 남이든 자신이든 탓하지 않고, 고민만 하지도 않고, 모두 모여 지혜를 나누며 꿈을 꾸고 꿈을 이루는 공간이 되려 한다.

교육과정이란 무엇일까. 학교 교육과정에는 아이들이 잘 크려면 공교육이 어떤 구조 속에서 어떤 원칙을 지켜야 하는지가 담겨 있다. 학급 교육과정은 좀 더 세부적인 구조를 가지고 거기에 학교의 원칙을 어떻게 담아낼지 알려 준다. 공유와 해석, 함께와 혼자, 배움과 나눔이 조화를 이루는 방안을 구현하는 것이 학급 교육과정이다. 학교 교육과정이 전망, 가치, 규범, 체제를 중시한다면 학급 교육과정은 자발성, 교사·학생·학부모의 성장, 뿌듯함, 존재를 중시한다.

학급 교육과정 수립하기

학급 교육과정을 수립하려면 먼저 학교 교육과정을 확인해야 한다. 학교마다 각 학교의 가치를 반영한 전망이 있는데, 이는 대개 '잘 키우는 교육'과 '잘 크는 교육'으로 나눌 수 있다. 혁신학교는 대부분 '잘 크는 교육'을 지향한다. 국가 수준 교육과정의 하위에 있는 학교의 교육 목표와 교육 원리, 공동으로 실천할 프로그램을 확인하고 학급 교육과정을 수립한다. 학급 교육과정을 수립할 때 고려할 점은 다음과 같다.

- 지난해 12월부터 협의한 학교 교육과정을 확인한다.
- 해당 학년의 일반적인 특징과 개인별 특이 사항을 확인한다.
- 배움에 대한 동기, 자존감, 자신 있는 삶을 위해 주로 어떤 방법을 쓸지 고민한다.
- 국가 수준 교육과정을 살펴보고 교과 교육과정을 구조화한다.
- 평가와 피드백 방법을 계획한다.

학급 교육과정의 수립은 '어떻게 배움에 대한 동기를 지니고 자기를 신뢰하며 자신 있는 삶을 살게 할 것인가?'라는 질문에서 시작한다. 이러한 정의적 능력을 기반으로 스스로 학습에 필요한 도구를 찾는 능력, 과학적인 능력, 문학적인 능력, 자율적인 능력을 키우게 하는 일로 확장한다.

국가 수준 교육과정의 내용은 '아이들이 만나야 할 세상'과 '아이들이 갖추어야 할 학력'으로 구분할 수 있다. 학교는 '나', 가족, 이웃, 사회, 역사, 국가, 생태 등과 같이 기성세대가 이룩한 도덕이나 제도, 문화, 지혜를 아이들과 만나게 한다. 아이들이 갖추어야 할 학력은 크게 도구적 능력(기능적 능력, 기본 학습 능력), 과학적 능력(논리 능력), 삶과 사람을 대하는 문학적 능력으로 구분할 수 있다. 이를 위해 학습 소재로 꼭 다룰 만한 가치가 있는 주제를 선정하여 교과 교육과정 운영 계획을 수립한다. '재구성-수업-평가 계획'으로 이어지는 학급 교육과정 편성과 평가의 예는 아래와 같다.

초등학교 5학년 ○반 교과 교육과정 편성

단원	국가 수준 교육과정의 성취 기준	필수 텍스트	재구성한 핵심 성취 기준	수업 계획
				평가 계획
2. 환경과 조화를 이루는 국토	· 인간을 둘러싸고 있는 인문 환경과 자연환경의 뜻을 알고, 그 특성에 대해 설명할 수 있다.	양수리	자연 환경과 인문 환경이 사람들의 생활에 미치는 영향을 설명할 수 있다.	· 교과 필수 지식 알기 · 환경과 생활 프로젝트 학습
	· 국토 개발의 사례를 찾아보고 그 특징과 필요성을 설명할 수 있다. · 지속 가능한 발전의 사례를 찾아 그 특징과 필요성을 설명할 수 있다. · 인간과 환경은 상호 보완적인 관계임을 이해하고 친환경적인 태도를 실천하기 위한 방안을 제시할 수 있다.		· 도구 능력 평가: 쪽지 시험 (지식 암기) · 과학 능력 평가: 탐구 활동 보고서, 논술 평가 · 문학 능력 평가: 양평군을 시로 승격하는 사안에 관한 에세이 쓰기	

평가 문항

우리는 사회 3단원에서 경제에 대해 공부하고 있습니다. 지난주에는 자동차 만들기 시뮬레이션 활동을 했습니다. 그 활동을 한 이유는 더 많은 스티커(돈)를 모으기 위해 열심히 경쟁하는 것의 좋은 점과 나쁜 점을 이야기하기 위해서였습니다. 경쟁의 장점과 단점을 정리하고, 단점을 줄이기 위해 어떤 방법을 쓸 수 있는지 써 주세요.

• 장점:

• 단점:

• 단점을 줄일 수 있는 방법:

평가 기준		
평가 항목	평가 관점	평가 결과
문제 파악 능력	무엇을 묻는 문제인지 파악하였는가?	VVG VG G
분석 능력	활동 속에서 장점과 단점을 파악할 수 있는가?	VVG VG G
과학 능력	생각을 깊고 넓게 발전시켜 가는가?	VVG VG G
소통 능력	다른 사람의 어려움을 실감할 수 있는가?	VVG VG G

함께 세우는 학급 교육과정

2015년에 신규 교사 두 명과 함께 같은 학년을 맡았다. 우리는 2월에 모여 학급 교육과정의 얼개를 짰다. 그 대략적인 순서와 내용은 다음과 같다.

- 학교 교육과정에 제시된 이상적인 학생상 확인하기
- 우리가 만날 아이들의 특성 파악하고 힘써야 할 내용 협의하기
- 우리 학교의 장단점 나누기
- 교육 원리와 관계 맺기 원리 설정하기
- 교과 교육과정 수립
  - 교과 운영 계획 세우기
  - 사건이나 현상 등 아이들의 생활과 밀접한 내용으로 주제와 함께 다룰 텍스트 선정하기
  - 이상적인 학생상과 학력 달성을 위한 수업의 가치, 일상적으로 사용할 수업 방법, 교육적 관계 맺기를 위한 교사 역할 등 수업에 관해 논의하기
  - 도구 습득 정도, 과학적인 능력, 문학적인 능력, 자율 능력, 정의적 능력 등 학력 측정 방안 논의하기
- 학급 운영 구조 수립
  - 교육적 관계 맺기를 위한 활동 계획
  - 학급 자치회 시기 및 주제
  - 아이들과 함께 만들어 가는 학급을 위한 일

얼개를 함께 고민하니 교사 각자의 편견에 따라 지도할지도 모른다는 불필요한 염려가 줄었고, 좋은 방법을 생각해 낼 수 있었다. 교육, 학교, 학급, 교과를 연결해 살피는 안목도 키웠다. 이러한 일은 모든 학년에서 이루어진다. 우리 학교의 저학년 아이들은 참 부산스럽고 시끄럽다. 하지만 학년이 올라갈수록 차분하고 어른스러워진다. 학년이 올라갈수록 배움에 대한 기대와 뿌듯함이 커 가고 학교폭력이나 왕따와 같은 일이 거의 없다. 그래서 그런지 많은 학교에서 발생한다는 교사들의 고학년 기피 현상이 없다. 물론 아직 어린 학생들이고 큰 어려움을 겪어 본 일이 없기에 어떤 때는 무례하기도 하고 거친 행동을 하기도 한다. 우리는 이러한 모습을 비난하지 않았다. 오히려 그런 일이 생기면 학급 교육과정에 반영하여 수업의 소재로 다루고 공감과 이해, 진짜 책임으로 이어질 수 있게 했다. 그렇기에 아이들은 학년이 올라갈수록 성숙한 모습을 보이지 않았을까 싶다.

같은 학년을 맡은 교사들끼리 매주 목요일이면 모여 앉아 다음 주 계획을 함께 이야기한다. 교육 목적, 기대하는 아이들의 모습, 수업 내용, 평가, 피드백에 관해 구체적인 이야기를 주고받는다. 프로젝트 수업을 기획한다면 그 주제에 대해 서로 역할을 나누어 발제와 부분별 실제 교육 계획 수립을 맡기도 한다. 구체적인 계획을 수립하기 전에 우리가 하려는 교육이 아이들 삶에 어떤 역할을 할지, 어떤 내용을 담았으면 하는지, 아이들에게 기대하는 모습은 무엇인지 등에 대해 구체적이고 세세한 이야기를 충분히 나눈다. 동료 교사들과 대화를 나누다 보면 대략적인 계획이 세워진다. 담당자는 짜임새와 순서만 조정하면 된다. 전체 교원 협의회에서는 큰 틀을 정하고 많은 사람들의 생각을 듣는다. 그리고 같은 학년 교사들과 만났을 때에는 작고 세세한 이야기를 듣는다. 이야기를 듣다 보면 즐거워서 시간 가는 줄도 모른다.

소통과 나눔은 공동체를 만들어 가는 핵심이다. 그리고 그 핵심을 움직이는 힘은 사람과 사람 사이의 관계다. 이 원칙은 학급 교육과정을 세우는 일에서도 예외 없이 적용된다.

환경 미화 vs 교실 꾸미기
배움터 함께 만들기

환경 미화라고요? 아이고, 가뜩이나 바쁜 3월에요?
기껏 해 놓고 보면 이 교실이 저 교실 같고 모두 비슷하던데,
무슨 의미가 있을까요.

환경 미화에는 교실을 예쁘게 꾸며서 누군가에게
보여 주는 일 이상의 의미가 있어야 한다. 교실은 교사와 학생들이 생
활하며 자신들의 빛깔을 만들고 드러내는 곳이기 때문이다. '환경 미
화'라는 말보다 '교실 꾸미기'나 '배움터 함께 만들기'라는 말로 표현
해 보면 어떨까.

혁신학교는 아이들의 삶이 들려주는 이야기를 귀하게 여기고, 아이
들 각각을 주인공으로 세우고자 한다. 이는 아이들이 생활하고 공부
하는 곳인 교실을 가꾸고 꾸미는 일에서도 마찬가지다. 아이들이 주
인공이 되어 교실을 함께 만들어 나가는 것은 각자의 삶에 이야기를
더하는 일이고, 또 다른 이야기가 나올 공간을 창조하는 뜻깊은 일이
기도 하다. 얼마 전부터 아이들과 함께 수업을 하며 교실뿐만 아니라

학교까지 함께 꾸미고 바꾸어 가는 활동이 늘어나고 있는데, 이러한 시도도 같은 맥락에서 이해할 수 있을 것이다.

'교실' 다시 보기

교실은 교사가 일방적으로 말하며 수업하는 공간이 아니다. 아이들과 함께 이야기를 나누고 서로의 빛깔을 주고받으며 그 이야기를 엮어 나가는 공간이다. 따라서 교실 꾸미기는 결과뿐만 아니라 그 과정 역시 아이들과 교사 모두에게 의미 있는 일이어야 한다. 교과를 재구성하고 수업 시간에 이를 끌어와 아이들이 자신들의 공간을 힘을 모아 디자인하고 꾸며 보게 한다면 의미 있는 시간이 될 것이다. 일상 속에서 교실 환경을 가꾸어 나가는 역할과 권한을 아이들에게 건네 보자.

교실은 활발하게 소통하며 가르치고 배우는 곳인 동시에, 편하게 쉴 수 있는 곳이어야 한다. 교실의 앞면과 뒷면을 꾸미는 일에만 집중하지 말고, 교실 공간 전체를 어떻게 꾸밀지 고민이 필요하다. 교실 안에 공부하는 공간, 쉬어 가는 공간, 상상력을 발휘하는 공간, 작품을 게시하는 공간, 자유롭게 무엇이든 붙일 수 있는 공간이 함께 마련된다면 좋겠다. 어떤 공간이든 꼭 채워야 한다는 강박은 버리자. 깔끔한 여백이 주는 여유도 있다. 또한 교실을 꾸밀 때는 아름다움이라는 요소뿐만 아니라 공부와 생활에 쓸모가 있는지, 도움을 주는지도 고려해야 한다.

아이들과 함께 교실 꾸미기

교실을 함께 꾸미는 과정은 학기 초, 아이들과 어떤 반을 만들지 이야기하며 밑그림을 그려 나가는 일에서부터 시작해 본다. 꾸미는 일에만 집중하여 그럴듯한 결과를 내는 것을 목표로 삼지 말자. 서로 이야기를 나누고 역할을 분담하여 수행하는 과정에서 아이들이 각각 학급의 주인공이 되어야 한다. '어떤 반을 만들까?' 하는 고민이 추상적이라서 잘 다가오지 않는다면, 우리가 생활하는 교실이 어떤 곳이면 좋을지 아이들과 이야기를 나누어 보고, 반 이름부터 함께 지어 본다. 문패까지 만들어 걸어 둘 수도 있다. 어떤 단계까지 나아가든, 그 과정 속에서 아이들을 학급의 주인공으로 세워 주는 일이 중요하다고 다시 강조하고 싶다.

좀 더 세부적으로 살펴보자. 교실 앞과 뒤뿐만 아니라 옆, 창문, 복도까지 모두 활용할 수 있다. 이곳들을 처음부터 완성된 형태로 꾸밀 수도 있겠지만 시시때때로 필요에 따라 채우는 공간으로 확보해 둘 수도 있다. 예를 들어, 소식이나 의견, 공부하는 주제를 공유하는 게시판을 만들어 놓는다면 여기에 아이들의 이야기가 채워질 테니 의미가 깊을 것이다. 학년과 아이들 상황에 맞춰 교실 벽면의 색깔을 바꾸는 '라주어 페인팅*'을 활용하는 경우도 있다.

교실 공간에 여유가 있다면, 학습 공간뿐만 아니라 쉼터나 소통하는 공간, 놀이 공간도 마련하면 좋다. 아이들은 긴 시간 딱딱한 책걸

---

* 친환경 페인트를 재료로 큰 붓으로 색채를 표현해 생명력이 넘치는 공간을 만드는 기법을 말한다.

상에 앉아 공부하는데, 좀 더 편안하게 소통하고 사고할 수 있는 공간이 있다면 좋을 테니 말이다. 바닥에 편한 매트를 깔아 놓을 수도 있고, 사물함을 옮겨 학습 공간과 분리된 곳에 책상이나 탁자를 몇 개 놓는 방법도 있다. 작품을 게시하는 공간도 꼭 교실 뒤쪽 중앙 부분으로 한정할 필요는 없다. 모든 아이들이 똑같은 형태의 작품을 반듯하게 붙여 놓을 이유가 있을까. 다양한 빛깔의 활동 결과물을 자유롭게 공유하고 감상하는 공간을 마련해 보자.

교사 혼자, 혹은 교사와 소수의 아이들이 진행하는 '환경 미화'가 아니라 아이들과 함께 교실을 꾸미는 수업을 진행하고 나면, 아이들은 교실 곳곳을 애정 어린 눈으로 바라보며 교실을 자기 삶에서 소중한 곳으로 여기게 된다. 그리고 거기에 자신들의 이야기를 자유롭게 담기 시작한다. 자신이 서 있는 곳을 소중하게 여기는 일만큼 소중한 공부가 어디 있겠는가. 더구나 그 공간에서 펼쳐지는 이야기에서 아이들은 모두가 주인공이다.

교실 꾸미기를 할 때는 다음 사항을 점검해 보자.

- 학기 시작 전, 교과별로 교실 꾸미기에 활용 가능한 시수를 확보했는가?
- 교실이 어떤 곳이면 좋을지, 어떤 공간이 필요할지, 교실을 어떻게 꾸미고 어떤 점을 고려해야 할지 아이들과 이야기를 나누며 계획을 세웠는가?
- 꾸미는 작업을 할 모둠이나 역할을 적절하게 나누었는가?
- 교실 꾸미기를 마친 뒤 보완할 점을 확인했는가?

스스로 함께 배워 가는 심슨네 햇반

올해 죽백 초등학교에서 진행한 교실 꾸미기에 관해 이야기해 볼까 한다.

3월 첫 수업, '우리가 원하는 교실 모습'이라는 주제로 아이들과 의견을 나누었다. 이를 바탕으로 우리 반 이름도 정했는데, '스스로 함께 배워 가는 심슨네 햇반'이었다. 명패를 만들어 '6-1'이라는 숫자 팻말 아래 붙이는 일로 교실 꾸미기의 첫발을 내디뎠다.

벽면 꾸미기는 앞쪽 벽과 뒤쪽 벽으로 팀을 나누어 진행했다. 앞에는 '이곳에 귀하지 않은 삶은 없다.'는 문구를 미리 준비하여 붙여 놓았다. 그리고 아이들이 '햇반 일정', '햇반 차림표', '햇반 역할', '의견 주고받기' 등 중요하다고 생각하는 내용으로 벽면을 꾸몄다. 작년에 맡은 학급의 아이들은 '우리가 함께 지킬 규칙'과 시간표를 붙였는데, 올해는 또 다른 모습이었다. 교실 중앙 상단에는 아이들 사진과 우리 반 이름을 이용해 만든 아주 기발한 이름표가 하나 붙었고, 우측은 '햇반 일보'가 차지했다. 오른쪽 벽은 아이들의 생일과 꿈으로 장식했다.

교실 한쪽에 아이들이 쉴 수 있는 공간도 만들었다. 나무와 광목천을 이용하여 인디언 텐트를 만들었다. 물론 그 텐트는 모든 아이들이 참여하여 함께 조립했고, 우리가 담고 싶은 여러 이야기로 겉면을 꾸몄다. 마지막으로 '심슨네 햇반송'이라는 노래를 만들어 함께 노래를 부르는 뮤직비디오를 제작하는 것으로 한 해를 살아갈 준비를 마쳤다.

교사인 나에게도 학생인 아이들에게도 행복하고 즐거운 시간이었다. 교실, 그곳은 학생이 모두 함께 성장하는 곳이었다.

반모임
'학급 마을'로 태어나다

학부모 모임은 학생회장이나 반장 엄마들이 참여하는 거 아닌가요?
괜히 대표라도 되면 학교 일에 휩쓸리고, 경제적인 부담도 져야 할 것 같은데…….

　　　　　　마을 공동체가 살아 있는 곳에서는 아이들이 여러
어른의 돌봄과 지혜 속에서 성장한다. 그렇게 자란 아이들은 사람을
대하는 예의와 함께 살아가는 데에 필요한 자질을 몸으로 배운다. 전
통과 역사를 자연스럽게 익히는 가운데 미래를 설계한다. 공교육 일
선의 교사들이 아무리 목 아프게 외쳐도 아이들에게 전달되지 않는
가치들이, 마을 공동체 속에서는 자연스럽게 스며든다.
　극단적 개인주의와 극한 경쟁 속에서 이웃을 모르고 살아가는 아이
들은 사회를 불안하고 신뢰할 수 없는 사람들이 모인 공간이라고 여
기기 쉽다. 혁신학교는 이런 장벽을 무너뜨리고, 아이들이 다른 이와
함께 사는 법을 생활 속에서 익히게 해 주려고 노력한다. 학급과 학년
과 학교에서, 더 나아가 마을에서, 아이들이 믿고 손잡을 수 있는 어

른들이 있음을 알게 하고, 그 영역을 더욱 넓혀 가려고 애쓴다. 그 첫 번째 단계이자 노력이 학부모나 보호자, 아이들, 교사가 함께 만나는 반모임이다.

혁신학교에서는 반모임을 하며 '함께 살기'를 시도한다. 학교의 문을 활짝 열고 학부모를 맞이한다. 학부모와 학교 이야기를 나누고 의논하며 그들에게 도움을 받기도 하다 보면, 반모임은 새로운 체제로 확장된다. 반모임에서 교육과정에 대해 의논하기도 하고 체험 학습이나 여러 프로젝트를 진행하는 목적과 취지를 나누기도 한다. 그리고 구체적인 활동 방법을 결정하고, 예산을 짜며 협력이 필요한 부분을 찾는다.

반모임 준비하기

반모임을 할 때는 먼저 일 년 동안 함께 지낼 식구들 전체가 모이는 자리를 마련해야 하는데, 이때 학급 안내장(가정 통신문)으로 모임의 취지를 설명한다. 처음에는 얼굴을 보고 친해지는 일이 중요하다. 서로 조금씩 익숙해지고 아이들 얼굴과 이름까지 알게 되면 학부모들은 빠른 속도로 마음을 열게 된다. 맞벌이 가정이 많으므로 첫 모임은 저녁 시간에 하는 것이 좋다. 첫 모임은 담임 교사가 주도하고, 거기서 반 대표와 대표를 도와줄 수 있는 사람을 한두 명 더 선출하면 여러 분과별 활동에도 탄력이 붙는다.

운영 원칙이나 학부모들과 공유할 반모임의 성격 등을 미리 정리해 보는 것이 좋다.

- 모임 원칙: 아이들을 비교하지 않는다. 모든 아이를 내 아이로 바라보자.
- 장소: 모임 장소는 공적 공간인 학교가 좋다. 아이들의 집은 되도록 피한다. 사적 공간에서 모이면 이야기도 사적으로 흘러갈 소지가 있고, 누군가는 장소를 제공해야 하는 부담을 지게 된다. 학교에서 모이면 모임을 시작하기 전이나 끝낸 다음에 담임 교사와 소통할 수 있는 기회도 자연스럽게 생긴다.
- 시간: 밤이나 너무 늦은 시간에 모이는 것은 피한다. 이 역시 어떤 학부모들에게는 부담이 될 수 있다.

교사가 참여한 반모임에서 아이들 이야기를 할 때에는 아이들 전체에 관련된 사항만 언급하고, 이때 나온 이야기는 반 안에서만 공유해 달라고 안내한다. 그 밖에도 모든 아이에게 관심을 기울이고, 도울 일이 있으면 먼저 나서는 분위기를 만드는 것이 중요하다. 아이들 얼굴과 이름을 외우고, 다른 아이를 내 아이처럼 바라보며 서로 그 마음을 믿어야 한다. 반모임이 일 년으로 끝나지 않고 동네에서 오래 보며 교류하는 모임이 되도록 힘쓰고, 모임에 오는 사람, 오지 못하는 사람을 차별하지 않도록 한다. 자랑도 비난도 비교도 모두 상처가 될 수 있음을 잊지 말아야 한다.

상황에 맞게 반모임 운영하기

3월 말에는 교사, 아이, 가족 모두 모이는 전체 모임을 하기 좋다.

저녁 7시 30분쯤 아이들과 부모 등 온 가족이 모인다. 교실이 비좁을 수 있으니 책걸상을 복도로 모두 빼 놓고서 바닥에 돗자리를 깔고 앉는다. 간단한 음료나 간식도 준비한다. 가족별로 저녁을 준비하여 소풍 온 것처럼 교실에 둘러앉아 나눠 먹어도 좋다. 사람끼리 정이 들려면 함께 음식을 먹는 일이 제일이다. 참석한 사람들에게는 미리 준비한 가족별 이름표를 목에 걸거나 가슴에 붙이게 한 다음 인사를 나누게 한다. 담임 교사가 인사한 후 반모임을 하는 목적과 방향을 안내한다. 각 가정이 나와서 차례로 가족 소개를 하고 일 년 동안 이어질 모임을 시작하는 소감이나 바람을 이야기한다. 교사나 아이들에게 바라는 점을 포스트잇에 적어 커다란 종이에 붙이게 하는 방법도 있다.

총회에서 반 대표를 뽑은 상태면 이날 인사를 한다. 모임 진행을 반 대표가 해도 좋다. 반 대표를 도울 수 있는 사람 몇과 기록 담당, 총무 등 반모임 조직은 자율적으로 구성하는 것이 좋다. 사진 담당을 두어 사진으로 모임의 역사를 기록하고 SNS에 올리는 것도 활발한 참여를 이끄는 방법이다. 가족 소개가 끝나면 부모들끼리 모여 일 년 동안 반모임에서 하고 싶은 일을 의논한다. 고학년의 경우는 아이들과 미리 교실을 꾸며 놓고, 아이가 직접 사회를 보게 해도 좋다. 아이 이름으로 삼행시를 쓰기도 하고, 좋은 노래를 한 곡 같이 부르기도 한다. 또 좋은 글을 낭독하거나 아이들에게 보내는 편지를 써 와서 읽어 주면 어떨까.

학급의 부모님이나 보호자, 아이들, 담임 교사가 모두 모이면 전체 모임이 된다. 그러나 이렇게 다 모이는 일은 드물다. 요즘은 맞벌이 부모가 많기에 전체 모임을 하려면 밤이나 주말, 방학 등을 이용해야 한다. 모두 모여서 해야 하는 일은 3월 첫 모임에서 처리하고, 이후에는 등산이나 야유회, 캠핑 등으로 모임을 나누어 진행한다. 낮에는 아이들이 등교한 후 시간 되는 사람들이 모이는 약식 반모임도 많이 한다.

학부모들은 오전 10~12시경이 유일하게 혼자 지낼 수 있는 시간인 경우가 많다. 이때는 차를 마시면서 독서 토론이나 주제 토론을 하고, 요리나 바느질, 놀이, 그림 등 무엇이든 배우고 나누는 시간을 보낼 수 있다. 때에 따라서는 교사의 수업이 끝난 후 교실에서 모이기도 한다. 담임 교사와 학부모가 만날 때는 학급 운영에 관한 사항과 아이들이 생활하고 배우는 모습에 대해 이야기한다. 학급에서 협력이 필요한 내용을 논의하기도 한다. 이 시간에 독서 토론을 해도 유용하다. 책의 목록은 담임 교사가 추천하기도 하고 부모들끼리 정할 수도 있다. 또 좋은 다큐멘터리나 영화를 보고 토론하거나 강연을 같이 들으러 가기도 한다. 그것이 무엇이든 서로 재능을 나누며 배우기도 한다. 평일 오후, 혹은 주말이나 방학에는 음악회나 등산을 함께 가거나 철길 걷기, 공원에 가서 놀기, 캠핑하기, 학급 농장 가꾸기 등을 할 수 있다. 이런 활동을 하면 아이들이 무척 즐거워하고, 그해가 간 다음에 기억에 남는 일로 꼽기도 한다.

교사는 반모임의 심부름꾼이자 파수꾼

저학년의 반모임은 성공할 확률이 높다. 저학년 자녀를 둔 학부모는 학교에 관심이 많고, 그만큼 시간을 많이 낼 수 있기 때문이다. 다른 측면에서 보면 이 때문에 생기는 어려움도 많다. 하지만 교사가 학부모와 함께 반모임을 하고자 한다면 학부모의 관심과 시간이 많다는 것은 굉장히 좋은 조건이다. 실제로 저학년을 맡았을 때, 우리 반은 모든 부모가 반 아이들의 이름과 얼굴, 성격, 가정 사정까지 알았다. 언제라도 교실에서 함께 아이 문제를 의논할 수 있었고, 손이 많이 가는 활동은 반모임의 도움으로 해결했다. 농사나 체험 학습, 놀이마당, 음식 만들기, 김장, 친구 집에 놀러 가기, 학급 캠핑, 등산, 철길 걷기, 학급 농장 등 이 모든 활동은 반모임이 없었다면 아마 하기 힘들었을 것이다. 일이 있을 때마다 반 대표와 의논하고 학급 편지나 SNS로 소식을 공유했다. 아이도 학부모도 서로 끈끈한 유대를 다져서, 동네에서 만나면 아이들이 친구의 부모에게 안기는 광경이 흔했다. 교사는 반모임을 믿고 혼자서는 결코 할 수 없는 일에 도전했고, 아이들은 그 도전의 결과물을 풍족하게 향유했다. 아이도 교사도 매일 즐겁게 등교한 비결, 반모임이 아니었을까.

그렇게 반모임에서 만난 부모들은 좋은 이웃이 되었고, 담임 교사가 개입하지 않아도 스스로 의지하고 돕는 관계를 형성했다. 자신을 바라보는 어른이 부모 외에 또 있어서 든든하고 행복하다고 아이들이 느끼는 것, 더 나아가 이 세상은 신뢰할 만하다고 여기게 되는 것이 내가 생각한 반모임의 목적이었다. 아이들은 교실에서도 친구의 엄마를 '이모'나 '엄마 선생님'으로 부르며 친근하게 다가갔다. 아이들이 학교가 끝나고 집으로 갈 때, 그 이모와 엄마 선생님들은 손잡아 주고 인사하며 이름을 불러 줄 것이다. 학년이 바뀐다 해도 아이를 길에서 만나면 '많이 컸네?' 하고 머리를 쓰다듬어 주리라고 믿는다.

아이들이 고학년이 되면 맞벌이 부모가 많아져서, 시간을 내어 얼굴 보고 만날 수 있는 학부모가 적다. 그래서 반모임도 밤 시간에 하거나, 소수의 인원이 모여 낮에 하는 수밖에 없는 경우가 많다. 그래서 더욱더 학급 편지나 SNS 등으로 소식을 전하고 소통하는 일이 필요하다. 고학년 아이들은 많은 부분을 아이들과 직접 의논하고 결정할 수 있다는 장점이 있다. 하지만 아이들이 할 수 없는 나머지 부분을 뒷바라지하고 모임의 취지 등을 설정히여 알리는 일은 담임 교사의 몫이다. 학교의 사정에 따라 고학년도 반모임이 활성화되는 경우가 있지만 대체로는 교사의 노력이 다각도로 필요하다. 결국 저학년이든 고학년이든 교사는 반모임의 심부름꾼이자 파수꾼, 울타리 역할을 해내야 한다.

학부모 자치
스스로 일어서고 움직이다

여유 있는 부모들이나 학교에 가죠.
우리 집은 맞벌이라 회사 다니기도 바쁜데, 학부모 모임이라니요.
그리고 학부모들이 자꾸 학교 드나들면 학교에서도 별로 안 좋아하지 않나요?

혁신학교의 지속 가능성을 염려하는 사람들은 건강한 학부모 자치가 얼마나 중요한지 알고, 그 중요성을 강조한다. 혁신학교를 일군 교사들과 교장이 학교를 떠나도, 그 지역에서 오래도록 삶터를 이루고 살아온 학부모들은 떠나지 않기 때문이다. 그러한 학부모들은 학교가 지향점을 잃지 않도록 버팀목 역할을 하기도 한다. 학부모회가 교장의 눈치를 보고 입맛을 맞추는 소수의 임원으로 채워지면 안 되는 이유가 여기에 있다.

혁신학교에서는 학부모가 학교의 철학을 공유하며 아이들을 도울 수 있게 학부모 아카데미 같은 강좌나 설명회, 토론회 등을 많이 주최한다. 학부모 스스로 재능을 키우고 나누는 학부모 동아리도 있다. 또한 학부모들의 다양한 의견을 학교에 전달하고 조율하는 대의원회와 총회 등 회의 체계와 의결 기구를 실질적으로 보장하는 경우도 있다. 혁신학교에서 학부모들은 '진정한 교육 주체로 바르게 서기, 혁신학교에 대한 이해와 가치관 공유하기, 협력적 동반자 관계 형성하기' 등을 목적으로 다양한 실천을 해 나간다.

학부모 자치의 어려움과 개선 방향

학부모 모임이 학교의 입맛에 좌우되지 않고 긍정적인 역할을 해 낼 만큼 자리를 잡으려면 넘어야 할 어려움이 많다. 학교의 권위적 태도와 높은 문턱으로 학부모들의 참여나 의견 개진이 어려운 경우도 흔하고, 학부모가 굳이 나서야 할 일이 무엇이 있느냐는 정서도 팽배하다. 또 학부모 모임이 다양하게 이루어지려면 학교 안의 별도 공간이나 예산이 뒷받침되어야 하는데, 학생들을 위한 공간과 예산도 부족한 곳이 태반이어서 이 부분도 쉽지 않다. 학부모가 교육과 자치에 관심이 있다 하더라도 생활의 무게 때문에 꼼짝을 못하는 경우도 허다하다. 많은 맞벌이 가정이 홈페이지나 문자 메시지, 안내장으로만 학교의 상황을 이해한다. 그래서 학부모회가 스스로 소통 능력을 갖추려면 카페나 신문, 저녁 모임, 주말 모임 등 여러 통로로 학부모들에게 접근하는 노력을 보여야 하고 아래와 같은 고민도 필요하다.

● 학교의 구성원들은 학부모 자치 모임이 아이들의 교육을 돕는 진정한 동반자가 될 수 있다고 믿는가?

- 맞벌이 생활 때문에 일상에 지치고 시간이 없는 학부모들이 많다. 학교에서 새로운 관계를 맺고 역할을 수행할 여유와 의욕이 이들에게 있는가?
- 학교의 적절한 후원과 도움 없이도 학부모 스스로 소통하여 의결 기구를 구성하고, 다양한 동아리 활동이나 아이들을 돕는 의미 있는 일을 기획하여 실천할 수 있는가?
- 학부모 자치를 할 시간과 공간, 예산에 대한 지원이 뒷받침되는가?
- 내 아이만 중요하게 여기며 경쟁하는 일이 몸에 밴 학부모가 '우리'라는 공동체를 바라볼 수 있는가?
- 학부모 아카데미 등 학부모 연수를 거쳐 학부모 의식이 고양될 수 있는가?

12월 혹은 2월 말에 내년도 학부모회 조직에 대한 밑그림을 완성하고 학교 일정표에 따라 각 학부모회를 꾸려 갈 회원 모집을 준비한다. 이때 가장 먼저 할 일은 설문 작업이다. 지난해 학부모회 활동에 대한 설문을 모든 학부모를 상대로 진행한다. 그 결과를 토대로 학부모 총회나 대의원회에서 지난해 학부모회 활동을 평가한다. 학부모 자치 기구에서 평가한 내용을 기초로 하여 사업과 학부모 조직을 새로 구성하고, 다음 해의 계획을 추진한다. 이때 담당 교사나 부장, 관리자는 학부모 자치의 일 년 평가 활동에 함께 참여한다. 작년에 부족했던 내용은 무엇인지 검토하고, 올해 학교 쪽에서 지원해야 할 일이 무엇인지 확인하는 것이다.

다양한 학부모 자치 활동

학부모 자치 기구는 각 학급 반 대표가 참여하는 학년 반 대표(대의원) 모임과 전체 대의원이 참석하는 대의원회, 전체 학부모가 참여하는 총회, 각 단체장(녹색, 폴리스, 동아리, 학년 대의원, 아버지회, 회장단 등) 회의 등 여러 형태가 있다. 이는 학교 사정에 따라 학부모회 규정에 명시하여 조직·운영할 수 있다. 3월 일정표에 학부모 단체별 조직 일정을 기록하고, 학부모 안내장을 배부하여 각 단체의 역할을 안내한다. 그리고 한꺼번에 신청서를 받은 뒤, 날짜별로 단체와 동아리 등을 조직하여 총회 날 학부모 조직의 대표가 모이도록 조율한다. 학교의 공간이 제한적이라는 점, 한 학부모가 여러 곳에서 활동할 가능성이 있다는 점을 고려하여 준비 모임의 날짜가 겹치지 않게 배치한다. 이때 학교는 일정한 예산을 편성하여 학부모 자치가 활성화되도록 지원한다.

학부모회 활동은 목적에 따라 다음과 같이 다양하게 꾸릴 수 있다.

- 학부모 소통을 위한 모임: 카페나 홈페이지로 학부모 활동과 의견 공유(온라인 활동), 학부모 소식지나 신문을 발행하고 학부모 회의실 운영(오프라인 활동)
- 의결 기구 관련 모임: 반모임, 학년 대의원회, 임원 회의, 총회 등의 정례 회의와 임시 모임
- 재능이나 취미를 위한 모임: 요리, 등산, 디자인, 종이접기, 노래, 연극, 풍물, 인문학, 서예

- 아버지들의 모임: 아버지회, 캠핑 모임, 축구 등 스포츠 모임
- 학교 프로그램과 연계한 모임: 도시 농업팀, 놀이 모임, 영어 교육 관련 모임

자신만의 색을 그려 낸 디자인 동아리의 자치 활동

잘되는 혁신학교는 아이들과 학부모들, 양쪽에서 힘을 얻는다. 아이들을 보며 보람을 느끼기도 하지만 학부모들의 끊임없는 지지와 응원으로 힘이 날 때도 많다. 학부모 입장에서도 학부모회는 많은 장점이 있다. 자기 계발에도 도움이 되고, 여러 학부모들과 함께하며 지역 속에서 관계도 형성해 나가는 새로운 출발점 역할도 하기 때문이다.

구름산 초등학교의 디자인 동아리는 학부모 자치 활동이 어떻게 가치를 창조하고, 교사와 아이들에게 힘을 실어 줄 수 있는지 보여 주는 좋은 사례였다. 디자인 동아리는 미술과 디자인에 재능이 있거나 관심 있는 학부모들이 만든 모임이었다. 회원들은 재능을 나누고 배우며 그 결과물을 아이들을 위해 활용하는 일을 목적으로 삼았다. 이 동아리는 개교 프로젝트에서 5, 6학년 아이들을 대상으로 하여 학교 교표와 캐릭터 만들기 수업을 성공리에 진행했다. 아이들은 자신들의 작품이 학교의 상징이 되는 기쁨을 오래도록 잊지 못했다.

그 후에도 동아리 회원들은 디자인이 필요한 곳이 있으면 어디든 달려가 아이디어를 내고 힘을 모았다. 학교 곳곳의 공간을 아이들 눈높이에 맞춰 재구성했고, 뒷마당에는 아이들이 언제든 놀 수 있는 민

속 놀이판을 그려 주기도 했다. 그리고 학급이나 학년의 요청이 있으면 미술, 실과 수업을 교사들과 함께 기획하여 직접 진행하기도 했다. 디자인 동아리 회원들은 입학식, 졸업식, 축제 등 학교의 여러 행사가 있을 때 식장을 꾸미는 일도 도맡았다. 축제 때는 희망하는 아이들과 함께 일주일 넘게 걸개그림을 그리기도 했다. 아이들뿐만 아니라 교사, 학부모 모두 만족하고 보람을 느끼는 결과가 나왔다.

이들은 늘 아이들의 배움과 마음을 헤아리며 보이지 않는 곳에서 조용히 도움을 주는 활동을 했다. 이들의 자치 활동은 학교가 아이들뿐만 아니라 학부모에게도 꿈꾸고 배우는 공간이 된다는 것을 보여 주었다.

교육과정 설명회

아이들의 학교살이,
쉽게 풀어 공유하기

학부모에게 학교는 안개 속에 잠긴 성과 같다.
그곳에서 아이들이 어떻게 생활하고 어떤 교육을 받는지 잘 모르니 말이다.
'내 아이가 오늘 학교에서 무슨 경험을 했을까? 나는 무엇을 도와주어야 할까?'
학부모들은 알고 싶다.

혁신학교에서 학부모는 학교 교육의 동반자다. 학교와 이 동반자가 만나는 자리가 교육과정 설명회다. 교육과정 설명회는 학부모를 마주하여 아이들 교육에 대한 자세한 정보를 제공하고, 학부모의 궁금증도 풀어 주는 자리다. 학사 일정, 교육과정 재구성의 내용과 프로젝트 학습, 옥상 텃밭 같은 학년 특화 활동 등 아이들이 학교에서 어떤 경험을 하고, 한 학기 동안의 학교 교육이 어떻게 이루어지는지 큰 그림을 보여 준다. 그리고 아이들이 왜 그러한 경험을 해야 하는지 학교의 철학을 공유한다. 그 속에서 의미 있는 배움이 일어날 수 있도록 학부모들이 어떤 점에 집중하고 무엇을 도와주어야 하는지 안내하는 것이다. 또 교육과정 운영에 대한 학부모들의 제안도 받는다. 그러한 과정을 거치는 동안 학부모들은 안개 긴 것처럼 불명확하게만 알던 학교 교육에 대해 명확히 알게 되고, 학교 교육을 신뢰할 수 있게 된다. 무엇보다 학부모 자신들이 교사와 함께 아이를 키우고 있다는 점을 느끼게 된다. 학교 교육에 대한 올바른 정보를 얻고 제안을 하는 교육과정 설명회에서 학부모들은 학교 교육의 동반자라는 자신의 역할을 생각해 볼 수 있다.

교육과정 설명회의 준비와 운영

교육과정은 같은 학년 단위로 운영되기 때문에 학년별로 교육과정 설명회를 여는데, 그 횟수는 1년에 두 번이다. 3월과 9월에 새로운 학기를 시작하면서 해당 학기에 진행하는 여러 프로그램과 프로젝트 학습, 평가 등을 자세히 안내한다. 이러한 안내는 학부모와 투명한 소통을 하려는 학교의 노력이자, 학부모에게 정보가 없어 생기는 여러 민원을 줄이는 예방책이기도 하다.

보통 교육과정 설명회는 학기가 시작한 달의 네 번째 주쯤에 개최한다. 새 학년이 시작된 경우 3월 네 번째 주에 설명회가 열리니, 한 학기 교육과정을 계획할 시간이 한 달 정도 있는 셈이다. 혁신학교에서는 교육과정 설명회를 위해 많은 시간을 투자하여 자료를 만들지는 않는다. 학기 시작 전에 교육과정 운영에 대한 대략적인 계획이 세워져 있기 마련이므로 그 내용을 학부모들이 이해할 수 있도록 쉽게 풀어서 설명하면 된다.

학부모들에게 학년 교육과정 운영에 대해 설명하기 전에 같은 학년 선생님들과 미리 할 일이 있다. 어떤 원리로 교육과정을 운영해 갈지 교사들끼리 합의해야 하는 것이다. 우리 학년의 교육과정 운영 원리에 근거하여 교육과정 계획을 세우고, 그에 따른 교육의 지향점을 학부모에게 일관성 있게 알려야 한다. 학년의 교육과정 운영 철학이 바탕이 되지 않은 채 무엇을 할지 계획과 일정만 설명한다면 학부모와 함께 아이를 키우고 성장시키는 데에 어려움을 겪을 수 있다. 계획해 둔 체험을 왜 아이들에게 하게 하는지, 그것이 어떤 의미일지 충분히 설명해 주어야 한다. 그렇지 않으면 학부모들이 큰 맥락을 알지 못한 채 그러한 활동을 단순히 프로그램 위주의 교육과정으로만 여길 수 있기 때문이다.

교육과정이 어느 정도 정리가 되었다면 각 가정으로 교육과정 설명회 안내장을 보낸다. 안내장에는 교육과정 설명회의 목적, 일시, 장소, 참여 여부 표시 등의 정보를 담는다. 교육과정 설명회에서 알고 싶은 내용, 궁금한 내용을 써 달라고 할 수도 있다. 교사들은 이 내용을 보고 학부모들이 궁금해하는 사항이 무엇인지 미리 알고 준비할 수 있어 도움이 된다. 이러한 과정은 학부모에게는 학교와 소통을 시작하는 계기가 되고, 교사나 학교 쪽에서는 설명회 참석 인원과 학부모들의 생각 등을 미리 파악하여 대처할 수 있는 기회가 된다.

교육과정 설명회 당일에는 교육과정의 전반적인 일정, 프로젝트 계획, 교육과정의 재구성 계획, 평가 계획, 학년 특색 활동 등을 설명한다. 그리고 그러한 교육 활동들의 의미도 알려 주고 학부모들이 아이들을 어떻게 도와주어야 하는지 안내한다. 그 후에는 질의응답 시간을 갖고 마무리하면 된다. 학교가 학부모와 협력적 관계를 유지하려면, 우선 교육에 대한 많은 정보를 제공해야 한다는 점을 잊지 말자.

지금까지 이야기한 내용을 그 순서에 따라 간단히 정리해 보자.

- 같은 학년 교사들과 함께 학년 교육과정 운영 원리 만들기
- 교육과정 운영과 관련된 내용 정리하기
- 학년 교육과정 운영의 지향점 정리하기
- 주간 학습 안내와 알림장을 통해 교육과정 설명회를 공지하고 참석의 필요성 알리기
- 교육과정에 대한 전반적인 안내를 하고 질의응답 진행하기

교육과정 설명회 순서 예시
· 3학년 1, 2학기 학사 일정
· 체험형 탐구 학습, 생태 교육, 계절 학교, 창의적 체험 활동 시간 안내
· 주제 통합 교육과정 안내
· 평가 계획
· 학년 중점 활동
· 학부모와 함께 만드는 일정
· 상담 계획
· 부탁 말씀

구름산 초등학교, 교육과정 설명회를 열다

처음 혁신학교를 시작하였을 때는 무척이나 즐거웠다. 꿈꾸던 교육을 계획하여 실천하다 보면 일이 힘들고 바빠도 재미와 성취감이

컸다. 하지만 혁신 교육이 처음 도입되다 보니 교사에 따라, 또 학년 구성에 따라 교육의 구체적 모습이 조금씩 달랐다. 자연히 학부모들이 학급과 학급을, 학년과 학년을 비교했고 그 내용들이 학교에 전해졌다. 혁신학교에 대한 학부모들의 인식 차이가 있기 마련이라 본인이 생각하는 혁신학교의 모습이 보이지 않는다고 판단하면 문제를 제기하기도 했다. 이런 상황은 힘든 과정 속에서도 새로운 가치에 도전하던 교사들을 무척 난감하게 했다. 가끔은 힘이 빠지기도 했다. 물론 교사들 사이에 역량 차이가 있다는 점은 인정한다. 하지만 모든 교사가 열심히 일하고 있는 상황에서, 제대로 하고 있지 않다는 문제가 제기된다면 누가 힘을 내어 열정을 펼칠 수 있겠는가?

그래서 구름산 초등학교에서는 이 문제의 원인에 대해 의논하기 시작하였고, 우리가 무엇을 하려는지 학부모들에게 제대로 알리지 못하여 빚어진 오해 때문일지도 모른다고 의견을 모았다. 특히 구름산 초등학교는 큰 학교여서 학년별 '스몰 스쿨'로 운영되다 보니, 학년별로 차이점이 있게 마련이었고 이를 바르게 알리는 일이 중요했다. 학교 쪽에서 적극적으로 홍보하고 설명하지 않는다면, 학부모들은 학교에서 어떤 교육을 하고 있는지 잘 알기 어렵다. 그래서 겉으로 드러나는 체험 학습이나 평가 등으로 학년의 교육을 비교하게 되는 것이다.

이런 상황을 고려해 학년별로 어떠한 방향으로, 어떠한 교육 활동을 하는지 알리는 기회가 필요하다고 판단했고 학년별 교육과정 설명회를 시작하였다. 그에 대한 반응은 무척이나 뜨거웠다. 학부모들은 학교에서 설명회를 한다는 사실 자체를 신선한 충격으로 받아들였다. 학교가 학부모를 교육의 동반자로 여긴다는 느낌을 많이 받았다고도 한다. 지금까지는 학부모 총회에서 담임 교사를 만나 학급 운영에 대한 단순한 설명을 들었을 뿐, 아이들이 어떤 교육 상황을 접하게 되며 그런 교육이 왜 필요한지, 학부모들은 무엇을 도와야 하는지 총체적이고도 구체적인 안내를 받은 적이 없었기 때문이다.

학부모들은 아이들 교육에 관심이 많을 수밖에 없다. 그렇기에 설명회에서 들은 정보를 매우 유용하게 여겼다. 학교 쪽에서도 아이들 교육과 함께 발맞추어 가려면 학부모들이 학교와 어떻게 함께해야 하는지 그 방향과 방법을 알리는 좋은 기회가 되었다. 또, 학년별로 진행되는 교육과정 설명회는 학부모에게도 교사에게도 안정감을 주는 계기가 되었다. 겉으로 드러나는 활동을 많이 하지 않는 학년이라도 그 나름대로 내실 있고 의미 있는 활동을 진행하고 있다는 점을 학부모들도 알게 된 것이다.

교육과정 설명회에서 학부모들은 학교의 교육이 어떻게, 왜, 어떤 과정으로 진행되는지 알고 그 흐름을 예상할 수 있었다. 이는 소통하지 못해 생긴 불안을 잠재우고 서로 신뢰를 쌓는 첫걸음이 되었다.

학부모 총회
마음을 연결하는 첫걸음

강당에 모인 학부모들에게 학사 일정 소개하기,
교장 선생님 인사, 학급 수업을 보고 담임 선생님과 시간 보내기……,
이 정도는 일반 학교에서도 하는데 혁신학교라고 해서 다른 점이 뭔가요?

혁신학교라고 해서 행사나 일정 자체가 일반 학교와 크게 다른 것은 아니다. 그러나 학부모를 만나고 대할 때, 혁신학교라서 하는 고민과 혁신학교만의 관점이 있다. 학부모 역시 학부모 총회에 참여하는 마음의 결에 남다른 면이 있을 것이다.

혁신학교는 혁신학교를 만들 때 고민한 내용, 지금까지 해 온 노력, 올해의 과제 등을 학부모 총회에서 최대한 친절하고 알기 쉽게 안내하려고 한다. 교사와 학부모가 정보와 마음을 진솔하게 공유하는 자리가 되도록 말이다. 학부모가 총회에 참석하여 학교와 학급에 대한 이해도를 높이고, 그 자리를 서로 신뢰하는 주춧돌로 삼을 수 있도록 세심하게 배려하고 준비한다.

학부모 총회 준비하기

 학부모 총회는 학교의 역사, 철학, 혁신적 가치 등을 안내하는 시간, 학급 운영을 안내하는 시간, 학부모 참여 수업으로 이루진다. 학교를 안내하는 시간에는 학교의 여러 프로그램과 교육과정의 특징 등을 설명하고, 그 속에서 아이들이 어떻게 성장하는지 소개한다. 그와 아울러 학부모 단체의 역할과 지난해의 활동을 소개하고 그 의미를 부각하여, 많은 학부모들이 학부모 자치 기구에 참여하도록 이끈다.

 담임 교사와 함께하는 시간에는 담임 교사의 철학을 전달하고 학급 운영에 관해 자세히 안내한다. 또 학급 안에서 조직해야 할 학부모 단체에 관련된 업무를 추진한다. 이때 반 대표(학급 대의원)를 선출하여 학부모 의결 기구의 풀뿌리를 갖춘다. 이 시간에 교육과정 재구성, 프로젝트, 반모임 운영, 학급 행사 등에 대한 안내와 협의도 간단하게 한다.

 학부모 공개 수업은 학부모 참여 수업으로 진행하여 학부모가 아이들과 함께 요리하기, 그리기, 글쓰기, 놀이하기 등의 활동을 하게 한다. 이런 참여 수업은 아직 낯설고 딱딱한 학기 초 교실에서 아이들과 학부모, 교사가 훨씬 부드럽게 만날 수 있게 도와준다. 또 3월 학기 초 업무로 바쁜 교사들의 공개 수업 부담을 줄여 주기도 한다. 참여 수업을 공동 수업으로 기획하면 학년 단위에서 같이 준비할 수 있어 훨씬 수월하다.

 학부모 전체 총회와 공개 수업, 담임 교사와의 시간, 학부모 자치 모임 등이 하루에 진행되는 경우가 많다. 그래서 총회의 일정과 순서는 학부모가 더 오래 머물며 참여하도록 고려하며 계획하는 것이 좋다. 학부모 총회를 할 때에는 다음과 같은 점을 기억해 두자.

- 총회는 새 가족의 얼굴을 익히며 학교에서 진행할 1년 동안의 교육 활동을 이해하고 이야기를 나누는 날로 준비한다.
- 학교를 안내할 때는 각종 교육 활동부터 예산까지 투명하게 공개하고 학교의 어려움이나 새롭게 하고자 하는 사업도 알린다.
- 학부모와 학교 식구들이 조금이라도 가까워지려면, 큰 학교라 하더라도 되도록 모든 교사들을 총회 장소에 오도록 하여 학부모에게 소개한다.
- 학부모 활동과 관련된 내용 소개는 전년도 학부모 임원이 하는 것이 좋다.
- 담임 교사와의 시간에는 따뜻한 차를 준비하기도 한다. 이때 담임 교사가 아이들과 겪은 이야기, 앞으로 하고 싶은 일, 학부모에게 도움받고 싶은 일을 진솔하게 나누면 좋다.
- 총회 날 포스트잇을 준비하여 학부모들이 학교에 바라는 점, 아이들을 위해 학부모와 학교가 협력해야 하는 사항, 서로에게 감사함을 느낀 점 등을 적어 총회 장소에 붙이는 것도 좋다. 또는 학부모 설문지를 만들어 그 자리에서 의견을 모으는 방법도 있다.
- 학부모 중에는 서로 아는 사이도 있고 아직 낯설어하는 사이도 있다. 차와 음악을 준비하여 서로 인사를 하며 편안하고 따뜻하게 말을 건넬 수 있는 분위기를 만들어 본다.
- 전년도의 교육 활동이 담긴 사진을 영상으로 만들어 공유하면

학부모들이 학교나 교육 활동을 쉽게 이해할 수 있다.

- 학부모들이 궁금해하거나 건의하고 싶어 하는 일도 함께 나눈다.

학교 상황에 따라 다른 총회 모습

학교의 규모에 따라 학부모 총회의 모습도 조금씩 달라진다. 작은 학교에서는 학부모와 교직원이 모두 한자리에 모여 서로 인사를 나누고 얼굴을 익히는 친교의 시간으로 진행했다. 형식적이고 딱딱한 자리가 아니라 가족 회의 같은 느낌이 들도록 둘러앉아 그간의 학교 운영과 역사, 아이들이 살아온 모습을 공유하며 새해의 계획을 나누었다. 지난해의 활동들을 영상으로 만들어 함께 보며 예전 교육 활동의 경험과 앞으로 할 활동에 대한 기대도 자연스럽게 나눌 수 있었다. 화기애애한 분위기를 이끌어 내기 위해서 준비한 간단한 다과도 효과적이었다. 큰 학교에서는 모두가 대화에 참여할 수 없으니 다른 방법을 생각해 내야 했다. 고민 끝에 설문이나 포스트잇 등을 활용해 의견을 모으기로 했는데, 모든 사람의 이야기를 듣기 어려운 큰 학교의 단점을 보완할 수 있는 방법이었다.

전체 모임 후에는 보통 담임 교사와의 시간이 이어지는데, 총회 참석 인원이 많은 큰 학교에서는 꼭 필요한 순서였다. 교사와 학부모가 둥글게 둘러앉아 자기소개를 먼저 했다. 자신과 아이에 대한 간단한 소개를 하고 일 년 동안 담임 교사에게 바라는 일을 함께 말하는 시간을 보냈다. 시간이 좀 걸리더라도 소개를 마치고 나면 어색함도 많이 사라지고 분위기가 한결 좋아진다. 부모들끼리 서로 얼굴을 익히고 나면 아이들에 대한 걱정과 기대로 한마음이 된다. 그런 분위기에서는 다음 단계로 나아가는 일이 한결 수월해진다. 학년에서 공통으로 진행되는 프로젝트를 쉽게 설명하고, 아이들을 만날 때 가장 강조하고 싶은 부분이 무엇인지 밝혔다. '함께 나누고 돕는 따뜻한 공동체'를 위해 일 년 동안 아이들과 하고 싶은 일들(삶을 가꾸는 글쓰기, 학급 신문, 농사, 생명 프로젝트, 친구 집에 놀러 가기, 캠프, 문집 등)도 소개하고 학부모 반모임도 안내했다.

　이처럼 서로가 생각한 것을 나누고 공유한 학부모 총회는 매년 잔잔한 미소와 설레는 기대를 남겼고, 그 미소와 기대가 그해를 지탱하는 가장 큰 힘이 되었다.

프로젝트 학습
놀면서 배우기

책상에 앉아 칠판을 바라보며 필기하는 아이들. 눈도 손도 분주하다.
그런데 그 마음도 배우는 기쁨으로 설렐까?
선생님의 설명을 듣고 필기하는 일이 수업의 전부일까?

프로젝트 학습은 한 주제를 깊이 있게 배우는 과정
이다. 아이들이 주제에 대한 책을 읽거나 조사도 하고 체험을 통한
탐구 활동도 한다. 스스로 얻은 지식을 실행해 보고, 마지막에는 발
표회를 한다. 같은 과정을 겪었지만 아이들마다 알게 된 점이 다른
경우도 있다. 그 과정에서 아이들은 서로 배우고 가르쳐 준다. 프로
젝트 학습은 아이들이 주도적으로 이끌어 나가는 학습 과정이기 때
문에 그 속에 녹아 있는 체험 학습은 어떤 과정보다도 중요하다.

아이들은 체험 학습을 하며 새로운 내용을 몸으로 깨우치고, 그 내
용을 정리하여 발표한다. 스스로 배우는 것이다. 혁신학교에서는 '가
르침'이 아닌 '배움'으로 아이들에게 다가간다. 아이들이 스스로 깨
치고 배우려면 직접 보고 느끼며 몸으로 익혀야 한다. 아이들이 직접

몸으로 겪는 체험의 과정 속에서 배울 수 있게 하는 것, 그것이 프로젝트 학습이다.

여러 가지 프로젝트 학습을 학교 안에서 할 수도 있다. 하지만 학교라는 공간은 제한적이므로 다양한 체험을 하고 그 체험을 배움으로 이어 가려면 학교 밖으로도 확장되는 체험 학습이 필요하다. 이런 의미에서 보자면, 일반 학교와 혁신학교에서는 체험 학습을 조금 다르게 정의한다. 일반 학교에서는 단순히 학교 밖에 있는 어느 장소에 가는 것을 체험 학습이라고 부르는 경우가 많다. 그러나 혁신학교에서는 수업 상황에서 아이들에게 제공하는 체험을 모두 체험 학습으로 보고, 학교 안팎에서 다양한 체험 학습을 시도한다. 혁신학교에서는 체험 학습을 기반으로 한 프로젝트 학습을 기획하지만, 이를 단순히 아이들에게 재미를 주기 위한 행사로 보지 않는다. 프로젝트 학습이 교육과정의 일부라는 관점에서 접근하기 때문이다. 이는 학교에서의 교육과정이 아이의 삶으로 다가가지 못하는 문제를 해결하고자 하는 노력이다. 학교에서의 앎이 아이들의 삶의 영역으로 녹아들게 하는 과정이 프로젝트 학습이며 체험 학습이다.

놀며 배우는 프로젝트 학습 준비하기

프로젝트 학습을 준비하려면 활동의 목적을 먼저 고민해야 한다. 따라서 프로젝트 주제를 선정하는 일이 가장 중요하다. 아이들이 스스로 탐구하고 문제를 해결해 나가며 알게 된 내용을 발표회 형식으로 드러내야 하기 때문에 주로 사회과 교과 내용을 학습할 때 많이 사용한다. 프로젝트 학습의 질을 높이는 체험 활동이 무엇일지 고민하다 보면, 체험 학습은 일 년에 한 번 치르는 행사가 아니라 수업의 일부분으로 자리매김하게 된다. 프로젝트 학습 계획을 짤 때 체험 학습의 내용이나 장소도 함께 결정한다. 이때 다음과 같은 단계를 따라 보자.

- 프로젝트 학습이 필요한 학습 주제를 선정한다.
- 프로젝트 학습으로 아이들이 무엇을 배우기 바라는지 의논한다.
- 프로젝트 학습과 관련된 교과 시수를 확보한다. (사회과를 중심으로 하여 그와 관련된 국어과나 미술과, 체육과, 도덕과의 내용을 더하여 충분한 시수를 확보할 수 있다.)
- 아이들이 스스로 할 수 있는 여러 가지 체험 학습을 구상한다. 프로젝트 학습은 체험 학습을 중심으로 사전·본·사후 활동이 연결되게 구상할 수 있다.
- 아이들에게 프로젝트 학습의 전반적인 계획을 소개한 후 내용과 방법에 대한 아이들의 제안을 받아 재구성할 수도 있다.
- 프로젝트 학습의 마무리는 어떻게 할지 결정한다. 학습 내용을 어떻게 평가할지 계획 단계에서 함께 고민한다. (보고서를 쓰고 발표회를 할 것인가? 모둠별로 활동할 것인가?)
- 아이들이 친구들의 발표 내용을 들으면서 서로 알게 된 점을 나누게 한다.
- 프로젝트 학습을 마무리하며 알게 된 점, 나에게 의미 있었던 점, 아쉬웠던 점 등 활동을 되돌아보게 한다.

교육과정을 적극적으로 재구성하여 프로젝트 학습을 하기 힘든 상황이라면 우선 체험 학습과 관련된 교육과정 시수를 충분히 확보한다. 체험 학습의 목적에 따라 사전 활동과 사후 활동을 충분히 제공하고 실행하는 것만으로도 훌륭한 프로젝트 학습이 될 수 있기 때문이다. 민속촌으로 체험 학습을 가는 경우를 예로 들어 보자.

사전 활동
· 교육과정 내용과 연계하려면 시기를 언제로 잡아야 하는지 회의하여 결정한다.
· 민속촌에 가서 어떤 것을 살펴보고 체험할지 아이들과 함께 활동 계획을 짠다.

본 활동
· 아이들이 적극적으로 참여하는 방식을 채택하면 좋다. 예를 들어, 반 전체가 줄지어 관람하기보다는 모둠별로 미션을 해결하는 방식과 같이 스스로 문제를 해결하게 하였을 때 아이들은 훨씬 많이 배운다. 또, 문제를 아이들이 스스로 해결하면서 알고 있던 지식과 새롭게 알게 된 지식을 정리할 수 있다.

사후 활동
· 본 활동에서 알게 된 내용을 보고서로 작성하거나 신문이나 모둠별 역할극 형태로 발표한다.
· 다른 모둠이나 친구들이 작성한 내용을 함께 살펴보면서 같은 체험을 하여도 사람마다 생각이나 발견한 내용이 다르다는 것을 확인한다.

교육과정을 적극적으로 재구성할 수 있는 경우라면 충분한 시수를 확보하여 프로젝트 학습을 계획하여 본다. 예를 들어, 인터뷰가 필요한 프로젝트 학습이라면 '중요한 내용을 듣고 정리하기' 같은 국어과의 내용을 함께 배우고 실전에 활용할 수 있다. '우리 마을 알아보기'라면 실제로 학교 주변의 산에 올라 높은 곳에서 우리 마을을 살펴본

다. 그리고 거기까지 가는 길을 미션 활동으로 구상하여 '우리 마을 지도 그리기' 활동으로 진행하고 발표할 수 있다. 좀 더 나아가 마을을 위해 우리가 무엇을 할 수 있을지 고민해 볼 수도 있다. 이렇게 하면 단순히 마을의 지리를 알아 가는 활동에서 그치지 않고, 우리 마을의 일원으로 내가 어떻게 기여할지 생각해 볼 수 있다.

그림자 선생님과 함께하는 역사 탐방

2013학년도에 5학년 아이들과 의미 있는 프로젝트 학습을 진행했다. 그야말로 아이들이 주인이 되는 프로젝트 학습이었다. 5학년 사회 교과에서 역사를 배우고 나서 모둠별로 자신들이 가고 싶은 박물관이나 유적지를 선정하여 체험 학습을 다녀오고 그 결과를 친구들에게 발표하며 나누는 활동이었다. 이 프로젝트 학습의 주제는 '그림자 선생님과 함께하는 역사 탐방'이었다. '그림자 선생님'은 아이들이 주도적으로 움직이게 하고, 그 뒤를 그림자처럼 따라다니며 안전상의 요소만 책임지는 협력 교사를 말한다. 아이들은 이 프로젝트에 많은 관심을 보였다. 선생님이 아니라 자신들이 주체적 역할을 맡아, 모둠을 구성해 역사 탐방을 한다는 사실에 큰 기대를 했다.

먼저 아이들은 역사 시간에 배운 내용을 기초로 여러 책을 찾으며 역사 탐방을 위한 자료를 조사했다. 컴퓨터실에서 인터넷 자료를 조사하기도 하고, 도서관에서 가려는 곳에 대한 책을 빌려서 내용을 보충하기도 하였다. 모둠에서 정한 체험 학습 장소에서 무엇을 찾아볼지, 그 장소까지 어떻게 이동할지, 각각의 모둠원이 어떤 역할을 할지 등 체험 학습에 관련된 사항을 아이들이 직접 기획하였다.

체험 학습을 다녀올 장소는 역사적으로 의미 있다고 배운 곳 중 서울 광화문을 중심으로 두세 군데를 정하게 했다. 안전상의 이유 때문이기도 했고, 광화문에서 열리는 위안부 수요 집회에 참여하기 위해서이기도 했다. 집회가 12시에 있었기에 모둠별로 오전에 한 곳, 집회에 참석한 후 오후에 한 곳을 다녀올 수 있게 구성하였다. 아이들은 그 후 이동 방법, 점심 식사 계획, 유적지에서 할 미션 활동, 체험 학습 장소에 대한 조사 등을 모둠별로 구성하였다.

담임 교사인 나도 한 모둠의 그림자 선생님이 되어 아이들을 그림자처럼 조용히 따라다녔다. 아이들은 전철을 잘못 타기도 하고 길을 잃기도 했다. 그러나 경찰에게 물어보거나 지도를 찾아보며 문제를 해결하였다. 그뿐만이 아니었다. 가려는 박물관을 철저히 조사해 예약이 필수인 어린이 프로그램에 참여하는 철저함을 보여 주었다. 그 덕분에 아이들은 다양한 경험을 하였다. 나중에 아이들 이야기를 들어 보았더니, 선생님이 도와주지 않는다고 생각하니 정신을 바짝 차리게 되었다고 한다. 그만큼 체험 학습에 대한 집중도가 높았다. 아이들은 그림자 선생님이 동행한 체험 학습을 초등학교 6년 동안의 경험 중, 최고의 체험 학습으로 꼽았다. 아이들은 스스로 무엇인가 계획하여 헤매기도 하고 해결하기도 하면서 역사적 지식, 역사적 감수성뿐 아니라 문제 해결에 대한 자신감도 얻었다. 모둠별로 다른 곳을 다녀와서 보고서를 쓰고 발표하며 정보와 소감을 공유하는 시간을 가졌다. 서로 여러 경험을 했기에 아이들은 그 시간 내내 흥미를 가지고 높은 집중력을 보이며 여러 모둠의 발표를 들었다.

그때 함께한 5학년 아이들이 이제는 중학생이 되어 나를 종종 찾아오는데, 아직도 역사 탐방 프로젝트 이야기를 한다. 아이들에게는 정말 잊지 못할 활동이었나 보다. 이제는 광화문 근처 지리는 다 알겠다고 하는 친구들도 있으니 말이다. '그림자 선생님이 함께하는 체험 학습'은 이처럼 효과가 높지만 어려운 점도 있다. 모둠별로 그림자 선생님이 한 명씩 필요하기 때문이다. 담임 교사 혼자서는 해결할 수 없는 문제이므로 학부모 협력 교사의 도움을 받거나 전담 교사 또는 수업 보조 교사의 도움을 받아 진행해야 한다. 그런 어려움만 해결한다면 아이들에게 매우 뜻깊은 경험이 될 것이다.

Q 교육과정을 문서화할 때마다 형식적이라는 생각을 떨칠 수 없어요. 한 학년에 여러 반이 있을 경우 학급 교육과정 외에 학년 교육과정을 따로 작성하기도 하는데, 효율적인 방법은 없나요?

안전 교육이나 환경 교육, 보건 교육 등 시수를 미리 배정해 놓아야 하거나 정보 공시 요구에 응해야 하는 등의 이유로 그 내용을 문서화할 수밖에 없는 것이 현실이다. 다만 문서 작성 자체나 누군가에게 그 문서를 보여 주는 것이 교육과정을 정리하는 목적이 되어서는 안 된다. 교육과정을 문서로 정리해야 할 때도 당연히 실질적인 활용 측면을 먼저 고려해야 한다.

학년 교육과정과 학급 교육과정을 따로 작성해야 하는 현실적인 부담이 있다면 학년 협의를 먼저 해 보자. 학년 협의를 통해 학년 공통의 방향과 원칙, 내용을 의논한 뒤 각 학급 교육과정에 그 내용을 담는다면 현실적인 고충과 실제 교육 활동 사이의 간극을 조금이나마 줄일 수 있을 것이다. 학급 교육과정은 아이들과 살아갈 한 해의 밑그림이라고 할 수 있다. 아이들과 즐겁게 살아가는 데에 활용할 나만의 교육과정을 만들어 가는 것이기 때문에 무척 중요하다. 형식화할 내용들은 활용하기 편한 형식으로 담아 놓고, 나머지 내용은 자신이 활용 가능한 형태로 비워 둔 채 계획을 세워 보는 것도 방법이다. 링 바인더를 이용해 처음에는 대강의 방향을 잡고 실제 수업 과정에서 내용을 더하고 고쳐 가며 자신만의 학급 교육과정을 만들어 갈 수 있다.

Q 학부모들의 참여는 어떤 방식으로 이루어지나요? 참여의 범위는 어느 정도가 적당한가요?

학부모들의 참여가 중요하다는 점에는 모두 공감하지만 그 방식과 범위는 학교 상황에 따라 조금씩 다르다. 학부모들은 아이들을 함께 잘 키워내기 위한 밑바탕을 위해 자체적인 활동을 펼칠 수도 있고, 이를 바탕으로 학교 교육과정 운영에 직접 참여할 수도 있다. 이때 참여란 학부모들이 학교의 일에 동원된다는 의미가 아니다. 학교의 주체로서 제 역할을 한다는 의미다. 또한 소비자의 입장에서 필요한 것을 요구하고 소비하는 데에만 그쳐서는 안 된다는 의미이기도 하다. 아이들을 위해 학교와 함께 지혜를 모으고, 생산적인 것들을 만들어 낼 수 있어야 한다. 한 예로, 죽백 초등학교에서는 학부모들이 '단오놀이 한마당' 같은 아이들을 위한 행사를 직접 기획하고 운영한다. 또한 학부모들이 자체적인 동아리 활동으로 익힌 내용을 아이들과 함께 나누기도 한다. 이를 위해 분기별로 교육과정 협의회를 열어 교사와 학부모들이 한데 모여 교육과정 운영과 학교 문화에 대한 이야기를 나눈다. 학부모는 교사들의 자리를, 교사는 학부모들의 자리를 서로 배려하고 존중하려는 마음을 잊지 않는다면 학부모들의 참여는 학교 사정에 따라 다양한 방식으로 실현할 수 있다.

Q 학부모들의 지나친 관심이 학교가 지향하는 교육의 방향을 흔들 때는 어떻게 하나요?

교사들은 학부모와 소통하는 일이 중요하다는 점을 알면서도 두려움을 느끼기도 한다. 학부모들이 학교에 여러 주문을 할 것 같다는 생각 때문이다. 때로는 민원의 느낌이 나는 요청이 들어올 수도 있다. 실제로 교육활동의 방향이나 내용과 관련된 민원으로 학교가 곤란한 상황에 빠지기도 해서, 어떤 학교에서는 아예 학부모 만나는 일을 자제하기도 한다. 하지만 학교는 아이들만 품고 갈 수 없다. 아이들을 잘 키워 내기 위해 각 가정과 함께 노력해야 한다. 학부모들이 학교의 교육 방향과 맞지 않거나 무리한 일을 요구할 때는 그 요구 사항이 부당한 이유를 설명하고 학부모를 설득해야 한다. 그 과정에서 오히려 학부모들의 신뢰를 얻을 수 있다. 구름산 초등학교의 경우 초창기에 시상식을 열어 달라거나 '보이 스카우트' 같은 단체를 운영해 달라는 민원이 많았다. 하지만 우열을 가려 상을 주거나 기존 단체의 활동을 그대로 가져오는 것은 학교의 교육 방향과 맞지 않았다. 학교는 학부모들에게 시상식이나 기존의 단체를 없애려는 이유를 설명하고, 학교의 교육 방향과 가치를 알리려 적극적으로 노력했다. 학부모들은 자신의 아이만을 보기 쉽고, 교육의 공공성 측면을 놓치기 쉽다. 하지만 학교가 그 부분을 적극적으로 설명하고 설득했을 때 고개를 끄덕이는 이들이 생각보다 많다. 처음 학교 문을 열 때는 당연히 부담이 있겠지만 학교의 교육 방향과 교육 활동에 대한 철학이 굳건하다면 학부모에게 그 생각을 설명하고 설득해 나가기를 바란다.

Q 반모임을 하기 힘들면 어떤 방법으로 학부모와 소통할 수 있을까요?

요즘 시대의 화두는 '소통'이다. 교사는 아이들과의 소통, 학부모와의 소통을 잘하려 노력한다. 특히 매일 얼굴을 마주하는 아이들과 달리 직접적인 교류의 시간이 적은 학부모와 소통하기는 더 어렵다. 아이를 중심에 두고 학교와 교사, 학부모가 손잡고 원을 그려 협력해 나간다면 얼마나 좋을까? 그러나 많은 교사가 실패를 두려워한 나머지 학부모와 적극적으로 소통하기를 주저한다. 실제로 정성 가득한 마음으로 손을 내밀어도 마음과 달리 엉뚱한 방향에서 문제가 생기기도 한다. 그래서 학부모와 소통하려면 다양한 방법으로 다가가야 한다. 반모임뿐만 아니라 학부모에게 쓰는 편지나 가정 통신을 이용해 끝없이 교사의 마음과 아이들의 상황을 학부모들에게 알리는 것이 좋다. SNS에 아이들 사진을 올려 그 사진을 매개로 가족 간에 대화를 할 수 있게 하면서 가까워지는 방법도 좋다. 더 많이 만나 더 많이 친해지는 방법이 가장 좋지만 우리는 너무나 바쁘게 살아간다. 그러니 교사 각자가 자신에게 맞는 방법, 할 수 있는 방법을 시도하자. 무엇을 하든 즐겁게 해야 그 마음까지 환하게 전해지기 때문이다.

Q 학부모회나 학부모 단체에 참여하는 사람이 적습니다. 이로 인한 문제점을 보완하려면 어떤 방법이 있을까요?

학부모 자치의 가장 큰 어려움은 역시 참여율이다. 학부모들이 모임에 참여하기 어려운 이유 중 큰 것은 일이 바쁘고 생활에 여유가 없어서인데, 이 문제는 학교가 나서서 해결하기도 어렵다. 그럴 때는 숫자에 연연하기보다는 활동 내용을 어떻게 공유할지 생각해 보자. 학교마다 일정 수의 학부모들은 학교에 관심도 있고 자치 활동에 참여하기를 희망한다. 우선 그 학부모들을 중심으로 학부모 자치의 뿌리를 만들도록 지원을 해 보자. 그리고 시간을 내지 못하는 분들의 의견이 반영될 수 있는 구조와 방법을 만들어 가야 한다. 요즘은 다행히 온라인 대화나 문자 메시지로 실시간 소통이 가능하다. 자치 활동 내용을 담은 소식지나 신문 등을 만드는 것도 방법이다. 소통 과정과 결과를 다양한 경로로 공유하는 일도 중요하다. 맞벌이를 하는 학부모들도 참여할 수 있는 시간대에 아이들과 힘을 합해 할 수 있는 프로그램을 만드는 방법도 있다. 저녁 시간에 학교에 모여 영화를 보거나 시 낭송을 할 수도 있고, 주말에 아이들과 함께 가볍게 등산을 갈 수도 있다.

Q 우리 학교는 학부모 참여가 적은 편입니다. 그런 환경에서도 교육과정 설명회가 꼭 필요할까요?

혁신학교 초창기만 해도 학부모 연수나 교육과정 설명회 같은 행사가 있으면 200명이 넘는 학부모들이 모였고 행사 장소는 항상 자리가 부족했다. 하지만 시간이 지날수록 참여하는 학부모의 수도 점차 줄어 갔다. 처음에는 학부모들도 혁신학교가 무엇인지 궁금하기도 하고 불안하기도 하니 열심히 참여했지만 학교에 대해 잘 알게 되고 믿음이 생기니 참여역시 줄어든 것이다. 학부모들의 참여가 적다고 해서 학부모들과 함께하려는 노력을 멈추어서는 안 된다. 학교 스스로 문을 열어 학부모들과 함께하고자 노력하는 일 자체가 학부모들에게는 학교가 열려 있다는 긍정적인 신호로 다가가기 때문이다. 그 신호는 소통의 시스템을 갖추어 나가는 밑거름이 될 수 있다. 몇 명이 오느냐 보다 학교에서 어떻게 학부모들과 소통하느냐가 더 중요한 문제가 아닐까. 이런 마음가짐을 바탕으로 하되 학부모들이 많이 참여할 수 있는 방법을 적극적으로 찾는 노력도 게을리해서는 안 된다. 예를 들어, 설명회 시간을 맞벌이 가정도 참여할수 있는 저녁 시간대로 옮기고 교육과정 설명회의 중요성을 충분히 안내하여 한 가정에서 꼭 한 분씩은 참여해 달라는 메시지를 보내는 것이다.

Q 총회 날 학부모들의 시선이 무서워요.

학부모들은 담임에 대해 궁금해하고 기대한다. 교사는 학부모가 궁금해하는 만큼, 기대하는 만큼 부담이 생길 수밖에 없다. 수많은 눈이 자신에게 쏠리고, 그 기대에 부응하기 위해서 무엇인가를 해야 한다는 부담이생기면 총회 날이 편할 수 없을 것이다. 하지만 교사는 아이와 일 년을같이 살 사람이다. 또 하나, 어떤 학부모도 담임 교사와 관계를 망치고 싫어 하지 않는다. 오히려 교사를 아낌없이 응원하고 지지할 준비가 되어 있을 것이다. 그러니 교사는 아이들에 대한 애정과 자기 나름대로 학급 살림을 꾸리기 위해 준비한 것들을 서두르지 말고 찬찬히 조금이라도 열어 보여야 한다. 학부모의 마음은 기대 반 걱정 반이다. 그 걱정이 때로는 아주 사소한 말 한마디로 사라지기도 한다. "일 년 동안 아이들이랑 잘 살게요." 어떤 학부모는 담임 교사의 이 말 한마디에 마음이 놓였다고 한다.

Q 학부모들이 모인 자리에서 생각지도 못한 질문이 나오기도 합니다. 교사가 당황하면 분위기가 어색해지는데, 좋은 방법이 없을까요?

학부모가 많이 모인 자리일수록 교사가 미처 생각지도 못했던 질문이 나오기 마련이다. 교사가 보기에는 작은 일일지라도 학부모에게는 예민하고 중요한 문제가 될 수도 있기 때문이다. 실제로 학부모의 개인적 관심사에 따라 학교에서 우유 업체를 어떻게 선정할지, 아이들이 악기를 얼마나 배울 수 있는지 등의 질문이 나오기도 한다. 학부모들이 모이는 자리가 있다면 사전에 미리 질문지를 받아 보자. 학부모 모임을 알리는 안내장에 참석 여부와 함께 궁금한 점을 미리 적어 달라고 요청하는 것이다. 질문지를 받으면 학부모들의 관심사를 미리 알 수 있을 뿐만 아니라 교사가 미처 생각하지 못한 부분은 미리 준비할 여유가 생긴다. 또 비슷한 질문이 많을 경우는 효율적으로 모아서 답할 수 있다. 물론 이렇게 한다고 해도 교사가 학부모들의 모든 물음에 다 답할 수 있는 것은 아니다. 그럴 때에도 질문을 부담스러워하지 말자. 답할 수 없는 상황을 공유하고 학부모들과 함께 해결책을 생각해 보자고 제안하는 것이 좋다.

5~6월

생동하는 학교

5~6월은 낯선 학교에 적응한 후 조금씩 다른 것을 시도하는 때다. 새로운 것을 만들고 익히느라 바빴던 시기가 지나고, 자기만의 목소리, 자기만의 빛깔을 드러낼 차례가 온 것이다. 또 미

처 몰랐던 자기만의 빛깔을 찾거나 계발해 나가기도 한다. 혁신학교에서는 이 생동감을 아이들 스스로 기획하고 진행하는 활동으로 살려 내고 배움을 이어 간다.

운동회 vs 놀이마당
운동회일까, 놀이마당일까?

달리고, 던지고, 응원한다.
많이 이기면 이길수록 점수가 올라가고 상품도 많이 받는다.
내가 속한 팀이 이기면 기분이 좋지만 지면 풀이 죽는다.
그런데 운동회가 이렇게 승부만 겨루는 마당일까?

운동회 날, 아이들은 들뜬 표정으로 즐거워한다. 운동회 전날 설레는 마음에 잠 못 자기도 하고, 아침 일찍 학교에 오기도 한다. 아이들이 기다리고 기다리던 운동회 날이 되었다. 그런데 정작 아이들이 온전하게 놀 수 있는 시간은 얼마나 될까? 작은 학교가 아니라면 노는 시간보다 기다리는 시간이 더 길다. 달리기 순서 기다리고, 단체 무용을 하려면 우리 학년 순서 기다리고, 단체 경기 하기 전에 또 기다리고……. 그러다 보니 운동회가 끝나면 아이들 손은 먼지투성이가 된다. 순서를 기다리는 동안 모래 장난을 했기 때문이다. 운동회가 교육과정과 연계되지 않고 따로 운영되다 보니 운동회를 준비할 시간이 부족하고 운동회에는 교육과정이 반영되지도 않는데, 이것 역시 문제다.

혁신학교는 운동회 날 아이들이 충분히 놀 수 있는 시간과 자리를 마련해 주려고 한다. 물론 그 과정을 학생과 교사가 함께 즐기며 준비한다. 혁신학교의 운동회는 아이들이 열심히 연습한 무용 실력을 뽐내고, 달리기를 얼마나 잘하는지 보여 주는 자리가 아니다. 아이들이 승부에 연연하지 않고 즐겁게 달리게 하고, 친구들과 다양한 방법으로 놀아 보게 한다. 그 속에서 즐거움을 느끼고, 그 감정이 아이들의 삶으로 연결되게 한다. 그래서 운동회라는 말 대신 '놀이마당'이라고 이름 붙이기도 한다.

놀이마당 준비하기

혁신학교에서는 놀이마당을 준비하는 데에 그리 많은 시간을 들이지 않는다. 혁신학교 교사들이 준비를 소홀히 한다는 의미가 아니다. 아이들 입장에서 볼 때, 놀이마당 준비로 쓰는 수업 시간이 일반 학교에 비하여 매우 적다는 의미다. 그날은 친구들과 함께 신나고 재미있게 놀 수 있어야 한다. 우리 학년 순서와 시간에 맞춰서 행사를 해야 하는 것이 아니니 미리 연습할 필요가 없다. 또 다른 사람들에게 보여 주기 위해서 단체 무용을 반복해서 연습해야 할 이유도 없다. 무엇을 하고 놀지, 어떻게 놀지 결정하면 된다.

- 아이들이 어떻게 하면 놀이에 흠뻑 빠질 수 있을지 생각하며 시간과 공간 활용을 계획한다.

- 승부가 아니라 친구들과 함께 노는 것에 의미를 두는 경기나 게임을 준비한다. 승패가 명확한 경기보다는 함께 즐기며 해결하는 경기를 찾는다.
- 학교 행사가 아니라 교육과정의 한 부분이라는 생각으로 놀이마당에 접근한다. 준비 과정과 당일 과정을 교육과정의 일부로 보고, 그 속에서 아이들이 의미 있는 배움을 일도록 도와준다.
- 교육과정 운영에 어려움이 없도록 관련된 교육과정을 놀이마당에 맞게 재구성한다.
- 한번 하고 마는 놀이가 아니라, 아이들이 삶에서 계속 즐길 수 있는 놀이를 선정한다.
- 아이들이 어떤 놀이를 원하는지 물어보고 이를 반영한다.
- 지역 사회나 학부모와 함께할 수 있는 놀이가 무엇인지 생각해 보거나 그들의 도움을 받을 수 있는 분야를 찾아 함께 만들어 간다.

'놀이마당을 왜 하는가?', '놀이마당에서 아이들이 어떤 경험을 하면 좋을까?'를 염두에 두고 동료 교사들과 함께 놀이마당의 방향을 의논한다. 놀이마당에서 아이들이 신나게 놀고 다른 이와 함께 노는 일이 얼마나 즐거운지 느끼는 것이 필요하다고 판단하면, 그러한 방향에 맞는 놀이를 구성할 수 있다. 아이들이 컴퓨터 게임 등 가상 공간에만 매몰되어 평소 놀이를 잘 하지 못하고 있다면, 일상생활에서 할 수 있는 놀이의 장을 마련해 보는 것도 좋을 것이다. 동료 교사들과 의견을 모으고 아이들과도 놀이마당에 대해 이야기해 본다. 어떤 놀이마당에서 무엇을 하고 싶은지 같이 이야기하고, 놀이마당의 방향에 맞는 의견을 받아들여 계획을 세운다.

아이들이 어려서 학부모의 도움이 필요할 수 있다. 또 지역 사회와 함께 놀이를 즐기는 축제의 장으로 놀이마당을 활용할 수도 있다. 그런 경우에는 지역 사회나 학부모의 지원을 받아 함께 준비하고 진행할 수 있는 방안을 논의한다.

놀이마당의 방향에 맞게 계획을 세워 보았는데 단체 무용이나 단체 경기처럼 연습할 시간이 필요한 활동이 있다면 어떻게 해야 할까. 그럴 때는 교육과정을 재구성하여 미리 수업 계획과 지도 계획을 마련하여 교육과정 운영에 어려움이 없도록 한다. 놀이마당의 활동과 관련된 교육과정을 재구성하여 수업 시간과 함께 운영하면 된다.

학교 규모별 놀이마당 운영 방법

작은 학교는 전교생이 얼마 되지 않기 때문에 놀이마당을 아이들, 학부모, 지역의 어른들이 모두 모인 마을 축제처럼 진행하기도 한다. 아이들이 너무 적다 보면 여럿이 함께해야 하는 경기는 그 재미가 떨어지고, 여러 경기에 연속해 참여하다 보면 아이들도 힘들어지기 때문이다. 마을 축제처럼 놀이마당을 열면 어른들과 짝지어 경기를 하며 자신이 경험하지 못한 세계를 겪어 보고 친구들과 어울릴 때와는 다른 즐거움을 느낄 수도 있다.

큰 학교에서는 전 학년이 운동회에 참여할 경우 앞에서 말한 문제가 생긴다. 참여하는 시간보다 기다리는 시간이 많아서 힘껏 뛰어놀았다는 느낌보다는 기다리느라 진이 빠졌다는 느낌이 드는 것이다.

그래서 큰 학교에서는 아이들에게 다양한 놀이 경험과 참여 기회를 주기 위해 학년별 혹은 학년군별로 놀이마당을 구성하기도 한다. 아이들이 원하는 다양한 경기를 체험 부스 식으로 마련하고 모둠별로 하고 싶은 경기를 하여 아이들이 주체적으로 놀이마당에 참여하게 한다. 모둠별 부스 체험을 하고 난 후에는 긴 줄로 하는 줄넘기나 줄다리기, 장애물 달리기처럼 함께하는 즐거움을 느낄 수 있는 경기를 해 보자. 즐겁게 함께 노는 '우리'가 같은 학년, 같은 식구라는 공동체 의식을 가지게 될 것이다.

작은 학교에서는 놀이마당을 통해 우리 학교의 모든 학생과 선생님을 만나고 어우러져 신나게 놀며 그 속에서 의미를 찾아간다. 큰 학교는 우리 학년 친구들을 만나 하고 싶은 놀이를 하며 즐거움을 느끼고, 놀이를 통해 문제를 해결하며 의미를 찾아간다.

작은 학교든 큰 학교든, 혁신학교는 이기기 위한 경쟁이 아니라 함께 노는 경험을 중시한다. 달리기에서 받은 1, 2, 3등 도장에 따라 선물을 주거나 청군 백군 중 이긴 팀에게 공책을 한 권 더 주는 식의 보상을 하지 않는다. 팀을 나누어 경쟁하는 놀이보다는 모두가 즐길 수 있는 다양한 놀이를 코너로 운영한다. 아이들은 보상이 없어도 놀이 그 자체를 즐거워한다. 아니, 보상이 없어야만 다른 이와 함께하는 방법을 고민한다.

따로, 또 같이 모두가 즐거운 놀이마당

구름산 초등학교는 한 학년만 해도 8~10개 반으로 이루어진 거대 학교다. 그러다 보니 어떻게 하면 아이들이 즐겁게 뛰노는 놀이마당을 열 수 있을까 고민이 많았다. 아이들이 기다리지 않으면서도 다양한 놀이를 선택해서 할 수 있도록 구상하고 실행해 보았다.

아이들은 모둠별로 하고 싶은 놀이 부스로 가 놀이를 한다. 각 반 선생님과 도움을 주는 학부모 협력 교사들은 아이들이 모둠별로 놀이 부스에 오면 경기 규칙을 알려 주고 즐겁게 참여하도록 지도했다. 선생님은 놀이를 준비하여 아이들을 기다리고, 아이들은 자신들이 하고 싶은 놀이를 찾아가는 방식이다. 놀이 부스는 10개 정도로 구성했다. 주로 모둠별로 할 수 있는 경기, 재미있으면서도 협동할 수 있는 경기나 게임이었다. 특히 '친구 띠 풀기'나 '모둠 풍선 오래 띄우기' 같은 놀이는 모둠원들의 협력이 필요하다. 아이들은 이런 놀이를 하다 보니 서로를 이해하게 되고 재미도 있었다고 평가했다.

놀이 부스를 한 시간 정도 운영하고 나머지 시간은 단체 경기를 했다. 단체 경기를 해 봐야 진정한 재미를 느낄 수 있다는 의견이 많았기 때문이다. 단체 경기는 주로 운동회에서 많이 하는 줄다리기나 이어달리기, 피구 등으로 준비했다. 반별로 경기를 하기도 했지만 그 승패는 중요하게 여기지 않았다.

놀이마당이 열리는 날, 구름산 초등학교 아이들은 우승을 하지 않아도, 상품을 받지 않아도 상관없었다. 놀이 그 자체에 재미있게 참여하고 땀을 흠뻑 흘리면서 신나게 놀았으니 말이다.

학년군별 놀이마당 예시

학년	프로그램(학년)		장소	일정
3~5학년	부스 체험 (모둠별)	돼지 씨름(5)	체육관	09:00 준비 운동
		풍선 오래 띄우기(3)		
		이인삼각(5)		
		마라톤 줄넘기(5)		09:20~10:50 부스 활동(모둠 별로 다니기)
		친구 띠 풀기(3)	운동장	
		큰 공 굴리기(3)		
		과녁에 신발 던지기(5)		
		탱탱볼 안고 2인 달리기(3)		11:00~12:10 단체 활동
	단체 놀이	장애물 달리기(단체)	운동장	
		줄다리기(단체)		
		피구(5)	체육관	
		이어달리기(5)	운동장	

학년별 놀이마당 예시

학년	프로그램	장소	준비물
1학년	박 터뜨리기	운동장	박, 콩 주머니
	달리기		바통
	카드 뒤집기	체육관	4색 카드
	공 전달하기		배구공
2학년	개인 달리기	운동장 체육관	호루라기, 깃발
	3인 4각		다리 묶는 끈
	오색 공 굴리기		큰 공
	학급, 모둠별 고무줄 대항전		고무줄
3학년	신발 쌓기	체육관	줄자
	고기잡이(꼬리 달기)		긴 줄
	줄다리기	운동장	줄다리기 줄
	피구(반별 대항)		라인기, 피구 공

진로 교육
삶과 체험이 있는 교육

자신이 무엇을 하고 싶은지 모르겠다고 한다.
자신과 타인을 알아 가고 꿈과 비전을 키워 가는 일.
어떻게 살고 싶은지 희미하게나마 방향을 잡아 가는 일.
그것이 그렇게 어려운 일일까?

　　　　　　혁신학교는 교육과정과 수업을 통해 아이들이 사람, 가치, 세상을 만나게 하는 데에 목적을 두고 진로 교육을 진행한다. 모든 과정이 끝나면 아이들에게 '넌 어떻게 생각하니?', '그래서 네가 원하는 것은 무엇이니?', '넌 무엇을 좋아하니?' 등을 끊임없이 묻는다. 아이들 각각의 생각, 소망, 호감, 전망 등이 곧 한 사람의 고유성이고 역사이며 존재이기 때문이다.

　진로 교육 중에서도 직업과 노동에 관한 교육은 삶 속에서 체험을 중심으로 진행하고자 애쓴다. 학부모들이 직업 박람회에 적극 참여하여 자신의 일을 소개한다. 그 일을 하면서 느끼는 보람과 어려움, 소득과 소비 생활, 일을 하면서 품게 된 생각이나 가치를 이야기한다. 직업이 돈을 버는 수단만이 아니라는 점, 직업을 거치며 성장하고 직업과 함께 삶의 빛깔을 가꾸어 간다는 점, 직업 속에서 우여곡절을 겪으며 자유를 찾아가는 성인들의 삶이 있다는 이야기를 들려주는 것이다.

또 마을에서 살아가는 사람들의 모습을 살펴보기도 한다. 마을 사람들의 일을 직접 몇 시간 체험하고 그들을 상대로 면담을 진행하면서 일에서 얻는 보람과 어려움, 살아가는 이야기를 듣는다. 농촌에서 사는 아이들은 농업, 공방, 체험장, 펜션, 식당 등 안전과 체험 가능성을 고려하여 체험 장소를 선택한다. 도시에서는 인근의 편의점, 카페, 신문사, 방송국 등에서 체험을 진행한다. 이미 존재하는 직업을 체험하는 정도를 넘어서는 시도도 생겼다. 학생, 학부모, 마을 사람들이 공동의 필요를 충족하고 삶의 질을 높이기 위해 협동조합을 만들어 운영하면서 새로운 경제 시스템과 직업을 경험하게 된 것이다. 이 과정에서 공공의 삶과 개인의 삶이 조화되는 방법을 배워 간다. 경쟁만 존재하는 사회에서도 배운 내용과 현실을 일치시킬 수 있는 길을 직접 만들어 갈 수 있음을 보여 준다.

진로 교육 시작하기

진로 교육을 하려면 먼저 학교 구성원들이 생각하는 진로 능력이 무엇인지 규정해야 한다. 교사들 각자가 생각하는 진로 교육이 무엇인지 충분히 이야기를 나누고, 그것을 바탕으로 학교가 추구하는 진로 교육의 개념을 설정한다. 이렇게 설정한 개념을 바탕으로 공동으로 실천할 원칙을 세워 보는데, 이 원칙을 학교 교육과정에 포함하면 된다. 학교에서 할 수 있는 일을 정리해 보고 이를 함께 실천할 사항과 교실 단위에서 실천할 사항으로 나눈다. 그리고 교사, 실무자, 학부모회가 할 일들을 나누어 본다. 학부모들의 직업과 마을에서 하는 일들을 정리해 보고, 교과 교육과정, 학교 행사, 공휴일 등을 고려하여 함께 실천할 일을 배치한다. 또한 진로 능력에 영향을 미칠 진로 교육의 핵심 내용을 추출하는 과정이 필요하다. 아래에 예로 제시한 조현 초등학교의 교육과정에서 볼 수 있듯 핵심 내용은 '자존감, 자기 이해, 일과 삶' 등으로 요약할 수 있다. 진로 교육의 개념과 구성원의 협의에 따라 그 내용은 달라질 수도 있다. 핵심 내용을 추출하는 일에는 학교 구성원의 경험과 지혜를 총동원해야 한다.

조현 초등학교 5학년 교육과정 일부

개요	아이들의 행태, 흥미, 재능 등을 함께 이야기하며 의미를 부여하고 고유성을 찾도록 한다. 아이들이 높은 자존감과 자신을 향한 질문을 품게 한다. 그와 더불어 함께 놀고, 겨루고, 배우는 과정을 통해 다양성이 만들어 내는 다양한 감정과 사건을 함께 살피며 사람에 대한 이해를 넓힌다. 모든 수업에서 어떤 세상에서 어떻게 살 것인지 묻고 나눈다.
목표	· 자신이 좋아하는 것을 찾아 일상에서 즐기게 한다. · 가장 중요하게 여기는 학력은 자기 생각 만들기로, 수업의 전 과정에서 아이들의 생각을 묻고 자존감에 도움을 주는 피드백을 한다. · 모든 수업에 상호 작용을 배치해 함께하는 힘과 즐거움을 가르친다. · 단편적으로 많이 알기보다는 지식의 수가 적더라도 종합적으로 알기를 지향한다.
유의할 점	· 가치나 비전에 지나치게 무게를 두지 않는다. · 협력 수업은 상호 작용의 사회적, 개인적 의미를 알게 한다. · 아이들의 다툼 속에서도 한 사람의 고유성과 장점을 찾도록 한다. · 학부모와의 간담회나 연수를 통하여 아이들이 자신의 재능을 충분히 즐길 만한 시간을 확보할 수 있게 안내한다.

영역	핵심 내용	교과 및 단원	개요	비고
진로 교육	자존감	전 교과	아이들의 의도와 성취를 축하하고 장점을 찾는다. 실패와 실수를 격려하고 살아 있는 모든 것에 대한 존중을 실천한다.	
		학급 운영	수평적인 관계, 주체로서의 대우, 자치의 장을 마련한다.	
	자기 이해	전 교과	말, 글, 작품, 일상 등에 의미를 부여하고 고유성을 이야기한다.	
	일과 삶	실과	직업 박람회를 개최하여 여러 직업인을 만나고 그들의 삶을 경청한다.	학부모회 지원
	일과 감정	국어	자신이 알게 된 직업에 관련된 책을 읽고 그들이 경험하는 마음을 이야기한다.	
	직업 세계	실과	자신의 관심 분야별로 직업을 조사하여 발표한다.	
	체험하기	실과	적절한 시간을 할애하여 직업을 충분히 경험하되 피로는 줄여 부정적 감정을 느끼지 않게 한다.	학부모회 지원
	질문하기	전 교과	자신, 삶, 세상에 대한 질문을 일상으로 나눈다.	

혁신학교에서 진행하는 진로 교육은 사실 모든 학교에서 다 하고 있는 일이다. 다만 혁신학교만의 특징이 있다면, 이러한 교육을 수업 이후의 특별 프로그램으로 운영하지 않는다는 점, 단편적으로 다루지 않는다는 점이다. 어떤 내용이 중요하다고 의견이 모아지면 전체가 모여 개요를 설정하고 그 취지와 방향에 맞게 종합적으로 일을 추진한다. 그리고 그 결과에 관해 월말 평가회나 학기말 평가회에서 의견

을 교환한다. 이러한 평가회 결과는 다음 해에 공동의 실천으로 이어진다. 좋았던 점은 모두가 지속적으로 실천하여 학교의 전통으로 남기고, 제대로 되지 않았거나 미흡한 부분은 학년별로 각자 좀 더 실천해 보며 그 가능성을 실험하는 것이다. 그래서 진로 교육은 끝없이 진화한다.

해마다 발전하는 직업 박람회

맨 처음 직업 박람회를 시작할 때는 만나고 싶은 직업인을 아이들 투표로 결정했다. 예산의 한계가 있어 많은 분들을 모실 수 없었기 때문이다. 학생회는 아이들이 만나고 싶어 할 만한 직업인의 종류를 게시하고 도트 투표를 진행했다. 그리고 그 결과에 따라, 학생회 임원들은 지도 교사와 함께 해당 직업인에게 전화를 하고 약속을 잡았다.

초청받은 분들은 자신이 하는 일을 소개하고 그 일을 하면서 느끼는 보람과 어려움을 이야기하였다. 하지만 직업인 한 명과 다수의 아이들 사이에 이루어진 만남이다 보니 관심 있는 아이들은 진지했고 그렇지 않은 아이들은 이야기에 집중하기 어려워했다. 아이들이 궁금해하는 내용도 일을 해서 받는 보수나 유명인과의 친분 등 사적이거나 지엽적인 부분이었다. 소란스러운 분위기에 교사로서 민망함을 느끼기도 했다. 학생회 임원들은 들인 노력에 비해 좋은 평가를 받지 못했고, 교사들 역시 아이들이 좋아하는 직업인을 섭외했다는 취지에 비해 아이들에게 실제적인 도움이 되지 않은 것 같아 아쉬웠다.

이듬해, 이전 해의 직업 박람회가 남긴 아쉬운 점을 떠올리며 이번에는 학부모회의 도움을 받아 직업 박람회를 진행했다. 학부모회는 회의를 소집해 학부모들 중에 직업인인 사람들을 물색하고, 전화와 문자로 학부모들의 박람회 참여를 독려하였다. 20여 명이 초청을 수락했다. 초청된 학부모들 중에는 1시간 동안 진행될 직업 박람회를 위해 휴가를 낸 분도 있었다. 학교에서는 아이들의 선택을 고려하여 30분씩 두 명의 학부모를 만날 수 있도록 사전에 배정하였다. 하지만 다수의 아이들과 처음 대면한 학부모는 진행과 용어 사용에 미숙했고, 아이들은 조금이라도 자신들에게 도움이 되고 싶어 박람회에 참여한 학부모의 진정성을 잘 몰랐다. 역시 아이들은 보수와 사회적 지위, 대우 등 눈에 보이는 사항 중심으로 질문을 쏟아 냈다.

이러한 어려움을 겪은 후에는 직업 박람회에 참여하는 초청 학부모를 대상으로 사전 교육을 실시하였고, 아이들에게는 알고 싶은 직업에 대한 사전 조사를 하게 했다. 또 직업 박람회를 마치고 그와 관련된 책을 읽은 뒤 이야기를 나누기도 했다. 나아가 직업을 직접 체험하는 단계로까지 발전시켰다. 무슨 활동이든 처음부터 완벽하게 잘 진행할 수는 없다. 직업 박람회는 시행착오를 겪더라도 포기하지 않고 아쉬웠던 부분을 보완해 나가며 긴 흐름을 보는 여유가 필요하다는 교훈을 남긴 교육 활동이었다.

블록 수업
블록 수업과 학습 공동체

가르치려는 우리의 뜻은 정당한가? 목적이 무엇인가?
그 목적은 아이들의 삶에 어떻게 기여하는가?
교사들이 생각하는 아이들의 이상적인 삶은 무엇인가?

수업은 모든 교사의 관심사다. 수업이 교사 뜻대로
만 되지 않기 때문에 더욱 그럴 것이다. 뜻대로 되지 않는 만큼, 교사
들은 수업에 만족스럽기 어렵다. 만족보다는 불만족을 더 많이 경험
한다. 그렇기에 교사들은 서로 머리를 맞대고 여러 고민과 질문, 의
문을 끊임없이 나눈다. 어렵고 유쾌하지만은 않은 일이지만 이러한
성찰 없이는 한 발짝도 나아갈 수 없다.

이런 상황 속에서 대부분의 혁신학교에서는 블록 수업을 시행하고
있다. 40분 단위의 수업 2차시를 묶어 80분 단위로 수업을 진행하는
것이다. 이런 블록 수업에는 세 가지 뜻이 있다.

첫 번째는 교사만 나서서 수업을 이끌어 가지 않겠다는 뜻이다. 아
이들이 직접 해 보고, 서로 이야기를 나누고, 발견하고, 의미를 부여

하는 등 학생이 직접 참여하는 수업, 배움이 중심이 되는 수업을 진행하겠다는 의지가 반영되어 있다.

두 번째는 무엇이 중요한지 충분히 고민하겠다는 뜻이다. 배움이 중심이 되는 수업은 시간을 요구한다. 교사들은 아이들이 익히거나 경험하거나 체험하거나 이해해야 할 대상을 소개한다. 그리고 그 대상을 아이들이 각자의 방식으로 만나고 충분히 대화하여 스스로 자기 삶의 질을 높이기를 기대한다. 이를 위하여 교과 간 혹은 교과 내의 재구성을 적극적으로 시도하여 배움의 양을 줄이고 있다.

세 번째는 쉬는 시간을 길게 주고 싶다는 뜻이다. 40분 수업을 마치면 10분씩 있는 쉬는 시간이 참 애매하다고 생각했다. 그래서 쉬는 시간을 모두 모아 30분의 '중간 놀이 시간'을 주고 있다. 각자의 기호에 맞추어 아이들은 자유 시간을 제법 옹골차게 사용한다. 놀이, 운동, 수다, 독서, 구경, 장난 등 아이들이 이 시간에 하는 일이 다양하다. 이것 때문에 혁신학교 아이들은 시끄럽다거나 무질서하다는 말을 종종 듣기도 한다. 하지만 선생님들은 그 시간에 의미를 부여한다. 각자의 색깔을 드러내고, 상호 작용이 있으며, 함께 살아가는 학교생활의 의미를 충분히 만들어 내기 때문이다.

혁신학교의 수업은 배움 중심 수업이라고 표현하기도 하지만 '삶을 가꾸는 수업'이라는 말을 더 많이 사용한다. 이는 수업이 배움 자체의 의미를 넘어 아이들의 품격 있는 삶에 기여했으면 하는 소망이 있기 때문이다. 아이들은 수업에서 사람, 자연, 책, 세상, 역사, 시, 예술 등을 제대로 만나 내면화 과정을 거쳐 자신의 생각, 깨달음, 마음 등을 갖게 되고 각자의 그것을 서로 나누며 함께 성장한다. 삶을 가꾸는 수업이 대체로 만남과 표현으로 이루어지기에 혁신학교에서는 기본 학습 능력을 매우 중요하게 생각한다. 수업 대상과의 만남을 가능하게 하는 듣기, 읽기, 관찰하기, 느끼기 등과 나눔에 필요한 말하기, 쓰기, 다양하게 표현하기 등이 기본 학습 능력이다. 내면화 과정은 선택과 자유, 개인적 차이를 충분히 수용하지만 기본 학습 능력의 정착을 위해서는 많은 고민과 시도를 하고 있다.

그래서 혁신학교의 수업을 소개할 때 학습 공동체를 빼놓을 수 없다. 이는 수업을 동료 교사들과 함께 기획하고 관찰한 후 그 결과를 놓고 이야기를 나누는 형태다. 수업의 구조는 대체로 단순하다. 학습 대상과의 만남, 상호 작용, 만남의 결과를 나누는 구조다. 교사들은 이런 과정을 지켜보면서 아이들이 학습 대상을 어떻게 만나고, 어떻게 상호 작용하며, 그 과정이 어떤 결과를 낳았는지 관찰한 대로 동료 교사들과 이야기한다. 잘된 사례보다는 실패한 사례를 중심으로 이야기를 나누며, 동료 교사가 어려워하는 부분을 발견하여 조언하기도 한다. 모든 아이들에게 성공적으로 다가간 수업은 거의 없다. 그러기에 실패담은 계속해서 생겨난다. 끝없는 호기심과 도전이 있는 셈이다. 수업을 나누는 이야기가 깊어질수록 수업자는 사라지고 이야깃거리만 남는 경험을 하게 된다.

수업 함께 기획하기

혁신학교에서 수업을 고민할 때 반드시 지키고자 하는 것이 바로 '나'이다. '나'답게 수업하고 '나'의 경험을 나누며 '나' 스스로 배운다는 점을 잊지 않으려 노력한다. 지금껏 수많은 교육 이론과 이론가가 유행처럼 지나갔다. 그때마다 최선을 다해서 이를 배우려 했고 충실하게 교육 현장에 적용하려 했다. 하지만 '나'는 루소나 듀이, 사토 마나부가 될 수 없고 되어서도 안 된다. 그들을 흉내 내려 하면 할수록 가르칠 용기는 자꾸만 작아진다. '나'를 알고 '나'를 지키며 '나'를 세우는 교사가 되고자 노력했고, 그러기 위한 매력적인 방법이 무엇일까 고민했다. 그 결과 나눔을 생각하게 되었다. 각자의 생각과 경험을 나누는 일에는 배움과 위로와 격려도 있지만 충돌도 있다. 나와 다른 생각의 충돌이야말로 나를 성장하게 하는 원동력이다. 여럿이 충돌을 겪으며 서로의 지혜와 경험을 나누게 되는데, 이러한 나눔의 힘이야말로 모든 혁신학교에서 수업을 기획할 때 밑바탕에 두는 원리가 아닐까.

동료들과 함께 수업을 기획할 때에도 수업 전체가 그 대상이 되지는 않는다. 물론 합의한 방법에 따라 공동 수업안을 작성하는 경우도 있다. 공동 수업 기획에서도 개별 수업자의 수업 의도와 철학을 매우 존중한다. 이런 원칙 아래에서, 수업자의 수업 계획이 학교의 철학과 교육 원리를 잘 반영하고 있는지 함께 살핀다. 개인적 발전과 공동체가 조화를 이루는지, 수업의 재료가 아이들의 삶과 관련이 있는지, 아이들이 주도적으로 활동할 수 있는지, 아이들의 협력과 나눔이 의미 있게 작용할 수 있는지, 수업의 결과가 아이들에게 어떤 생각과 마음으로 이어질지 등을 고려한다. 학교에 따라서는 수업자가 사용하고자 하는 수업 자료만을 놓고 이야기를 나누는 경우도 있다. 수업 자료를 언제 어떻게 활용했을 때 수업자가 원하는 결과를 얻을 수 있는지 생각하는 것이다. 또, 수업자의 요청에 맞게 수업을 함께 기획하는 경우도 있다. 학생과의 관계에서 경계가 세워지지 않거나 대화가 잘 이루어지지 않는 문제, 아이들이 수업에 잘 참여하지 않는 문제, 배움이 좀처럼 일어나지 않는 문제 등 수업자가 어려움을 겪는 문제를 중심으로 수업을 함께 기획하는 것이다. 수업을 기획하는 절차와 초점은 다소 다르나 수업 능력을 키우고자 하는 마음과 나눔의 방식을 활용하는 면에서는 같다.

수업 기획을 위해서는 다음과 같은 사전 준비가 필요하다.

- 수업에 방해가 되는 요소를 정리하고 제거한다. 업무 줄이기, 수업 중심의 업무 편성, 학년 전담제나 중임제 등이 그에 해당한다.
- 구성원끼리 이상적인 수업에 관한 이야기를 나누며 우리 학교의 수업 개념을 세워 본다.
- 이상적인 수업을 하려면 꼭 필요한 일들을 정한다. 블록 수업, 활동(토론, 작업, 탐구, 면담 등)이 있는 수업, 자기 생각 나누기, 협력 등을 설정한다.
- 삶을 가꾸는 수업을 위한 공동 실천을 한다. 교육적 관계 형성을 위한 약속, 학습 원리, 추구하는 가치, 수업의 구조를 정리하여 수업 관찰표 등을 만드는 일이 그에 해당한다.
- 수업 능력을 키우기 위한 학교 차원의 시스템을 세운다. '매월 첫 주 월요일은 수업 기획 회의를 한다, 세 번째 주 월요일은 수업 관찰과 나눔을 한다.' 등의 사항을 합의하는 것이다.
- 우리 학교의 수업 개념을 실현할 수 있도록 교과 교육과정을 재

구성한다.

수업 기획 순서 예는 다음을 참고해 보자.

- 단원의 개요 설명하기
- 수업자의 수업 의도와 수업자가 기대하는 학생의 수업 모습 이 야기하기
- 수업자가 핵심적으로 생각하는 학생 활동이나 수업 자료 이야기 하기
- 수업 계획 이야기하기
- 수업자가 동료에게 도움을 청하는 문제 밝히기
- 수업자의 수업 계획을 이해하기 위해 질문하기
- 수업자의 요청에 맞추어 자신의 생각과 경험 돌아가며 말하기(중 복되는 경우나 생각이 정리되지 않는 경우 건너뛸 수 있음.)
- 도움을 주는 말을 모두 듣고 이해가 되지 않는 말에 대해 질문하 여 확인하기
- 동료들의 조언과 경험을 들으며 세우게 된 최종적인 수업 계획 말하기

다양한 방법으로 수업 나누기

수업을 함께 기획했다면 수업 참관의 준비는 충분히 한 셈이다. 수 업의 흐름과 수업자의 고민을 알고 있기에 아이들의 반응도 잘 살필

수 있다. 수업자가 소개하는 주제를 아이들이 흥미롭게 받아들이는지, 아이들이 수업 속의 만남을 어떻게 이끌어 가며 그 속에서 무엇을 알게 되고 발견하는지, 어떻게 상호 작용하고 관계를 맺어 가는지, 흥미를 잃은 아이들은 어떤 모습을 보이고 어떤 지원을 받는지, 수업을 통해 어떤 마음의 변화가 있는지 등을 관찰한다. 교사들은 교실 뒤에서만 수업을 참관하지 않는다. 각자가 관찰하고 싶은 모둠이나 학생을 정하여 수업에 지장을 주지 않는 범위 내에서 최대한 접근한다. 수업자가 요청하는 아이를 살피기도 한다. 아이들의 표정과 말, 행동, 글, 그림 등 아이들이 배우는 과정에서 나온 모습을 되도록 사실적으로 기록해 놓는다. 수업을 마치면 참관자들은 기록한 수업 관찰표를 참고하여 수업 에세이를 작성한다.

수업이 끝나고서 한 시간 후 교사들은 수업 에세이를 들고 수업자의 교실에 모인다. 각자가 쓴 수업 에세이를 교사 수만큼 복사하여 공유한다. 수업자는 수업 소감을 이야기하고 서로 의견을 나누었으면 하는 안건을 제안한다. 참관자들 역시 수업 에세이를 살펴보면서 공동의 관심사를 한두 가지 안건으로 제안한다. 이렇게 모아진 안건에 대해 차례대로 의견을 이야기한다. 더러는 명쾌한 결론이 나는 경우도 있지만 대체로는 더 생각해 보아야 할 숙제가 남는다. 하지만 서로 경험을 나누는 시간은 생각의 폭을 넓히고 안목을 높이는 좋은 기회가 된다.

대규모 학교에서는 전체 교사가 함께 모여 수업을 기획하기가 쉽지 않다. 대체로는 학년군별로 수업 기획과 수업 나눔을 진행한다. 혼자서 수업을 기획하고 자신의 수업을 5분 내지 10분짜리 영상으로 편집하면서 성찰하는 방법을 쓰기도 한다. 수업을 흐름에 맞게 편집하기 위해서는 영상을 몇 차례 볼 수밖에 없다. 가장 자세하고 정확하게 자신을 마주하는 순간이다. 이렇게 편집된 영상을 함께 보면서 수업의 의도와 흐름, 그 과정에서 보여 준 아이들의 모습을 이야기한다. 수업 나눔에 참여한 교사들은 영상을 보고 수업자의 이야기를 들으며 자신의 생각과 경험을 나눈다.

이 외에도 공동 수업안 양식을 함께 만들고 모든 선생님들이 그 양식을 기반으로 수업을 진행하는 방법, 학년별로 공동 수업안을 함께 작성하고 그 결과를 서로 나누는 방법, 수업 친구를 정하여 교과 전담 시간에 수업 나들이를 하는 방법 등 학교의 상황에 맞게 다양한 수업 나눔의 방법을 쓰고 있다. 어떤 방법이든 '함께, 성찰, 나눔'이라는 요소는 공통적이다.

- 공동 수업안 양식에 대체로 포함되는 요소들
  - 단원의 개요와 교육과정의 흐름
  - 주제 설정의 이유(수업의 목적)
  - 수업자의 지향점(수업자가 의도하는 점, 교사의 수업관 등)
  - 단원의 구성
  - 수업 전 활동(본시 수업 전 교사와 학생의 활동)
  - 본시 수업 계획안
  - 활동지
  - 자리 배치도
  - 수업 평가 계획

영역	주요 내용	분석 관점	관찰
준비		학교의 수업 철학에 대한 이해와 공감이 충분했는가?	
교육과정 재구성	학습 목표	아이들 삶과 밀접하며 교사의 철학이 반영된 재구성인가?	
		아이들의 수준에 적절한 것인가?	
	내용 준비	재구성된 학습 내용이 아이들 삶에 유익하며 수준 높은 내용(자료)인가?	
		학습 내용 구성이 아이들에게 명료하게 전달되는가?	
수업 활동	학습 방법	학습 내용에 적절한 학습 방법을 사용하는가?	
		아이들이 학습 방법에 익숙한가?	
		수단이어야 할 학습 방법이 목적이 되지는 않았나?(기능 중심 수업)	
	학습 활동	아이들이 학습 활동에 적극 참여하는가?	
		아이들이 학습을 통해 상호 소통이나 배움을 이루는가?	
		아이들이 학습에서 상호 협력적인가?	
		교사는 협력적 배움을 유도하는가?	
		아이들이 주도하는, 활동 중심의 학습인가?	
		아이들이 학습 과정을 통해 감동(만족, 성취감, 발견, 깨달음)을 얻었는가?	
	교육적 관계 맺기	학습 과정에서 교사나 친구들에게 격려를 받고 있는가?	
		아이들이 자신을 표현하고 인정받을 기회를 얻는가?	
		학습에서 소외받는 아이들을 배려하는가?	

		학습 과정에서 학습에 흥미나 호기심을 느끼는가?	
	정의적 능력	자기 주도적인 학습 능력을 키우는가?	
		아이들의 성취 욕구가 강한가?	
수업 평가	학습 목표 도달	학습 목표 도달 정도는 바람직한가?	
		평가 방법이 적절한가?	
		아이들의 수업 만족도가 높은가?	
	참여	공동 수업 만들기에 책임감을 품고 참여했는가?	

에세이 쓰기

수업의 시작과 끝은 역시 아이들이다

아이들이 주인이 되어 자발적으로 고민하고 답을 찾아내면서 무엇인가를 해결하고 발견하며 이해하는 기쁨을 누리게 하자는 생각으로 블록 수업을 진행하였다. 아이들이 꼭 배워야 할 소재를 선정하여 학습량을 줄이고, 학습 능력과 목표를 고려하여 학습 주제를 제시했다. 활동을 안내하면서 아이들이 적극적으로 수업에 몰입하고 자신의 활동 결과를 친구들과 나누며 서로 자극하고 채워 주리라 기대했다. 하지만 아이들은 수다나 장난을 하며 활동 시간을 보내는 경우가 허다했고 좀 어려운 학습 주제에 직면하면 '선생님, 도대체 우리에게 무엇을 바라세요?' 하는 눈빛을 보내는 경우가 많았다. '물 마시고 와도 되나요?', '화장실에 다녀올게요' 등의 이야기로 수업에서 이탈하는 모습도 많이 보였다. 아이들이 도전하기 어려운 주제나 아이들의 흥미와 삶에서 분리된 주제를 제시하는 경우는 꼭 이런 일이 생겼다.

하루는 아이들에게 경제를 가르치면서 경쟁과 자유가 주는 장단점을 생각해 보라고 했다. 아이들은 교과서를 읽으며 정말 교과서다운 이야기만 정리하고 발표했다. 진심이라고는 찾아보기 어려운 발표였다. 그래서 이듬해에는 같은 내용을 가르치기 위해 초콜릿을 준비했다. 수업을 시작하며 '착하다, 달리기를 잘한다, 키가 크다, 잘생겼다' 등 모호하고 명확한 근거도 찾을 수 없는 기준으로 몇몇을 선택해 초콜릿을 주었다. 몇 차례 그 과정을 반복하자 초콜릿을 받지 못한 아이들이 드디어 폭발했다. 그런 아이들의 불만을 모두 듣고 적은 후에, 왜 마음이 상했는지 정리해 보았다. 차별, 열등감, 욕심 등 핵심적인 이유가 거의 다 나왔다. 경쟁과 자유가 주는 장단점을 생각해 보기 위한 행동이었다는 의도를 설명한 후 모든 아이들에게 초콜릿을 골고루 나누어 주었다. 아이들은 경쟁과 자유가 주는 장단점을 몸으로 깨닫게 되었고, 여러 경우를 상상하는 것만으로도 교과서에 나온 내용 이상의 답을 찾아내었다.

언젠가 공개 수업을 준비하며 학습 공동체 안에서 동료 선생님들과 수업 기획을 할 때였다. 아이들이 교사가 나누어 준 자료를 읽고 병자호란 이후 소현 세자와 효종이 청나라에 대해 품게 된 감정을 이해하게 하고 싶다는 수업자의 지향점을 이야기하였다. 조상들이 그러했듯이 세상은 선택에 의해 그 결과가 달라지고 그에 따른 책임이 필요하다는 말로 마무리를 하고 싶다고 하였다. 동료들은 자료와 주제가 모두 아이들의 특성에 맞지 않다고 지적했고, 자료의 편집과 교사의 적절한 역할이 필요하다는 결론을 내렸다. 수업 기획 후 보완을 한다고 했지만 역시나 실제 내가 한 수업은 그리 만족스럽지 않았다. 수업 내용의 수준이 과하게 높다 보니 아이들의 언어로 이야기하지 못했고 그나마 참여한 아이들은 제한적이었다. 어려움을 느끼는 아이들은 나의 도움에만 전적으로 의지했다. 그러나 이듬해 군산에 가서 체험 학습을 한 후 숙소 대강당에 모여 벌인 토론은 사뭇 달랐다. '군산에 남아 있는 일제의 흔적인 동국사, 군산 세관 등을 철거해야 한다.'를 토론 주제로 잡았다. 아이들은 제법 진지했고 자신의 생각을 한껏 확장하는 시간을 보냈다.

아이들의 반응은 어떤 것이 좋은 수업인지 쉽게 알려 주는 리트머스 시험지와 같다. 아이들이 배움에 몰입하지 못한다면 아이들에 대한 이해가 부족한 것은 아닌지, 수업 내용이 삶과 동떨어진 것은 아닌지, 의미 부여에 실패한 것은 아닌지, 아이들의 경험을 충분히 활용하지 못한 것은 아닌지 살펴야 한다. 수업의 시작과 끝은 역시 아이들이었다.

야영·수련회
학생 자치회가 중심이 되는 야영

야영이나 수련회는 항상 불안해요.
안전 문제도 그렇고 야외에서 그 많은 학생을 어떻게 관리하나요?
2~3일 수업 대신 노는 시간을 주는 일에 그치는 것이 아닐까 싶기도 하고요.

많은 학교에서 해마다 수련회나 야영을 진행한다. 아이들이 삶을 예전과 달리 느낄 수 있는 새로운 도전거리를 찾아 함께 힘을 모으고 서로 격려하며 성공하는 경험을 하게 해 주기 위해서다. 사람은 경험만큼 알게 되고, 경험을 바탕으로 세상을 알아 가니 말이다. 아기가 걷고 뛰게 되면서 삶이 완전히 달라지는 것과 비슷하지 않을까.

지리산에서 며칠을 함께 보내기도 하고, 자전거를 타고 전국을 누비기도 하고, 백두 대간을 종주하는 등 여러 혁신학교에서 다양한 수련 활동을 하고 있다. 어떤 가르침도 없이 그저 안전하게 모두가 해내야 할 일을 해내면 된다. 교사가 아무것도 가르치지 않는 듯 보이지만, 그 과정 속에서 아이들은 많이 배운다. 삶의 무게가 좀 더 단단하게 다가오고, 참 좋은 세상이 있음을 몸으로 느끼며 알게 되고, 마음이 치유되는 것이다.

초등학교에서는 야영을 많이 한다. 대체로 1박 2일 동안 진행되며 학교를 야영지로 삼는다. 안전하면서도 추억을 쌓고, 무언가 도전할 수 있는 야영을 위해 아이들은 친구들과 함께 기획하고 숱한 협의를 진행한다. 그 과정에서 세상의 모든 일에는 바람이 있고 준비가 있으며 누군가의 배려와 협력이 있음을 알게 된다.

수련회나 야영은 혁신학교에서 대체로 한 학기의 학생 자치를 마무리하는 시기에 실시된다. 한 학기 동안 학생회는 회의, 이벤트, 봉사, 장기 자랑 등을 기획하면서 자치 능력을 키워 가고 학교의 주인으로 우뚝 선다. 그 활동의 마무리로 수련회나 야영을 추진하는 것이다. 한 학기의 학생 자치 활동을 수련회나 야영의 테마에 맞추어 진행하면 세상을 보는 안목도 동시에 넓힐 수 있다.

야영 준비하고 진행하기

야영은 대체로 6월 중순에서 말에 진행한다. 과일과 채소 등 먹거리가 풍부한 시기다. 학생회는 학생회 게시판을 활용하여 친구들의 의견을 수렴한다. 야영을 하면서 즐길 놀이, 스포츠, 먹거리, 밤 활동 등을 결정하기 위해 스티커를 활용한 도트 투표를 진행하기도 하고, 쪽지로 의견을 받기도 한다. 학생회 임원인 학급 대표는 학급 자치 회의를 열어 친구들의 의견을 모은 다음 전체 학생 회의에 참석하여 이를 전달한다. 전체 학생들의 의견과 학급의 의견을 토대로 학생회는 야영 프로그램을 하나씩 구체화한다. 학생회 지도 교사는 그 구성원 중 한 사람으로서, 또 교사회와 학생회를 중개하는 사람으로서 회의에 참석한다.

수련회나 야영을 준비할 때 다음과 같은 준비가 필요하다.

● 수련회나 야영에 관한 교직원의 공통 이미지를 정리한다.
● 학교 교육과정의 철학을 고려하여 수련회나 야영의 테마를 이야기한다.
● 수련회와 야영의 테마를 위한 교육과정을 편성한다. 예를 들면 자연과 함께하는 야영을 생각하는 학교에서는 야영의 시기에 수확할 수 있도록 고추, 오이, 감자, 가지 등의 모종을 심는 시기를 결정하기도 한다.
● 학생회와 교사회가 어떻게 소통하고 어느 정도 개입할 것인지 의논한다.
● 수련회나 야영이 학생들의 자치와 의미 있는 경험에 도움이 될 것인지 확인한다.
● 학부모회나 마을과 어떻게 소통하고 협조를 구할 것인지 의논한다. 마을을 탐사하고 즐기는 활동을 할 경우 미리 말해 두는 것이 좋다. 학부모회에서는 야식을 준비하기도 한다.

식사의 재료와 간식을 채취와 수렵만으로 마련하는 것, 지역 농산물을 사용하는 것, 학교에서 재배한 농작물을 주로 이용하는 것 등 의미를 담을 수 있는 다양한 논의들이 진행된다. 이런 논의가 구체화되려면 학교와 지역 주민 등 많은 이와 협의해야 한다. 한 가지도 그 냥 이루어지는 것이 없다. 예를 들어, 아이들이 야영에 필요한 물건을 구입하기 위해서 학교 카드를 들고 장을 보면 이 카드를 행사 때까지 보관해야 하는데, 이때 지도 교사나 부모님에게 부탁해야 한다. 학생 회에서 직접 사용할 수 있는 예산으로는 대체로 학생 1인당 만 원 정 도를 배정한다. 학교에 따라 학생회 전용 통장을 개설하고 카드를 발 급하기도 한다. 장기 자랑을 위해 홍보하고, 무대를 꾸미고, 심사 위 원회를 꾸리고, 선물도 의논하여 결정한다. 선택과 책임이 더러는 부 담스럽기도 하지만 이를 일상의 한 부분으로 받아들인다.

야영 날이 되면 1학년에서 6학년으로 구성된 모둠원들은 학생회 에서 준비한 놀이와 미션을 즐긴다. 놀이는 대체로 학년별로 진행하 고 미션은 다모임 모둠으로 진행한다. 놀이에서 경쟁을 피하기 위한 배려가 어떻게 이루어지는지 살펴보는 일도 즐겁다. 마을 속에 숨겨 진 보물을 2/3 이상 찾으면 선생님들이 모든 모둠에게 후식을 제공 하기도 하는데, 이런 일은 아이들에게 협력과 성취의 경험이 된다. 저녁 식사 후 학생, 교사, 학부모가 함께 모여 장기 자랑을 구경하는 일도 참 즐겁다. 진심과 관심으로 환호하고 즐기는 관중의 열기는, 발표하는 아이들에게 힘이 되고 추억으로 남는다.

잠자리는 대체로 교실을 이용한다. 요즘 설치가 간편한 텐트도 많 지만 아이들이 이를 설치하고 정리하는 일이 쉽지 않고, 텐트가 불연 소재가 아니어서 위험하기 때문이다. 교실에서 보내는 하룻밤은 아 이들이 학교를 더욱 친근하게 느끼는 계기가 된다.

● 야영 프로그램
  - 학교에서 즐기기: 축구, 피구, 민속놀이, 염색하기
  - 마을에서 즐기기: 우리 마을의 보물 찾기, 물놀이, 산행하기
  - 먹거리 준비하기: 학교 농장에서 수확하기, 마을에서 식재료 구입하기, 다모임 모둠별로 식사 준비하여 먹기
  - 장기 자랑: 학생회에서 계획한 이벤트 계획에 맞게 참여하기
  - 야간 산행: 평화의 등불 만들어 숲의 동식물에게 평화의 마음 전하기
  - 학급별로 잠자기: 불 끄고 영화 보기, 잠자기
  - 아침 식사 준비하기
  - 평화의 등불과 야영 소감을 학교 숲이나 울타리에 매달기
  - 기념 촬영하고 마무리하기

숲을 밝힌 환한 마음

야영에 참가하면서 가장 인상적이었던 경험은 숲에 평화의 마음을 전하는 평화의 등불을 만든 일이다.

야영 며칠 전부터 예쁜 종이에 콩기름을 정성껏 발라 색을 투명하게 만들어 놓았다. 그 종이에 숲에 건네고 싶은 말이나 그림을 네임 펜으로 표현했다. 혹시 함부로 동식물을 대했다면 용서를 구하고, 숲의 생명에게 인사를 건네거나 전하고 싶은 마음을 표현한다. 정성껏 등을 접어 작은 초로 불을 밝히면 완성이다. 그 등불을 막대기에 매달고 숲으로 간다. 숲길은 밤에도 위험하지 않을 길을 선택해 야영

직전에 선생님들이 풀을 베고 위험한 장애물들을 정리해 두었다. 캄캄한 밤에 평화의 등불을 들고 말없이 걸어가는 행렬은 언제나 장관이다. 어두운 숲에서 들려오는 소리, 숲의 정기, 살아 있는 숲의 기운을 느끼며 아이들이 숲길에 모인다. 그리고 자신이 적은 말과 마음을 숲에 전한다. 한밤중 숲에 들어온 첫 경험이고 첫 묵언 산행이다. 십여 분의 시간 동안 아이들은 다양한 소리와 느낌을 경험한다. 숲은 이제 아이들에게 아주 친근하게 다가와 아이들의 친구가 된다. 이 세상에 많은 숲이 있겠지만, 그렇게 등을 들고 찾아가 만난 숲은 자신에게 아주 특별한 존재가 되었다고 아이들은 말한다.

또 하나 특별한 기억은 학교 텃밭에 심은 농작물로 아이들이 부모님들에게 저녁을 대접했던 일이다. 옥수수와 감자를 삶고 가지, 오이를 무쳤다. 아이들이 흔히 접하는 햄, 소시지, 고기는 없었다. 밥과 국, 전과 나물, 쌈이 있는 저녁 식사였다. 대부분 아이들이 재배한 농작물이었다. 온전히 아이들의 힘으로만 지은 농사는 아니었지만 말이다. 그렇게 저녁밥을 준비하고 대접하며 아이들은 매우 뿌듯해했다. 부모님들도 참 좋아하셨다. 그날 밤 야식으로 학부모들이 국수를 삶았다. 서로를 대접하는 따뜻한 모습이었다. 평소에 부모님들에게 그냥 받기만 하던 아이들이, 그날은 평소와 다른 표정을 지었다. 참 고마워하는 표정, 어리지만은 않은 제법 어른스러운 표정이었다.

Q 한 과목 수업을 80분씩 진행하면 아이들이 힘들어하지 않나요? 화장실은 언제 가나요?

블록 수업이 단순히 2차시 수업을 하나로 묶어 80분으로 운영하는 것을 뜻한다고 생각해서는 안 된다. 수업을 하나로 묶어서 운영한다고 블록 수업이 되지는 않는다는 뜻이기도 하다. 시간을 얼마로 할지 따지는 일보다 수업에 대한 관점과 수업 방식을 어떻게 달리할지 고민하는 일이 중요하다. 교사 혼자 80여 분을 떠드는 형태의 수업이 이루어진다면 아이들은 물론 교사에게도 참으로 힘든 시간이 될 것이다.

수업 시간을 80분으로 운영하는 것은 학습량을 늘리기 위해서가 아니라 아이들이 스스로 생각하고 말하고, 다른 친구들의 이야기를 들어 보는 시간을 충분히 확보하기 위해서다. 자발적으로 활동하고 스스로 깨닫고 익히는 형태의 수업이 될 수 있게 설명 중심 대신 활동 중심의 수업 방식을 제시해야 블록으로 수업을 운영하는 의미가 살아날 것이다.

만약 활동 중심으로 수업을 운영하는데도 아이들이 지루해하거나 장난을 치며 시간을 보낼 때에는 수업의 주제가 아이들의 삶과 동떨어져 있지는 않은지, 지나치게 어렵지는 않은지 살펴야 한다. 잠시도 집중하기 어려워하는 아이들이 80분 동안 관심도 없는 내용에 집중하기를 기대한다면 수업이 잘될 리 없다. 화장실에 가야 할 경우는 다른 친구들에게 피해를 주지 않는 선에서 자율적인 필요에 따라 해결할 수 있도록 사전에 아이들과 함께 협의하면 된다.

7~8월

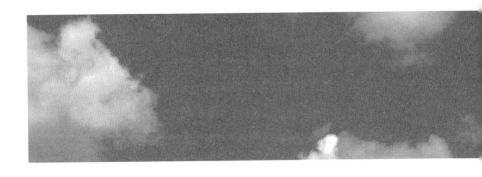

즐거운 여름

7~8월은 한 학기를 마무리하는 시기, 여름 방학을 맞기 전에 한 학기 활동을 정리하고 점검하는 시기다. 멈춤이 필요한 때다. 혁신학교의 7~8월도 방학을 앞둔 여느 학교와 크게 다르지 않다.

다만, 아이들의 성장을 단면으로 끊어서 평가하지 않으려면 어떻게 해야 할지, 배움이 끊어지지 않고 연속되려면 무엇이 필요할지, 평소보다 더 깊이 고민한다.

계절 학교

교사별 평가

계절 학교
집중과 몰입, 성장을 향해

아이들이 수업에 집중하지 못하고 꼼지락댄다.
열심히 하는 아이들도 선생님 얼굴이나 칠판만 바라볼 뿐, 생동감은 없어 보인다.
좀 더 깊은 이야기를 나눠 볼까 싶을 때 수업의 끝을 알리는 종소리가 울리고,
교사는 아쉬움을 느끼며 교실을 나선다.

　　　　　학생을 배움의 주체로 세우는 배움 중심 수업이 이루어지지 않는 교실에서는 교과 수업이 대부분 분절되어 운영된다. 그래서 학생들은 수업에 흥미를 느끼거나 몰입할 기회를 얻지 못한다. 그러다 보면 질 높은 배움에 이르지 못하고 배움의 즐거움도 잃어버린다. 이러한 문제점을 해결하는 데에 주기 집중형 교육과정을 활용해 보면 어떨까. 주기 집중형 교육과정은 한 가지 주제 아래 장시간 활동을 할 수 있는 기회를 제공한다. 주 2~3회 특정 활동을 하는 시간을 몰아서 배치하거나 특정 시기에 며칠을 지정해 주제별 활동을 운영하면 학생들은 활동에 몰입하고 깊숙이 체험하는 경험을 하게 된다.

주기 집중형 교육과정에 적합한 내용으로는 생활 문화, 문화·예술, 환경·생태, 노작 활동, 스포츠 등 다양한 영역이 있다.

- 생활 문화: 실, 흙, 나무, 종이 등을 가지고 손으로 하는 활동
- 문화·예술: 노래, 춤, 연극, 영화, 사진, 애니메이션 등 몸으로 하는 표현 활동
- 환경·생태: 숲이나 갯벌 체험, 농사짓기, 텃밭 가꾸기
- 노작 활동: 집짓기, 농사짓기, 텃밭 가꾸기, 목공, 봉사 활동
- 계절 스포츠: 물놀이, 수영, 스케이트, 스키

아이들의 삶을 담아내고, 따로따로 나뉜 것을 통합하여 그 안에서 의미를 찾을 수 있는 내용으로 활동을 구성하는 일이 중요하다. 이때 학생들은 배움에 몰입하고, 거기에서 즐거움을 느낀다. 또 무조건 다양한 내용만 추구하기보다는 학교의 환경을 고려하여 지속적으로 활동할 수 있는 내용을 선택해야 한다.

계절 학교 운영하기

학교의 상황에 따라 주기 집중형 교육과정을 운영하는 방법이 달라지겠지만, 다음과 같은 점을 고려할 필요가 있다.

- 계절 학교 활동 시간은 창의적 체험 활동과 교과 시간에서 확보할 수 있다. 그러나 교과 시간으로 편성하여 운영하려면 그에 따

른 계획을 세워야 한다. 창의적 체험 활동을 적절히 활용하면서 교과와 결합하여 운영해 보자.

- 계절 학교의 운영 기간은 학교 상황에 따라 유동적이지만, 학생들이 몰입하여 배울 수 있게 하기 위해 보통 4~6일 정도 운영하는 학교가 많다.
- 상호 간 협력적 배움을 유발하려면 무학년제로 편성하는 것도 의미가 있다.

계절 학교를 오래전부터 도입하고 운영해 온 '작은 학교 교육 연대' 소속 학교들의 계절 학교 운영 사례를 정리해 보면 다음과 같다.

남한산 초등학교

· 운영 방법
 - 여름, 가을 계절 학교 (각 창체 24시간 확보)
 - 토요 체험(순환/학년 프로젝트) 창의적 체험 활동, 교과에서 시간 확보
· 시기
 - 여름 계절 학교(여름 방학 전)
 - 가을 계절 학교(10월)
· 내용
 - 여름: 생활 문화 체험(직조, 도예, 한지, 목공, 인형, 퀼트, 음식, 패션)
 - 가을: 공연 문화 체험(국악 동요, 포크 댄스, 연극, 재즈, 라틴 댄스, 중창, 영화, 사진)
· 특징
 - 계절 학교의 큰 틀은 구축됨.
 - 토요 체험 학습(재량, 특별 활동, 교과에서 시간 확보)
 - 순환 수업(6시간)/학년 프로젝트(8시간)/학교 전체 행사(5시간)

거산 초등학교

· 운영 방법

– 여름, 가을 계절 학교(교과에서 시간 확보)
· 시기
 – 여름 계절 학교(7월)
 – 가을 계절 학교(10월)
· 내용
 – 여름 계절 학교(도예, 한지 공예, 목공)
 – 가을 계절 학교(놀잇감 만들어 놀기, 교육 연극, 영화 제작)
· 특징
 – 교사와 학부모가 중심이 되어 운영
 – 교과에서 시수 확보, 부족분은 재량에서 확보
 – 여름 계절 학교는 학년별 한 가지 주제에 집중

상주 남부 초등학교

· 운영 방법
 – 여름, 가을 계절 학교(창의적 체험 활동에서 시간 확보)
· 시기
 – 여름 계절 학교(여름 방학 직전)
 – 가을 계절 학교(10월)
· 내용
 – 여름: 환경과 인간(숲과 계곡 놀이 중심)
 – 가을: 문화와 예술(도자기, 한과, 바느질, 목공, 염색, 입체 작품, 인형극 등)
· 특징
 – 계절 학교의 큰 틀은 구축됨.
 – 주제 고정(여름은 '환경과 인간', 가을은 '문화와 예술')
 – 여름 계절 학교 무학년제 모둠 편성 운영
 – 가을 계절 학교는 저학년 1일씩 4개 주제 순환 운영, 고학년 단일 주제 선택
   운영
 – 작품 제작보다는 전체 과정을 체험

삼우 초등학교

· 운영 방법
 – 여름 계절 학교(각 창의적 체험 활동 18시간 확보)
 – 겨울 계절 학교(각 창의적 체험 활동 16시간 확보)
· 시기
 – 여름 계절 학교(여름 방학 일주일 전)
 – 겨울 계절 학교(겨울 방학 일주일 전)
· 내용

- 여름·겨울: 바탕 놀이, 선택 놀이, 두레 놀이
· 특징
- 여름과 겨울 계절 학교는 동일 시스템 아래 주제 중심 프로젝트를 운영하려
고 시도 중

많은 학교에서 계절 학교를 운영하고 있는데, 점차 그 형태가 고착되어 갈 우려가 있다. 학생들이 주제를 깊이 있게 탐색하고 배움에 몰입하는 의미 있는 활동이라는 인식 아래, 목적에 충실한 다양한 형태의 계절 학교가 운영되어야 한다. 교사의 상상력이 현실이 되는 학교들이 많아지기를 희망하며 다음 몇 가지를 함께 생각해 보면 좋겠다.

● 학부모와 지역 인사들이 계절 학교에 참여할 수 있도록 독려해 보자. 학부모를 비롯한 지역 인사의 참여를 활성화하고, 학교가 지역 공동체 속에 자리매김하는 계기로 삼을 수 있다.
● 교육과정을 위한 주기 집중형 교육과정을 편성하려고 하지 말자. 아이들에게 꼭 필요한 내용으로 구성해야 한다.
● 체험의 전체 과정을 아이들이 몸소 겪도록 하자. 4~5일 정도라면 아이들이 전체 과정을 해낼 수 있을 것이다.
● 다양화가 아니라 내실을 우선적으로 고려할 필요가 있다. 많은 활동을 배치하기보다는 간소화하고, 아이들이 자발적으로 할 수 있게 하자.
● 외부 강사를 위촉할 경우, 사전 모임과 사후 평가를 반드시 하자. 이때 기획하는 과정에서 교사가 주축이 되어 전 과정에 개입하여 교육의 취지를 분명히 전달해야 한다.

- 검증된 내용은 지속적으로 운영하여 아이들이 장기적인 계획을 세울 수 있게 하자.
- 계절 학교뿐만 아니라 교과 활동에서도 집중형으로 운영할 필요가 있는 주제를 적극적으로 개발하자.

몰입하고 성장하는 아이들

수입 초등학교에서 계절 학교를 처음 실시하던 날을 지금도 잊을 수 없다. 계절 학교를 준비하며 교사들은 내심 걱정을 했다. 담임 교사가 아닌 강사가 무학년제로 예술 활동 중심의 수업을 진행할 때 아이들이 무척 소란스러워지지 않을지 염려했다. 하지만 그것은 기우였다. 교실은 평상시 일반 수업을 할 때보다 더 조용했다. 아이들이 하나같이 자신이 선택한 활동에 몰입했기 때문이다.

여름 계절 학교를 마치면 마을의 미술관에 아이들의 작품을 전시하여 이를 지역에 개방한다. 아이들은 자신의 작품이 전시되면 자부심을 느끼고 애착을 보인다. 가을 계절 학교는 그동안의 배움을 발표하는 '무드리 축제'와 연계하여 무대 예술 중심으로 운영했다. 이러한 계절 학교는 일반적인 학예회의 수준을 뛰어넘는다. 몇 년에 걸쳐 계절 학교를 찾아오는 한 지역 예술인은 "처음 학교의 부탁을 받았을 때는 사실 번거롭게 생각했어요. 하지만 아이들이 예술을 표현하는 능력이 성장하는 것을 지켜보면서, 저도 가르치는 일의 즐거움을 배우게 되었습니다. 이제는 매년 기다려지는 교육 활동이 되었어요."라고 말하기도 했다.

아이들이 작품을 전시하고 무대에서 공연하는 일을 지켜보면서, 내가 더 행복해지는 것을 느꼈다. 아이들을 행복하게 해 주고 싶어 시작한 계절 학교였다. 그런데 아이들이 몰입하고 성장하는 모습을 보며 교사인 내가 오히려 아이들에게 큰 행복을 선물로 받았다. 아이들이 교사에게 주는 가장 큰 기쁨, 그것은 아이들의 성장이 아닐까?

교사별 평가
교사에 의해 설계되고 운영되는 평가

1. 다음 중 초등학교 학생에게 필요한 평가는 무엇일까요?

  ① 프로그램의 효과를 알기 위한 평가

  ② 선별(screening)을 목적으로 하는 평가

  ③ 분류 및 배치 결정을 목적으로 하는 평가

  ④ 학생의 성장(발달의 정도)을 지원하기 위한 평가

아이들에게는 성장을 위한 좋은 기회를 제공해 주어야 하며 실패의 경험을 최소화해 주어야 한다. 순위를 매기기 위해, 또는 선별을 위해 객관화된 경쟁을 기반으로 한 평가에 아이들이 직면하면 그들은 실패로 인한 열등의식을 느끼게 될 우려가 있다. 평가란 학생의 배움 정도를 알고 더 나은 배움의 길을 열어 주기 위한 척도가 되어야 한다. 이를 위해서는 교육과정과 수업에 일치하는 평가, 결과만이 아닌 과정을 보는 평가, 학생의 변화와 성장을 알 수 있는 성장 참조형 평가, 일회성이 아닌 수시로 행해지는 평가, 자기 생각을 표현하는 서술형·논술형 평가가 이루어져야 한다. 그리고 이러한 평가가 이루어지려면 교사가 가르친 것을 평가하는 교사별 평가가 선행되어야 한다.

혁신학교의 평가는 교사별 평가를 지향한다. 국가 수준의 교육과정을 수행한다 하더라도 교사의 해석과 재구성, 교재로 사용한 이슈와 상황, 주안점이 다르기 때문에 가르친 대로 평가하자는 것이다. 그래서 평가는 교사들에 의하여 설계되고 운영되어야 한다. 수업 혁신은 단순히 수업 방법에 대한 고민이 아니다. 이는 교육과정 전체에 대한 통합적 사고와 아이들의 환경과 특성, 학교의 여건, 교사들의 특성 등 여러 가지 고민 속에서 이루어져야 한다. 또한 수업은 학습자의 자발성과 자기 주도성을 기초로 하여 학습자 중심으로 실현하되, 교사와 학생이 끊임없이 교류하고 소통하면서 함께 지식을 창조해 나가는 과정이 되어야 한다. 이와 같은 수업이 이루어진다면 평가는 지식 위주가 아니라 수업 목표 중심, 활동 중심, 학생 중심, 과정 중심으로 자연스럽게 바뀌게 된다.

교사별 평가 실행하기

교사별 평가는 흔히 학년(급) 교육과정을 작성하면서 함께 계획한다. 학년(급) 교육과정은 학교의 교육 비전과 내용에 맞추어 교과 영역과 생활 영역으로 나누어 재구성된다. 현행 교육과정 운영의 가장 큰 문제를 지적하자면 교육과정의 목표와 운영 내용, 평가가 제각각 따로 놀고 있다는 점이다. 학교가 추구하는 교육과정 목표가 학생들에게 어떻게 반영되고 성취되었는지 평가할 수 있어야 하는데 말이다.

교육과정이 교사와 학생의 만남인 수업을 통해 발현되는 것처럼 평가 역시 교사와 학생의 상호 작용에 의한 교육과정으로 구현되어야 한다. 기존에 평가는 수업과 분리해 생각하는 경우가 많았으나 혁신학교에서는 수업과 평가가 함께하는(수업=평가, 수업이 평가를 포함, 평가가 수업을 포함) 관계로 변화하는 것을 꿈꾸고 있다.

수업 속에서 학생들은 서로 다른 경험을 하며 배움을 내면화한다. 같은 주제를 가지고 수업을 하더라도 경험을 다르게 했다면 다양한 결과가 나오게 되고, 각자에게 내면화된 결과도 다를 수밖에 없다. 배움의 과정에서 아이들이 생각하는 답이 하나가 아니라 여럿이 될 수 있음을 인정하고, 지식을·습득하는 데에 그치지 않고 그것을 어떻게 활용하는지 볼 수 있어야 한다. 단답형 평가보다는 서술형·논술형 평가를 요구하는 이유가 여기에 있다.

교사별 평가는 일제식 정기 고사를 대신하여 수업 과정에서 수시로 이루어진다. 교사별 평가를 실시하더라도 연간 평가 계획과 결과 처리 계획, 즉 교과별 평가 영역, 평가 시기, 평가 방법, 학생 평가 결과를 가정에 통지하는 방법 등은 구성원들이 미리 합의해야 한다. 이러한 합의를 바탕으로 학급에서 평가가 이루어져야 하는 것이다.

아이의 변화와 성장을 돕는 평가

대월 초등학교에서는 수업과 평가가 함께 이루어지도록 하기 위해서 '행복 채움 이력철 평가'를 하고 있다. 이를 위해 '행복 채움 노트'라는 배움 노트를 자체 제작해서 사용한다. 수업 시간 중에 아이들에게 주는 과제(미션)는 아이들의 노트를 보면 알 수 있다. 기존의 노트

나는 오늘 친구들에게 칭찬을 했다 보충이였다

제목.

필균아 이따가
학교 끝나고 우리집에
놀러와 우리 목욕하자.
재영이가.

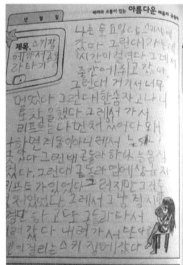

제목. 스키장
에 갔서 스키를
타다가

나는 흥 8일다 스키장에
갔다 그러다가가
시간이걸렸다 그래서
중간에쉬고 갔다
그런데 거기서 너무
머웠다 그런데 한숨자고나니
운동을했다 그래서 가서
리프트를 다면처 써어다 왜
하면 겨울이아니러서 눈이
싸다 그런데 골라 하나 눈을
었다. 그런데 골도라 없에 상자
리프트 가있었다 그러지만 그것도
첬았었다 그래서 그냥 직
만 하고 다 골라다가서
려갔다 내려가서 다시
긴이절리는 스키 집어갔다

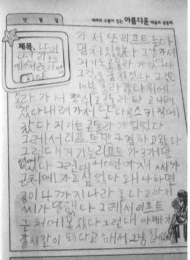

제목. 나의
여가서근
다

가 서 다 리프트 눈나
멈지있었다 그냥가서
거기도몰라 가있었다
그것을 줌지었다 그것
이번 골라 갔다위에
올라 가서 줌식을 골라다 고
갔다 내려가서 다시 다른스키 장에
갔다 거기는 골동가 가있었다
그래서 리프트 만 구렴하고 왔다
그런데 거기 가는 리프트 가 3 거리만
있었다 그런데 어려 가지니 시가가
근처에 가고 싶었다 왜냐하면
공이 4 가지나라 온 다고 아저
씨가 말했다 그래서 리프트
근처에 못 갔다 그런데 아빠가
갈 시간이 됐다고 해서 그냥 집에

정리법으로는 아이들을 성장시킬 수 없기에 각 학년군 특성에 맞게 노트를 정리하는 방법을 개발해 과정 중심으로 수업과 평가가 함께 이루어지게 했다.

앞의 사진은 몇 해 전 담임을 맡았던 2학년 남자아이의 글쓰기 노트다. 자존감이 낮고 자기를 표현하는 데에 서툰 아이였다. 당시 매주 월요일 아침 1, 2교시는 한 주 동안 있었던 일을 말하고 글로 쓰는 시간이었다. 위의 사진은 이 아이의 3월 글쓰기 노트고, 아래 사진은 6월 글쓰기 노트다.

아이는 처음에 자기 이야기를 하는 것을 별로 달가워하지 않았고 당연히 글로 쓰는 일에도 소극적이었다. 하지만 3개월 후 아이는 전보다 자기 이야기를 하는 데에 적극적인 모습을 보였고, 글쓰기를 점차 좋아하게 되었다. 한 학기를 마칠 때 우리는 이런 아이를 어떻게 평가할지 고민해 봐야 한다고 생각한다. 이 글쓰기 노트에는 한 아이가 3개월간 겪은 변화와 성장이 담겨 있다. 이러한 변화와 성장을 지금 학교에서 실시하고 있는 평가로 담아낼 수 있을까?

지금 학교에서 실시하는 평가는 특정 시기에 사진을 한 장 찍어서 그 사진을 보고 결론을 내리는 일과 같은, 결과 중심의 평가라고 생각한다. 각각의 아이들이 보여 주는 변화와 성장을 지켜보면서 그 과정을 돕는 평가는, 사진을 여러 장 모은 앨범과 같아야 한다. 이러한 평가를 실현하는 디딤돌이자 주춧돌, 그것이 교사별 평가가 아닐까.

Q&A

Q 시험을 보지 않으면 아이의 학력이 떨어질 것이라 걱정하는 학부모들이 많을 때에는 어떻게 해야 하나요?

시험 점수로 서열이 결정되고, 그 서열로 대학 진학을 하는 현실이다 보니 학부모들이 불안해하는 것은 어쩌면 당연한 일일지도 모른다. 점수와 서열이 아이들에게 오는 기회 자체를 결정하는 측면도 있기 때문이다. 하지만 초등학교 시기의 아이들에게까지 경쟁과 점수, 서열을 강요해야 할까. 그 시기에 중요한 것은 자신이 해야 할 일들을 주체적으로 해 나가는 즐거움을 아는 것, 친구들과 다양한 추억을 쌓는 것이 아닐까. 무거운 가방을 어깨에 메고 무기력하게 학원을 오가게 하면 당장 시험 점수는 몇 점 오를지도 모른다. 하지만 그런 아이가 즐거울 때 즐거움을 누릴 줄 아는 건강한 사람이 될 수 있을까.

학교와 학부모는 신뢰를 기반으로 우리 아이들을 건강하고 행복한 아이로 키우기 위해 무엇이 중요한지 함께 고민해야 한다. 물론, 학부모들의 불안을 없애기 위해서는 가치를 공유하고 설득하는 과정뿐만 아니라 아이들이 다양한 활동 속에서 알차게 공부해 나가고 있다는 것을 보여 주는 일도 필요하다. 아이들의 활동 내용을 온라인이나 오프라인 등의 방법을 가릴 것 없이 학부모들과 수시로 공유하고 이야기를 나누는 자리를 만들어 보자. 앞으로 긴 삶을 살아가야 하는 아이들의 입장에 서서 학력이란 무엇이어야 하는지 진지하게 이야기 나누며 지혜를 모아 가는 자리를 마련해 보는 것도 좋겠다.

9~10월

모두가 무르익는 가을

뜨겁고 환한 여름 지나 찾아온 9월과 10월, 깊고 풍요롭다. 무럭
무럭 자라나서 영그는 열매와 곡식, 그것들을 거두어 나누는 한
가위. 학교에서 보내는 아이들의 시간도 계절에 맞게 흘러간다.

신나고 두근거리던 여름 방학이 끝나고 새 학기가 시작되면 계
절의 흐름처럼 아이들의 마음도 깊어져 있다. 혁신학교는 그 속
에서 알찬 열매를 맺고 풍요로운 나눔을 실현하기 위해 동분서
주한다. 모두 함께 성숙해져 가는 가을이다.

축제

———

알뜰 시장

———

학부모 상담 주간

———

축제
즐거워야 축제다!

축제를 할 때면 각 학년의 대표들만 무대에 오르고
관리자와 손님이 관객석에서 가장 좋은 자리를 차지한다.
구경꾼이 되어 버린 아이들, 과연 즐거울까?

　　　　　　많은 혁신학교에서 '학교의 축제는 어떤 모습이어
야 할까?' 고민하기 시작했다. 모두 함께 참여하고, 모두 같이 즐거
워하는 축제를 각자의 조건에 맞게 시도하였다. 모든 아이가 귀한 존
재라는 혁신학교의 가치를 그대로 반영한 축제, 아무도 구경꾼으로
만 머물지 않고 모두들 신명 나는 날이 되는 축제 말이다. 이러한 축
제에서 아이들은 학교에서 배운 내용을 펼치기도 하고, 문화·예술의
재능을 마음껏 드러내기도 하고, 즐거운 놀이도 한다. 또 마을과 지
역 사회가 함께하는 축제를 진행하는 경우도 있다. 혁신학교의 축제
에서는 원하는 이라면 누구에게든 참여의 기회를 주는 것이 중요하
기 때문이다. 어떤 축제든, 처음 단계부터 아이들이 준비 위원으로
참여해 의견을 내고 주체적으로 활동한다. 축제에 이름을 붙이는 일

부터 부스를 만들고 운영하는 일, 축제를 홍보하고 마무리 청소를 하는 일까지 모두 아이들이 그 중심에 있다. 여기에 교사와 학부모, 마을과 지역이 적극 동참하며 축제는 빛나게 된다.

축제 준비하기

축제의 의미를 각 학교의 상황에 맞게 새롭게 정의하는 일부터 시작한다. '혁신학교의 축제는 어떤 모습이어야 할까?' 하는 질문에 답을 찾는 과정이라고 생각하면 된다. 그 답을 생각해 보자면 다음과 같다.

- 형식적인 학교 행사로만 그치지 않고, 모두들 즐겁게 참여하는 잔칫날
- 교육과정의 기반 위에서, 아이들이 펼치고 싶은 꿈과 희망에 날개를 달아 주는 날
- 그냥 그날 하루는 무조건 행복한 날

이때는 학교의 모든 식구들 생각을 모아야 한다. 만약 전통이 오래된 학교라면, 학생들이 그 역사의 흐름 속에서도 새로운 역사를 주체적으로 써 나가게 하는 방법이 무엇일지 고민해 볼 수 있다. 이러한 과정에서 잊지 말아야 할, 가장 중요한 점이 있다. 바로 아이들이 주인공이 되는 축제를 만드는 것이다. 아이들이 어떨 때 즐거워할지 떠올리고 상상하며 축제를 준비한다. 다른 그 무엇보다, '어떻게 해야 아이들이 재미있을까?'를 가장 많이, 가장 오래, 고민하고 의논한다.

축제의 의미를 재정의했다면, 그다음에는 축제를 어떤 알맹이로
채울지 계획하고 준비해야 한다.

축제 준비 과정

축제 준비 위원회 꾸리기	· 준비 위원: 학년당 교사 1명, 학생 자치, 동아리, 방과 후, 학부모회, 지역 사회 단체의 축제 업무 담당자 등 · 학생(축제 도우미): 학생 자치 임원 및 희망자 20여 명 · 학부모 임원 및 지역 사회 담당자는 필요할 때만 회의에 결합
축제 주제 정하기	놀이, 생태 등
축제 기획하기	축제 전야제, 축제 당일 모습과 프로그램 등 여러 차례 협의 필요
축제 역할 정하기	학년과 학급의 참여 방법과 내용 확인하고 준비하기
준비물과 예산 계획 세우고 진행하기	업무 담당자가 준비할 것과 학년, 학급에서 준비할 것 구분하기, 행정 실무사의 협조 받기
축제 사전 홍보하기	놀이 부스의 포스터 전시하기, 걸개그림 걸기, 초대장 만들기 등
평가 및 협의회 열기	교사 팀, 학생 팀, 학부모회
평가하기	평가한 자료를 내년 축제에 반영할 수 있게 준비하기

1년의 교육과정 내용이 축제와 연결되어 자연스럽게 드러나게 한
다. 교육과정 내용과 그 결과물도 축제의 프로그램과 연결하여 전시
하면 좋다. 프로그램은 아이들이 다양한 '끼'를 발현하며 함께 즐길
수 있게 마련한다. 축제 도우미, 걸개그림 작업, 개막 공연 오디션 등
의 일과 역할에 아이들이 참여하게 하여 축제의 모든 과정에서 아이
들의 선택권과 자율권을 보장한다. 교사들도 축제 준비 위원회에 참
여해 학생들과 함께 축제를 준비하면 된다. 준비 팀에 소속되지 않은

교사들은 되도록 학급 놀이 부스의 주제만 합의하는 선에서 그치고, 모든 권한을 축제 준비 위원회에 위임하는 것이 좋다. 형식적인 준비나 강제적인 활동은 절대 하지 않는다. 담임 교사는 학급 부스의 내용과 운영, 모둠 편성, 준비물 등을 아이들과 의논하여 결정한다. 축제 그 자체뿐만 아니라 준비 과정도 즐겁고 의미 있는 시간으로 삼자.

한두 명에게 일이 집중되지 않도록 축제 준비 위원회와 전체 구성원들의 역할을 잘 분담하고, 일을 협력해서 하는 문화를 만든다. 비용은 최소화하고 즐거움은 최대화한다. 축제를 학부모와 마을의 여러 단체가 자연스럽게 어울리는 기회로 삼아도 좋다. 이때는 학부모회나 지역 단체 담당자가 축제의 기획 단계부터 참여하여 그 방향과 목표를 공유할 수 있어야 한다. 아이들과 교사들이 지난해의 축제를 어떻게 평가했는지 살펴보고, 그 내용을 참고하여 반영하자.

드디어 축제 당일이다. 이날은 기존 축제에서 보이던 형식적인 부분, 즉 아이들이 인내심으로 견뎌야 하는 절차를 걷어 내는 일도 중요하다. 예를 들면, 개막 공연은 가족 단위로 자유롭게 구경하게 하고, 놀이 부스도 아이들이 순서나 가고 싶은 곳을 자유롭게 선택하여 참여하게 해 준다. 학교장이나 지역 유지들의 인사는 최소화하거나 다른 형태(노래, 시 낭송 등)로 바꾸는 방법도 있다. 축제가 끝나면, 규모가 큰 학교의 경우 뒷정리도 만만치 않다. 애초에 일회용품을 사용하지 않는다면 쓰레기를 정리하는 수고가 훨씬 덜하다. 정리 작업도 축제의 일부다. 축제에 참여한 사람은 정리에도 참여한다는 규칙을 미리 아이들과 공유하면 큰 도움이 된다.

아이들의 상기된 얼굴을 만나다

구름산 초등학교에서 축제를 처음 기획할 때의 일이다. 지역 축제나 대학 축제처럼 아이들이 신이 나 즐거워하며 마음껏 참여하기를 바랐다. 무엇을 어떻게 준비해야 할까? 생각이 거기에 미치자 막막했다. 그래서 지역의 축제를 경험했거나 주도해 온 전문가들에게 조언을 구했다. 축제를 새롭게 보는 데에 도움이 될 만한 교사 연수를 열기도 하며 이 고민을 풀어 갔다.

그런 만큼 오랜 준비 기간이 필요했다. 제대로 놀기 위해서는 제대로 준비해야 했기 때문이다. 10월 말에 있을 축제를 위해 3월부터 학년별로 담당 교사를 한 명씩 축제 준비 위원으로 모집하고, 학생 자치나 동아리, 학부모회, 방과 후 등의 업무를 맡은 교사들도 협력해 축제 준비 위원회를 꾸렸다. 준비 위원회 회의에서 축제의 전체 방향과 내용을 정하고 다시 학년별 의견을 조율하는 과정을 여러 차례 거쳐 최종안이 나왔다. 그러면 각각의 역할을 담당한 사람들이 구체적 일정과 업무를 진행했다. 때로는 준비 위원회 회의에 학부모 대표가 참석하여 의견을 나누기도 했다.

첫 축제 주제는 '놀이'로 선정했다. 놀이는 아이들이 가장 좋아하는 것이고, 놀이를 하면 모두 쉽게 어울릴 수 있다. 다양한 놀이를 즐기기 위해서 학급별, 모둠별로 각기 다른 놀이 부스를 만들기로 했다. 축제 이름은 학생 자치 팀에서 의논해 후보를 만들고, 전교생의 설문과 투표 과정을 거쳐 확정했다. 칠판이 빽빽할 정도로 많던 후보 중에 결정된 축제 이름이 '놀기 좋은 날'이었다. 이 이름이 해마다 그 뒤에 숫자만 하나씩 더해지며 그대로 이어지고 있다. 올해는 '놀기 좋은 날 6'이 될 것이다.

놀이 부스는 우선 학급에서 한 개씩 아이들과 의논해서 만들었고, 학급 내에서도 모둠별로 부스 운영 모둠과 체험 모둠으로 나뉘어 활동했다. 놀이 부스를 모둠으로 운영하고, 체험도 모둠별로 하는 것이다. 교사는 부스를 운영하는 모둠에 합류했다. 이때 저학년은 학부모 협력 교사의 지원을 받기도 했다. 학부모 동아리와 학부모회, 지역의 교육·환경·문화 단체 등 여러 팀들이 부스를 운영하고, 방과 후 학교 부서에서도 전시를 하거나 부스 운영에 참가한다.

축제 당일 70~80여 개의 놀이 부스가 만들어졌고, 아이들은 원하는 부스를 찾아가 놀이를 즐겼다. 그래서 이날은 모든 교실과 복도, 특별실, 운동장에 부스가 가득하고 학교는 온통 놀이터가 되었다.

희망하는 아이들은 학부모 디자인 동아리와 협력해 축제에 쓸 걸개그림을 만들기도 했다. 축제 노래를 만들어 부른 아이들도 있다. 또 축제는 잔칫날이니 음식을 나눠 먹었으면 좋겠다는 생각에, 전교생이 쌀을 조금씩 모아 축제 떡을 해서 먹기도 했다. 아이들·교사·학부모를 대상으로 주제별 영상제를 열었고, 연극 팀은 준비한 연극을 공연했다.

축제 기간, 아이들의 상기된 얼굴을 잊을 수 없다. 눈을 반짝이며 수십 개 놀이터 사이를 누비는 아이들의 발개진 얼굴은 행복 그 자체였다. 우리가 아이들에게 언제 한번 저런 얼굴을 선물했던가 싶을 정도였다. 축제를 준비하면서 느낀 고단함이 아이들의 신명 난 표정과 몸짓에 싹 달아났다. 지금도 아이들이 놀이 안내도를 가지고 뛰어가던 모습이 눈에 선하다. 아이들도 축제를 행복한 기억으로 간직하는 것 같다. 한 해의 활동 중 축제가 가장 마음에 든다고, 즐거웠다고 말하니 말이다.

교사들은 아이들을 주인공으로 대접하는 축제를 만들고 싶었다. 그리고 아이들이 행복해하는 모습을 보며 교사들 역시 기쁨과 보람을 느꼈다. 그야말로 즐거운 축제였다.

알뜰 시장
아이들은 알뜰 시장에서
무엇을 배울까?

알뜰 시장이 단순히 안 쓰는 물건, 오래된 물건을 사고파는 행사일까?
그 하루나마, 가짜 돈이나마, 아이들이 자기 원하는 대로 돈을 쓰게 해 주는 날일까?

시끌벅적, 아침부터 아이들은 양손 가득 가져온 물건들을 꺼내 놓으며 이야기꽃을 피운다. 장난감, 책, 학용품, 옷 등 팔 물건이 교실에 가득하다. 물건에 가격을 쓰고 우리 모둠 상점의 간판까지 만들고 나면 준비 끝! 물건만 파는 것이 아니다. 그 물건과 함께한 추억까지도 고스란히 다른 사람에게 전할 준비가 되었다.

알뜰 시장은 주로 집에서 쓰지 않는 물건을 모아 준비한다. 저학년은 시장 놀이, 고학년은 재활용과 경제 활동 체험을 할 수 있는 행사 차원에서 접근한다. 어떤 해에는 학부모 주도하에 바자회 정도로 치르기도 한다. 혁신학교도 알뜰 시장의 겉모습은 일반 학교와 크게 다르지 않다. 하지만 혁신학교에서는 알뜰 시장을 단순히 하나의 행사로만 생각하지 않고, 학년 교육과정을 반영한 수업의 연장으로 본다.

알뜰 시장이라는 체험 학습을 학교에서 하게 되는 것이다. 그리고 그 안에 나눔이나 생태적 삶이라는 가치를 담는다. 아이들이 알뜰 시장을 하는 이유가 물건을 아껴 쓰고 나눠 쓰는 데에만 있다고 여기게 하지 않는다. 그 경험이 체험 학습이 될 수 있다고 깨우쳐 준다. 그리고 알뜰 시장 이후의 활동에서 의미를 느끼도록 도와준다.

알뜰 시장 준비하기

알뜰 시장에서 무엇을 배우게 될지는 학년별로 조금씩 달라질 수 있다. 예를 들면, 알뜰 시장을 하는 이유를 교육과정과 연계할 수 있다. 위안부 할머니 돕기 바자회, 또는 지구촌 어린이를 위한 바자회 등의 이름을 붙여 아이들이 배운 내용을 직접 체험하고 실천하는 장으로 만드는 것이다. 또 물건을 파는 것에만 머물지 않고 자신들이 키운 무나 콩나물을 기부 형태로 내놓고 그 수익금을 모으게 하는 방법도 있다. 이후 수익금을 어떻게 할지 생각해 보는 것도 알뜰 시장에 또 다른 의미를 부여하는 활동이다.

교사들이 염두에 두어야 할 점이 있다. 알뜰 시장 준비가 아이들에게 오히려 부정적인 영향을 줄 수도 있으니 이 점을 교사가 신경 쓰고 주의해야 하는 것이다. 인간은 본능적으로 소비하기를 좋아한다. 아이들도 무엇인가를 소유하게 되면 즐거움을 느낀다. 이러한 본능이 알뜰 시장에서 여과 없이 드러나게 놔두면, 아이들이 소비 자체에만 집중하게 될 우려가 있다. 교사가 세심하게 준비하지 않으면 밖에서 매일 하는 소비 행위를 알뜰 시장에서 되풀이하게 된다. 여러 물건을 사고파는 과정에서 아이들의 욕망은 서로 충돌한다. 그러한 욕망을 스스로 조절할 수 있고, 교육적인 방향으로 발전시킬 수 있다는 점을 아이들이 알아 가야 한다. 다른 사람에게도 자신과 마찬가지로 욕구가 있다는 것을 알고, 다른 친구를 배려하는 태도를 배우는 데에 교육적 의미가 있다.

- 아이들이 알뜰 시장에서 무엇을 배우게 할지 고민한다.
- 교육과정의 내용과 연결해 알뜰 시장을 여는 이유와 언제, 어디서, 어떤 방식으로 물건을 사고팔지, 수익금은 어떻게 할지 등을 아이들과 의논한다.
- 수익금은 결정한 대로 처리하고, 기부한 단체에서 감사 편지 등의 반응이 온다면 아이들과 공유한다.
- 알뜰 시장을 마친 후 우리의 계획대로 잘 이루어졌는지, 무엇을 배웠는지, 아쉬운 점은 무엇인지 이야기를 나누며 활동을 함께 되돌아본다.

고학년의 알뜰 시장, 참여하고 실천하는 나눔의 장

5학년 아이들이 사회 시간에 역사 공부를 하고 위안부 수요 집회에 다녀오는 체험 학습을 마치고 난 뒤였다. 위안부 할머니를 마주하고 난 아이들의 눈빛이 예전과는 달라져 있었다. 자신들이 목격한 현장이 과거의 역사가 아닌 우리와 동시대를 살아가는 할머니들의 문제라는 점을 깨달았다. 그리고 그것이 곧 자신의 문제이기도 하다는 관점에서 역사를 바라보게 되었다. 아이들은 위안부 할머니들의 용기 있는 모습과 일본 대사관의 무책임한 태도에 분노를 느끼며 자신들도 무엇인가 하고 싶어 했다. 아이들과 의논 끝에 위안부 할머니를 도울 수 있는 알뜰 시장을 마련하기로 하였다.

사용하지 않는 물건을 깨끗하게 손질하여 친구들에게 팔고, 그 수익금을 위안부 할머니들의 쉼터에 기부하기로 하였다. 목적이 있는 행사라면 아이들도 의미를 부여하며 참여하게 된다. 몇 해 동안 아이들과 알뜰 시장을 열어 왔지만 아이들의 그런 모습은 처음 보았다. 설렘과 즐거움 이상의 감정을 느끼며 자신들이 옳은 일을 하고 있다는 것을 자각한 아이들의 행동과 눈빛을 잊을 수 없다. 아이들은 물건을 사고팔며 즐거움을 느끼는 것은 물론, 자신의 노력으로 위안부 할머니들을 돕는다는 생각에 또 다른 행복을 느꼈다. 알뜰 시장에 수익금을 기부하는 코너, 기부하는 마음을 표현하는 쪽지 쓰기 코너도 마련했다. 아이들은 기부하는 마음과 위안부 할머니에게 하고 싶은 말 등을 쪽지에 담았다.

알뜰 시장은 아이들이 직접 참여하고 실천할 수 있는 나눔의 장이다. 단순히 경제 교육을 위한 시간이 아니라 물건을 어떻게 써야 하는지, 수익금은 어떻게 활용할 수 있는지 배우는 기회다. 내가 가지고 싶은 물건을 다른 이도 가지고 싶어 하기에 나와 다른 이의 바람이 조화되어야 한다는 점도 알게 된다. 이런 과정 속에서 알뜰 시장은 단순히 물건을 사고파는 놀이 같은 행사에서 한 발 더 나아가, 교육의 가치를 담은 훌륭한 교육과정으로 발전한다.

저학년 아이들과도 알뜰 시장을 어떻게 진행할지, 그 수익금과 결과물을 어떻게 나눌지 의논하는 일이 가능하다. 준비 과정부터 정리까지 아이들이 주도하도록 교사가 도울 수 있다. 알뜰 시장이라는 이름 말고 '마을 장터' 등의 이름을 아이들이 정하게 할 수도 있다. 운영 방식도 아이들이 정한다. 액수의 단위, 쿠폰을 쓸지 실제 돈을 쓸지, 수익금을 어떻게 할 것인지 등을 아이들과 함께 결정하는 과정이 의미 있다. 아이들이 어릴수록 주도적으로 결정하는 일은 더욱 중요하다.

저학년의 알뜰 시장을 사회적인 의미로까지 연결하기는 어렵지만, 아이들은 알뜰 시장을 경험하면서 이전의 소비와는 다른 지점을 몸소 느낄 수 있다. 형제자매가 많아야 둘인 요즘 아이들은 이전에 비해 풍요로운 환경에서 지내는 경우가 많다. 자신에게 필요한 물건은 쉽게 소유하기도 한다. 하지만 알뜰 시장을 하고 나면 그럴 수 없는 경우도 있다는 것을 알게 된다. 1학년 아이가 쓴 글에 '내 마음만 있는 것이 아니구나.' 하는 내용이 있었다. 물건이 하나밖에 없는 상황에서 다른 친구들도 내 마음처럼 저 물건을 가지고 싶어 할 수 있다는 점을 직접 느끼게 된 것이다. 알뜰 시장에는 물건이 하나뿐이고, 그 물건은 원하면 얼마든지 여러 개를 살 수 있는 기성품과는 다르다는 점을 깨달았을 것이다. 흔하게만 여겨 온 물건이 상황에 따라 얼마든지 소중한 대상이 될 수 있고, 그 물건을 나 이외에도 원하는 사람이 있을 때 어떻게 해야 하는지 몸소 배우게 되었을 테니 말이다.

또한 아이들은 꼭 필요하지도 않은 물건이지만 단지 욕심이 나서 소비를 하는 경우도 있다는 것을 알게 된다. 물건 앞에서 나의 욕망을 조절하지 못한 경험은 나중에 실제로 경제 활동을 할 때 의미 있는 영향을 미칠 수 있다. '내가 원하는 것을 많이 샀다고 해서 좋은 일, 잘한 일일까?' 하는 점도 함께 생각해 볼 수 있다. 물건을 사고파는 과정을 거치며 물건을 파는 일이 얼마나 힘든지 깨닫게 되고, 손님이 된 다른 친구의 기분도 맞춰 보고, 가게를 정리하고 유지하는 일이 쉽지 않음을 알게 된다. 소비자 처지가 된 아이들은 많은 물건을 보며 고민과 갈등을 거쳐 살 물건을 결정하게 된다. 어른이 되어 하게 될 경제 활동을 미리 경험하게 되는 것이다. 물물 교환도 허용하고 남는 물건은 거저 주는 방법도 가르친다. 내 것에 욕심부리지 않는 태도, 물려 쓰고 나눠 쓰는 모습을 알려 주는 좋은 기회가 된다.

학부모 상담 주간
한 아이를 오롯이 마주 보기

"상담, 누구는 하고 누구는 안 하고 그럴 수는 없죠.
학급 학생 모두 학부모 상담을 하려면 늦게까지 상담 시간을 잡아야 해요.
맞벌이 부모님들은 시간 내기도 어렵고요. 가정 방문은 말이 많아서 부담스러워요."

혁신학교에서는 교육의 주체를 교사로만 단정하지 않는다. 학부모들도 되도록이면 교사와 좀 더 긴밀하게 교류하여 아이를 돕게 하고자 한다. 그래서 교육을 위해, 아이를 위해 서로 생각을 나누고 방법을 공유하며 거리를 좁히려고 한다.

상담 주간은 아이들이 학교에서 보여 주는 모습과 가정에서 보여 주는 모습을 퍼즐처럼 맞춰 아이를 온전히 이해하는 데에 그 첫 번째 목적이 있다. 그리고 두 번째 목적은, 학부모와 교사가 서로 인사를 나누고 친해지는 것이다. 교사의 학급 운영관, 철학, 교육 방법을 학부모가 이해하는 경우와 이해하지 못하는 경우는 상호 간의 친밀도와 반응에서 확연하게 차이가 난다. 아이를 돕는 데에 가정과 학교의 협력은 선택 조건이 아니라 필수 조건이다.

상담 준비하기

학교마다 상담 주간의 시기와 횟수는 다르다. 상담 주간 운영을 일 년에 한 번 하는 곳도 있고 두 번 하는 곳도 있다. 대체로는 봄, 가을 두 차례 하는 경우가 많은데 시기는 학교별로 모두 다르고, 담임 교 사에 따라 유동적으로 운영하기도 한다. 혁신학교에서는 근본 취지 만 같으면 작은 변화나 차이는 크게 관여하지 않기도 한다.

학교에서 학부모 전체에게 학부모 상담 주간의 운영 안내장을 보 낸 후, 학년 혹은 학급별로 신청서를 받는다. 상담 신청 안내장을 학 년이나 학급 단위로 받아도 된다. 학부모들끼리 신청 시간이 겹칠 수 있으니, 담임 교사가 이를 조율한 후 다시 최종 상담 시간표를 가정 통신으로 보낸다. 그 후 일정대로 학부모 한 명당 20~60분 정도의 시간을 내서 상담을 시작한다. 상담은 아이들이 하교한 후부터 맞벌 이 가정을 위해 저녁 9시경까지 운영할 수 있다. 대체로는 근무 시간 안에 많이 이루어진다.

학부모 상담 하면 고정 관념처럼 떠오르는 여러 부담을 사전에 없 애는 노력도 필요하다. 교사는 교사대로, 학부모는 학부모대로 만남 자체에 부담을 느낀다면 의미 있는 상담이 이루어지기 어렵다. 혁신 학교에서는 상담 주간에 공식적인 학교 일정을 잡지 않는다. 따라서 학년별로 상담 주간 일정은 미리 학사 일정이나 월별, 혹은 주간 계 획에 반영해 놓아야 한다. 학부모가 상담하러 올 때에는 부담을 느끼 지 않도록 음료수 같은 작은 선물도 가져오지 않게 한다. 학년이나 학급에 따라서는 상담을 가정 방문으로 운영할 수도 있다. 또는 가정 방문과 학교에서의 상담을 혼용하여 이 중 하나를 고르게 하기도 한다. 상담의 방식은 반드시 학부모가 편하게 선택할 수 있게 해 주어야 한다.

가정 방문의 좋은 점은 현관문만 열어도 그 가정의 분위기와 느낌이 그대로 전달된다는 것이다. 그래서 아이가 이 집에서 어떤 느낌으로 살아가는지 그림처럼 환하게 보여서 참 좋다. 가족과 사는 모습을 보면 학교에서 아이가 하는 행동들도 그와 연결되어 쉽게 이해되기 때문에 교사에게 도움이 된다. 가정 방문은 학생들 간의 빈부 격차가 드러난다는 슬픈 현실 때문에 많이 사라졌지만, 학부모와 교사가 서로 마음만 열고 만날 수 있다면 아이를 이해하는 데에는 가장 좋은 만남의 형태라고 생각한다.

시기별 상담 방법

1학기 상담 때는 되도록 모든 학부모를 만난다. 서로 마음을 다해 만나고, 최대한 상대를 존중한다. 먼저 부모가 보고 느끼는 아이의 모습이 어떠한지 듣는다. 가정에서 교육을 담당하는 사람, 교육하는 태도, 가족 관계와 분위기 등 담임 교사가 아이를 이해하는 데에 도움이 되는 이야기를 듣는 것이다. 아이가 전하는 학교 이야기, 친구들 이야기, 배움의 과정도 듣는다. 부모가 일 년 동안 담임 교사와 아이들에게 바라는 사항도 잘 들어 두었다가 참고한다. 그리고 교사가 학급 운영을 하면서 중점을 두는 사항과 그것을 실천하는 방법을 소개하고, 특별히 부탁하고 싶은 점을 강조해서 말한다. 아이가 성장하는 과정에 있음을 항상 기억하고, 현재 보여 주는 모습이 성장 과정의 일부분임을 부각한다. 어떤 경우든 단정적으로 말하지 말고, 부모가 협력해서 교육해야 할 부분이 있다면 도움을 청한다.

고학년이라면 아이와 부모가 연결된 기존의 친구 관계, 부모들끼리의 관계망을 파악한다. 부모에게 나눌 만한 재능이나 아이들 교육에 도움을 줄 수 있는 부분이 있으면 협력 교사로 지원해 달라고 청한다. 아이가 학급에서 보여 준 멋진 모습, 아이의 따뜻한 행동, 학급에 미치는 좋은 영향 등도 이야기한다. 단, 무조건 좋은 말만 하려고 하거나 아이의 장점만 강조하려는 부담을 느끼지는 말자. 아이의 처지에서 한번쯤 생각해 보고, 아이가 학교와 학원 생활 등에서 겪는 어려움이 있다면 짚어 준다. 상담 장소도 신경을 써야 할 부분이다. 교사가 아이들 책상으로 옮겨 앉아 학부모와 같은 눈높이로 이야기하는 편이 권위적이지 않아서 좋다. 학교로 올 수 없는 학부모와는 전화 상담을 한다.

2학기 상담 때에는 1학기와 비교해 볼 때 아이가 어떤 점에서 좋아지고 있는지 이야기한다. 일 년 동안 즐거웠던 추억도 떠올리며 나눈다. 학년이 올라가기 전에 보충해야 하는 공부나 갖추어야 할 태도가 있으면 알려 주고, 아이들을 성장시키는 방법도 함께 의논한다. 부모가 하는 질문이나 털어놓는 고민거리도 들어 준다.

수시 상담을 활용하는 것도 좋다. 아이에 관해 해결되지 않는 문제, 부모의 도움과 관심이 필요한 사항이 생기면 언제라도 학부모에게 연락하여 수시 상담을 진행한다. 학부모가 학교에 올 수 없다면 전화 상담, 방문 상담이라도 한다. 편지나 문자 메시지도 좋다.

한 아이를 오래, 깊이 들여다보는 여유를 주는 상담 주간

혁신학교에서 상담 주간을 운영해 보니 학부모 상담은 학부모보다 교사에게 더 많은 도움이 된다는 것을 알게 되었다. 가장 큰 도움은, 교사가 한 아이를 오롯이 생각할 시간을 보내게 된다는 점이다. 학교의 일상에서 어느 한 아이를 오래, 깊이 들여다볼 여유는 없다. 그런데 상담을 준비하면서, 아이의 부모와 마주 앉으면서부터는 오직 그 한 아이만 생각했다. 그러면 평소에는 느끼지 못했던 아이에 대한 감정, 아이의 특징이나 개성의 결이 그대로 느껴졌다. 또 부모가 아이들과 나눈 대화를 전해 들으면서 그 아이 곁으로 성큼 가까이 다가간 느낌이 들었다. 그런 느낌이 마음에 들어오면, 다음 날부터 아이가 다시 보였다. 아이가 스치듯 하는 말과 행동도 의미가 담기니, 살아서 움직이듯 보였다.

학부모들의 반응도 긍정적이었다. 아이들이 학교에서 어떻게 지내는지 평소 궁금했는데, 선생님을 직접 만나 서로 생각을 듣고 이야기를 나누는 상담 주간을 학교가 공식적으로 운영해 주니 편하고 좋았다는 소감을 밝혔다. 담임 교사를 만나고 싶어도 먼저 말을 꺼내기 쉽지 않고 시간을 맞추기도 어려운데 학교 쪽에서 초대를 해 주니 좋았다는 것이다.

혁신학교가 활발해지면서 교육은 교사 몫이라고 여기던 풍토가 바뀌고 있다. 학부모와 교사가 협력하는 일이 매우 중요하다는 인식이 퍼지고, 그를 위한 실천도 늘어났다. 그 시작이 상담이다. 상담은 학부모를 만나 이야기하는 과정 속에서 교육에 관한 답을 모색해 가는 작업이다. 교실에서 학부모의 얼굴을 보고 그 마음을 확인할 때 나는 에너지를 얻었다. 그리고 무엇이든 일방적으로 주기만 하거나 받기만 하는 관계가 없음을 확인했다.

학부모 상담 일정 안내

매일 아이들 얼굴을 보고 살시만 아이들 한 냉씩 깊이 있는 대화를 나눌 시간은 거의 없는 것이 학교생활입니다. 아이들이 가정에서는 어떻게 생활하는지 듣고 부모님과의 관계 혹은 다른 가족과의 관계와 도움이 필요한 이야기, 걱정거리 등을 나누며 아이를 중심에 놓고 마주 앉는 자리를 마련하려고 합니다. 아래 표를 보시고 가능한 때에 모두 표시해 주시면 다른 가정과의 일정을 고려하여 상담 일정을 정하겠습니다.

아직 아이들을 만난 지 두 달이 채 안되었으니 이번 상담은 학부모님들께서 자녀에 대해 많이 알려 주셨으면 합니다. 이번 상담이 필요 없다고 판단하시면 아이를 믿고 기다려 보셔도 괜찮습니다. 상담이 꼭 필요하다고 여기는 가정에서는 이번 기회를 놓치지 마시기를 바랍니다. 상담 주간 이외의 시간에 상담을 원하는 가정은 아래 표의 '선택 2'에 표기해 주시기 바랍니다. 전화 상담도 가능하니 전화 상담을 이용하셔도 됩니다.

상담에는 편안한 마음으로 오세요. 아이에 대한 정보도 있는 모습 그대로 전해 주셔야 교육에 도움이 됨을 미리 말씀드리고 싶습니다.

그럼 상담 주간에 뵙겠습니다.

( )반 이름 ( )

시간 \ 날짜		4월 13일 (월)	4월 14일 (화)	4월 15일 (수)	4월 16일 (목)	4월 17일 (금)
선택 1	1:20~1:40					
	1:40~2:00					
	2:00~2:20					
	2:20~2:40					
	2:40~3:30					
	3:30~4:00					
	4:00~4:30					

	5:00~5:30				
	5:30~6:00				
	6:00~6:30				
	6:30~7:00				

선택 2	그 외 다른 날짜를 원합니다. ① (　)월 (　)일 (　)시 (　)분 ② (　)월 (　)일 (　)시 (　)분
선택 3	다음에 **상담이 필요할 때**에 사전 연락 후 상담을 하겠습니다.
선택 4	전화 상담을 원합니다. ① (　)월 (　)일 (　)시 (　)분 ② (　)월 (　)일 (　)시 (　)분
상담 오시는 분	엄마(　) 아빠(　) 할머니(　) 기타(　)

· 상담에 오실 때에는 따뜻한 마음, 열린 마음으로만 오세요. 음료수도 가져오지 마시기 바랍니다.

Q 축제 후에 정리하는 일이 걱정이에요.

축제를 크게 하면 그 뒷정리도 만만치 않은 일이 된다. 뒷정리가 부담스럽다면 축제를 기획할 때부터 쓰레기를 줄이는 방법을 생각해 보자. 구름산 초등학교에서는 평소는 물론 축제 기간에도 일회용품 쓰지 않기를 실천하려고 한다. 또 행사가 끝난 후에는 축제를 위해 설치한 것들을 모두가 함께 치우고, 이동했던 학교 물건을 원래 자리로 되돌려 놓는다. 학교는 우리가 살 공간이고, 다음 날 활동이 문제없이 진행되려면 모두가 힘을 모아야 한다는 사실을 미리 공유하는 것이 좋다. 그래서 축제 후에는 참가자들이 힘을 합쳐 큰 장비부터 작은 쓰레기까지 순식간에 정리한다. 아이들은 물론 교직원, 학부모까지 손을 보탠다. 청소와 정리 구역을 학년별로 나누기도 하지만 역할 구분 없이 자연스럽게 힘을 모아 정리하는 모습은 축제의 마지막 하이라이트다. 모든 학교에서 이런 방식으로 마무리를 할 수는 없지만, 학교에서 실천하는 일회용품 쓰지 않기 운동 등을 자연스럽게 축제와도 연결한다면 부담을 줄일 수 있지 않을까.

Q 알뜰 시장을 열 때 아이들이 실제 돈으로 물건을 사고팔아도 괜찮을까요?

알뜰 시장의 목표를 무엇으로 삼을지 먼저 생각해 보자. 나눔과 기부의 측면을 강조하기 위한 활동이라면 돈 대신 쿠폰을 만들어 사용하는 것이 편할 수 있다. 경제 교육까지 고려한 활동이라면 실제 돈을 주고받으며 화폐의 가치나 교환 원리 등을 익힐 수 있게 하는 쪽이 좋을 것이다. 견

물생심이라는 말이 있듯이 돈을 주고받으며 판매를 한 후에는 물건을 판 수익이 바로 기부로 연결되지 않을 수도 있다. 하지만 그 부분은 알뜰 시장을 열기 전에 아이들과 충분히 이야기를 나누고, 아이들끼리 협의를 하는 시간을 마련하는 것으로 해결할 수 있다. 아이들 스스로 알뜰 시장의 목적과 수익금의 사용처 등을 결정짓는 자리를 만들어 줘 보자. 자신의 행동이나 활동이 어떤 영향력을 발휘할지 생각하는 계기가 될 것이다.

Q 아이들이 알뜰 시장에서 음식을 팔고 싶어 해요.

음식을 파는 일이 역시 알뜰 시장을 열게 된 목적과 맞는다면 허용할 수 있다. 그 대신 지켜야 할 규칙을 함께 정한다. 음식을 만들어서 사고팔다 보면 일회용품을 많이 쓰거나 남은 음식을 버리는 일이 생기기 쉽다. 편리하다는 이유만으로 일회용품을 고민 없이 사용하거나 음식을 버리는 경험을 하게 된다면 생태적 삶을 지향하는 혁신학교의 교육 방향과 어울리지 않는다. 음식을 사고팔 때 생길 수 있는 문제에 대해 아이들과 미리 이야기 나누고 방안까지 함께 만드는 것이 좋다.

Q 학부모들이 아이의 칭찬만 듣고 싶어 하면 어떡하죠?

학부모 상담 주간이 되면 학부모들 사이에 담임 교사와 만날 때 필요한 요령이 돈다고 한다. 그중 핵심은 '담임 앞에서 절대 내 아이의 단점을 인정하지 말 것, 무조건 교사를 칭찬할 것.'이라고 한다. 한마디로 내 아이 기를 세워 주자는 말이다. 학부모들은 담임 교사와 상담할 때 아이에 대한 칭찬을 듣고 싶어 한다. 교사들은 그 마음을 잘 알기에 칭찬거리를 찾으려고 애쓰기도 한다. 그런 분위기에서는 아이가 문제 행동을 했을 때 있는 그대로 말하기 어려워진다. 진실을 그대로 표현했을 때 되돌아올 감정적인 부담을 감당하기 힘들기 때문이다. 그래서 담임 교사와 학부모가 기분 좋게 만나 이야기를 나누었지만 그 시간이 정작 아이에게는 도움이 되지 못하는 문제가 생기고 만다. 학부모의 기분을 고려해 말을 아끼다 보면 문제는 다음 해로 계속 넘어갈 수밖에 없다. 그 사이 아이의 문제는 더욱 심각해진다. 어느 순간 문제가 폭발했을 때는 이미 늦어 버렸을 수도 있다. 그러니 상담은 학부모와 교사가 서로를 신뢰하는 가운데 진솔하게 진행되어야 한다. 어려운 이야기라도 꺼내 놓겠다는 용기가, 그로 인한 잠깐의 불편함은 아이를 위해 감수하겠다는 마음의 준비가 필요하다.

Q 평소 조용하고 별문제가 없는 아이는 상담을 할 때 딱히 할 이야기가 없어요. 그럴 때도 굳이 상담이 필요할까요?

부모와 교사가 서로를 존중할 수 있는 만남을 한 번이라도 경험했다면 아이 앞에서 서로에 대해 쉽게 말하지는 못할 것이다. 상담은 아이에 대한 정보의 교환을 넘어 긍정적 시선으로 아이를 함께 바라보는 계기가 된다. 극복해야 할 문제나 강화해야 되는 부분을 이야기할 수 있는 관계는 아주 중요하다. 결국 상담은 아이의 어려운 문제를 풀어 가는 해법도 될 수 있고 일상에서 공동체를 만들어 풀뿌리를 연결하는 작업이기도 하다. 교육은 모든 환경이 총체적으로 작동해야 그 효과를 볼 수 있다는 점을 잊지 말자.

11~12월

행복한 한 해 마무리

겨울이다. 날씨가 추워지고 방학이 다가온다. 추위 때문에 몸이 움츠러드는가 하면 연말 분위기에 마음이 들뜨기도 한다. 한 해를 마무리하는 시기일 뿐만 아니라 한 학년을 정리하고 매듭짓

는 시기이도 하다. 끝은 시작과 맞닿아 있기에 이때 한 해 교육 활동을 되돌아보고 다음 해를 준비하는 교육과정 워크숍과 발표회가 열린다. 그리고 학생 자치라는 탐스러운 눈송이도 내린다.

교육과정 워크숍

교육과정 발표회

학생 자치

교육과정 워크숍
모이고 나누고 꿈꾸다

"교육과정을 재구성하자고요?
예전에는 부장 선생님들이 알아서 하던 일인데, 굳이 다 같이 해야 해요?"
교육과정을 설계하는 일이 과연 몇몇 선생님들이 알아서 할 일일까?

매년 12월이면 전국의 초등학교에서 한 해 교육과정을 되돌아보고 내년도 교육 활동을 계획하는 교육과정 워크숍을 운영한다. 학교에서 일어나는 대부분의 교육 활동을 이때 협의한다. 한 해 교육과정을 마무리 짓고 새로운 도약을 준비하는 징검다리 역할을 하는 것이다. 학교마다 차이는 있지만 짧게는 하루나 이틀, 길게는 12월부터 이듬해 2월까지 몇 달에 걸쳐 진행하는 경우도 있다. 보통은 일주일 정도를 워크숍 기간으로 운영한다.

혁신학교에서 교육과정 워크숍은 학교의 민주성과 협력 문화를 파악할 수 있는 리트머스 종이와 같다. 간혹 효율성을 이유로 부장 교사들만의 회의로 끝내거나, 학교 구성원들이 원하지 않는 일방적인 연수를 진행하여 워크숍의 의미가 퇴색되는 경우도 있다. 그러나 혁신학교 교육과정 워크숍은 본래 '소수'의 탁월함이 아닌 '집단 지성'의 협력을 강조한다. 우리의 문제를 외부 전문가의 도움이 아닌 스스로의 힘으로 해결하고, 그 방안을 함께 실천한다. 말 그대로 참여와 소통을 통해 학교의 문제를 해결하는 것이다.

학교 교육과정 워크숍의 준비와 실행

우선 학교 구성원들의 자발성을 확인하고 민주적 의사소통이 가능한 체계인지 진단해 본다. 아무리 좋은 내용이라도 학급에서 실천하지 않으면 의미가 없다. 소통 없이 일방적인 지시와 강요만으로 전달되는 일들이 그렇다. 교사의 자발성은 민주적인 학교 문화에서 나온다. 평소 교직원 회의, 간담회, 토론회 등에서 학교 운영에 대해 자유롭게 의견을 표현할 수 있는 분위기와 이를 수용하는 학교 문화를 만들 필요가 있다.

교육과정 워크숍은 교사들 사이의 협력 문화가 중요하다. 옆 반에서 무엇을 하는지 관심이 없는 교사가 워크숍을 한 번 했다고 협력적으로 변하지 않는다. 학급 나들이처럼 평소 일상적인 만남이 필요한 이유가 여기에 있다. 학년과 학급의 어려움을 나누고 서로 돕는 분위기를 먼저 만들 필요가 있다. 협력은 만남과 이야기에서 출발한다.

학교 교육과정 워크숍은 '교육과정 운영 실태 조사 → 학교 철학 세우기 → 교육과정 디자인하기' 순서로 진행한다. 본격적인 워크숍은 한 해 교육과정을 거의 마무리하는 12월 중순에 시작한다. 교육과정 디자인은 2월 말 전입 교사들과 함께 마무리하는 것이 좋다.

사전 활동: 교육과정 운영 실태 조사
- 부서별 업무 평가: 불필요한 업무 개선 및 폐지, 교육 활동 지원을 위한 업무 체계 마련
- 교육과정 평가: 교사·학생·학부모 대상 설문 조사, 토론회, 학교 자체 평가 실시

⬇

워크숍 1: 학교 철학 세우기 – 학교 비전 및 교육 목표 설정
- 학생, 교사, 학부모, 학교의 모습 찾기
- 우리 학교의 비전 설정
- 학교 비전을 실천하기 위한 핵심 가치와 역량 성찰
- 우리 학교의 교육 목표 설정

⬇

워크숍 2: 교육과정 디자인하기
- 학교 철학이 담긴 학교 및 학년 교육과정 설계
- 교육과정 분석 및 재구성

11월에는 교육과정 운영 실태 조사를 위한 업무 및 교육과정 평가를 실시한다. 부서별 업무 평가를 거쳐 불필요한 업무를 없애거나 개선해 나간다. 교육과정 평가를 통해 한 해 교육과정 운영을 되돌아보고, 내년도 교육과정 수립을 위한 기초 자료를 마련한다. 이때 학년에서 실시한 프로젝트 수업, 체험 학습, 문화·예술 교육 사례 등을 다른 학년과 공유한다.

본격적인 교육과정 워크숍은 학교 비전과 교육 목표를 설정하는 일로 시작한다. 학교 철학을 세우는 작업이다. 간혹 학교장의 경영관을 학교 비전으로 착각하는 경우가 있다. 학교 비전은 어느 한 사람

의 경영관이 아니라, 학교 구성원 전체가 추구하고 나아가고자 하는 지향점이다. 학생들이 어떻게 성장하기 바라는지, 교사로서 해야 할 역할은 무엇인지, 학부모는 어떤 존재인지, 학교는 어떠한 곳이어야 하는지 함께 성찰하고 그러한 질문에 대한 답을 핵심 키워드로 정리한다. 이것이 학교 비전이 된다. 한 예로, '배움, 성장, 행복'이라는 핵심 키워드를 바탕으로 하여 '배우고 성장하며 참삶을 가꾸는 행복한 학교'라는 학교 비전을 완성하는 것이다.

교육 목표는 교육을 통해 얻거나 이루고자 하는 것으로 보통 '배려하는 어린이'처럼 핵심 가치와 역량으로 표현한다. 한때 '글로벌 인재'라는 교육 목표가 유행한 적이 있었다. 그런데 과연 글로벌 인재가 학생들에게 꼭 필요한 가치와 역량일까? 교육 목표는 학생들의 삶을 가꿀 수 있는 내용이어야 한다. 핵심 가치와 역량을 찾는 과정은 다음과 같다. 우선 포스트잇에 학교 비전을 구현하기 위해 어떻게 교육할 것인지 자유롭게 아이디어를 적어 브레인스토밍을 한다. 이후 비슷한 내용과 활동끼리 그룹으로 묶은 다음, 분류한 내용을 포괄할 수 있는 이름을 짓는다. 예를 들어, 행복한 학교란 비전을 위해 '아침맞이, 수업 중 경어 쓰기, 차별하지 않기' 등의 교육 활동을 제안하고 그룹을 만든다. 그리고 이 활동들을 모두 포괄할 수 있는 핵심 가치나 역량이 무엇인지 찾는다. 이런 과정을 거치며 '존중하고 배려하는 어린이'란 교육 목표가 합의되고 만들어진다.

교육과정 디자인은 워크숍의 핵심이다. 학교 철학을 학년 및 학급 교육과정에서 어떻게 실천할지 구체적인 전략과 계획을 세운다. 보통 기존 교사들이 큰 틀을 세우고 2월 말 전입 교사들과 함께 마무리

짓는 방법으로 진행된다. 단일 교과보다는 프로젝트 수업의 형태로 계획한다. 처음 시도하는 경우는 교육과정을 재구성하여 12~15차시의 수업을 1주일 정도로 계획해 보는 것이 적당하다. '자존감 있는 어린이'를 위해 학년에서 자신을 표현하는 발표회를 운영한다면, 음악 교과를 중심으로 교육과정을 재구성하여 일주일 정도 프로젝트 수업을 진행할 수 있다. '학교 비전 – 교육 목표 – 학년 교육 과정 – 수업'이 하나로 연결되는 살아 있는 교육과정을 만드는 것이 교육과정 워크숍의 핵심이다.

해마다 성장하는 교육과정 워크숍

내가 담당했던 첫 번째 워크숍에서 선생님들이 중요한 질문을 하셨다.

"우리가 잘 살고 있는 걸까요? 우리 학교의 철학과 비전이 무엇인지 헷갈려요."

올해 워크숍에서는 학교 비전 세우기를 했으면 좋겠다는 말이었다. 그러한 제안이 고마우면서도 어떻게 진행해야 할지 막막했다. 그때 마침 경기도 혁신학교 전문가 과정에서 학교에 필요한 워크숍 프로그램을 개발하고 있다는 소식을 들었다. 그 프로그램 개발에 함께한 혁신 연구회 선생님의 도움을 받아 3회에 걸친 학교 비전 세우기 워크숍을 진행하였다.

워크숍 과정에서 긴 논의를 거쳤고, '배우고 성장하며 참삶을 가꾸는 행복한 학교'가 우리 학교의 비전이 되었다. 배움과 성장이 참삶을 가꾸는 일로 이어져, 모두가 행복한 학교가 되어야 한다고 생각했기 때문이다. '학교 비전을 실현하기 위해 어떻게 교육할 것인가?'라는 질문의 답으로 '자존감과 존중·배려'가 핵심 가치로 뽑혔다. 그렇게 해서 '자존감 있는 어린이', '존중하고 배려하는 어린이'가 교육 목표로 선정되었다. 배움과 성장을 위해서는 자존감이 필요하고, 모두의 행복을 위해서는 존중과 배려가 있어야 한다고 보았기 때문이다.

다음 해 교육과정 워크숍에서는 교육과정 디자인 부분이 강조되었다. 지난해 워크숍에서 교육 목표를 만들었지만 그것을 어떻게 실천해야 하는지 구체적인 교육과정으로 잘 연결하지 못했기 때문이다. 그래서 두 번째 워크숍에서는 그 점을 보완하려 했고, 교육 목표를 학년 교육과정으로 설계하는 활동에 집중했다. 이를테면 5학년에서는 '자존감 있는 어린이'란 교육 목표를 위해 '내가 좋아하는 일 알아보기, 학년 음악회 열기, 학급 신문 만들기' 등을 교육과정으로 설계했다. 학교 비전과 교육 목표를 설정하여 학교 철학을 세우는 워크숍과 학교 철학을 교육과정 속에서 어떻게 실천할지 고민하고 계획하는 워크숍을 유기적으로 연결한 것이다.

교육과정 발표회
한 해를 마무리하며
자신을 기쁘게 돌아보기

학원에서 배운 태권도 실력을 뽐내는 아이들,
화려한 옷을 입고 아이돌의 춤과 노래를 흉내 내는 아이들.
인기 많고 '개인기'가 있는 아이들만 무대에 올라 조명을 받는다.
아이들 모두가 무대의 주인공일 수는 없을까?

        새로운 마음으로 시작한 새 학년, 새 학기. 그 일 년을 무사히 보내고 나면 한 해를 마무리하는 시간이 필요하다. 되돌아보지 않는 배움은 속이 텅 빈 껍데기처럼, 도통 내 것이 되지 않는다. 되돌아보는 경험을 위해 혁신학교에서는 교육과정 발표회를 연다. 이는 일반 학교에서 흔히 하는 장기 자랑이나 학예회와는 다르다. 이름에서 알 수 있듯 한 해 동안 학교에서 배운 내용, 학교에서 실시한 교육과정 중에서 나에게 의미 있었던 배움을 찾아 좀 더 다듬어 발표하는 자리이기 때문이다. 여기서는 학교에서 가르쳐 주지 않은 태권도 실력을 선보이는 아이도 없고, 학교의 배움과 관련 없는 아이돌 그룹의 춤을 추는 아이도 없다. 일 년 동안 나는 무엇을 배웠고 그로 인해 어떻게 성장했는지 스스로 돌아보고 준비하는 아이들이 있을 뿐이다. 일 년 동안 탐구하고 싶은 주제를 정해 지속적으로 자료를 탐색하고 실제로 탐구한 과정을 담은 발전 학습 보고서를 발표하는 경우도 있다.

교육과정 발표회를 준비하고 실행하면서 아이들은 소외되는 경우 없이 무대에 서 보고, 배움의 주인공이 되는 기쁨을 누린다. 단순히 내가 배운 것의 도달점을 보여 주려는 의도가 아니다. 배우는 나 자신에게 기쁨을 느끼며 자신이 가고 있는 길을 보여 주는 자리, 더 갈 수 있다고 서로 힘을 주는 자리다.

교육과정 발표회 준비하기

장기 자랑이나 학예회가 아니라 교육과정 발표회라는 점을 다시 강조하고 싶다. 말 그대로 교육과정 내에서 이루어지는 활동이므로 교육과정 재구성의 연속선에서 발표회를 준비한다. 또 발표회를 하고 되돌아보는 시간을 충분히 확보해야 의미 있게 진행할 수 있다.

- 아이마다 하고 싶어 하는 활동이나 주제를 정하고 지속적으로 활동하도록 도와주기
- 교육과정 발표회에서 무엇을 경험할지 의미 찾기
- 교육과정 발표회를 위한 교육과정 시수 확보하기
- 교육과정 발표회와 관련된 교육과정 내용 확인하고 계획 세우기
- 수업 계획을 세울 때 아이들과 함께 의논하기

- 어떤 내용을 발표하고 어떻게 준비할지, 아이들의 의견과 교육 과정 내용을 반영하여 계획하기
- 교육과정 발표회가 단순한 결과물 발표회가 아니라 배움의 길임을 전제하고, 학급별 발표 방식과 응원하고 격려하는 분위기를 어떻게 만들지 의논하기

일 년 동안 학교에서 이루어진 배움을 바탕으로 아이들이 교육과정 발표회에 어떤 의미를 부여하고 참여하게 할지 생각해야 한다. 학년 단위에서 함께 진행할 경우 학년 회의를 열어 의견을 나눈다. 교육과정 발표회의 필요성이나 의미에 동의했다면, 그다음에는 충분한 교육과정 시수를 확보하도록 교육과정을 재구성한다. 적극적인 교육과정 재구성이 어렵다면, 학기 초에 교육과정 발표회와 관련된 교과의 단원을 미리 빼놓고 교육과정 발표회 시기에 그 단원을 배치해 발표회를 진행할 수 있다.

교육과정 발표회는 교육과정 내용과 연계하여 준비하고 계획을 세운다. 한 해를 마무리하는 의미로 문집과 같이 의미 있는 활동을 더하여 진행할 수도 있고, 아이들 의견을 반영하여 다양한 방식과 내용으로 발표회를 꾸밀 수도 있다. 아이마다 좋아하고 잘하는 분야가 있기 때문에 자신이 발표할 분야를 미리 정하게 하여 발표회 때 일 년 동안 꾸준히 노력한 과정이 드러나게 할 수도 있다. 그림 전시를 하고 싶은 아이는 전시를 통해 그간 성장한 모습을 보이는 식이다. 개인별로 자신이 흥미 있는 분야에 지속적으로 접근하는 것이다. 모둠별이나 학급 전체가 연극을 하거나 함께 노래를 부르며 그 자리를 축

하하고 함께하는 의미를 살릴 수도 있다. 이러한 과정은 배운 내용을 정리하고 되돌아본다는 의미, 도달점이 아닌 '가고 있는 길'을 확인한다는 의미가 있다. 거기에 머무르지 않고 앞으로 더 나아갈 수 있음을 스스로 깨닫게 도울 수 있다. 하지만 반 아이들 모두가 스스로 자신이 하고 싶은 내용을 채워서 발표회를 꾸릴 수 있는 것은 아니다. 무엇을 해야 할지 모르는 아이, 자존감이 낮아 혼자 발표한다는 것을 부담스러워하는 아이가 있을 수도 있다. 이때는 교사의 적극적인 도움이 필요하다. 함께 공부한 과정을 살펴 아이가 발표할 만한 내용을 찾아 주고 용기를 주며 주기적으로 점검해 보자. 그러면 그 아이도 자기가 발표를 해냈다는 성취감을 느끼게 될 것이다.

발표회 장소는 교실보다는 아이들 모두를 무대에서 볼 수 있도록 강당이나 시청각실을 이용하면 더 효과적이다. 이러한 공간에 무대를 꾸미고 작품을 전시하는 과정 자체도 아이들에게는 또 다른 배움이며, 떨리고 설레는 경험이 된다. 그만큼 아이들은 발표회를 큰 행사라고 여기고 진지하게 준비한다. 이렇게 준비한 교육과정 발표회는 일 년의 성장 과정을 담은 만큼 부모님이나 친구, 동네 어르신을 초대하여 함께 축하하고 즐기는 자리로 삼을 수도 있다.

아이들 스스로 준비하고 만들어 가는 교육과정 발표회

구름산 초등학교 5학년은 12월 중순에 교육과정 발표회를 진행하였다. 아이들이 사회자도 정하고 발표도 맡았다. 아이들과 의논한 끝에 학부모를 모시고 진행하기로 하여 발표회는 저녁 6시에 시작하였다. 저녁에 하게 되어 방과 후에 준비 시간을 따로 낼 수 있었다. 학부모를 초대하는 것에 반대하는 아이들도 있었지만 대부분의 아이들은 그동안 자신들이 얼마나 열심히 살아왔는지 부모님에게 보여 드리고 싶어 했다. 또 학부모를 초대하는 순간부터 교육과정 발표회가 자신들에게 큰 행사가 된 만큼 준비 자세도 달라졌다.

아이들은 한 해 동안 배운 내용을 떠올려 보고 달별로 있었던 체험학습, 주제 통합 학습, 학교 행사 등을 정리했다. 그 과정에서 아이들이 자신이 어느 정도 성장하였는지 확인하고 그 의미를 되새기게 했다. 자신이 어떤 점에서 성장했는지 찾아보고 그동안 배웠던 내용 중좀 더 연습해서 발표할 수 있는 내용을 살피는 것이다. 그것을 바탕으로 하여 모둠별로 발표할 내용과 개인별로 발표할 내용을 나누어 준비했다.

촌극은 6학년이 되면서 다져야 할 선배로서의 마음가짐 등을 담아 대본을 쓰고 연습하였다. 어떤 모둠은 촌극 주제를 잡지 못해서 우왕좌왕하기도 하였지만 그동안 '온책 읽기' 활동에서 읽은 작품들을 떠올리며 책 내용을 중심으로 준비하였다. 촌극과 같이 교육과정 내용을 반영하여 자신들의 이야기를 직접 담아내는 창작 활동도 있지만 이미 학교에서 배웠거나 발표했던 내용을 좀 더 다듬는 방식으로 접근한 경우도 있다. 학교 축제의 UCC 대회에 5학년 아이들이 모두 참여한 일이 있었는데, 그때 만든 UCC를 살리고 다듬어서 다시 발표회 작품으로 올리기도 하였다.

개인 발표는 각자 하고 싶은 내용을 선택하게 하였다. 몸짓이나 노래보다는 글로 표현하기를 즐기는 아이들은 자신이 수업 시간에 쓴 여러 시를 전시하거나 낭송하기도 했다. 평소 악기 연주에 관심이 있었던 아이, 처음에는 잘하지 못했지만 음악 시간을 즐기게 되며 단소를 잘 불게 된 아이는 멋진 단소 연주를 들려주었다. 축제 공연 오디션에서 안타깝게 떨어진 난타 팀의 무대도 다시 볼 수 있었다. 부모님을 초대하게 되자 아이들은 톡톡 튀는 발상으로 자신들이 배운 과학과 역사 지식을 총동원해 부모님용 퀴즈를 준비해 발표하기도 하였다. 그러한 모습을 본 부모님들은 굉장히 어려운 내용을 배웠다면서 아이들을 칭찬해 주었다.

이렇게 학부모와 우리 반 아이들이 모두 다 어울려 우리 반만의 한 해살이 잔치를 치렀다. 공연을 본 학부모들은 아이들에게 응원의 한마디씩을 남기며 아이들의 성장을 기뻐했다. 학부모들의 상기된 표정과 응원의 한마디는 그야말로 아이들을 들썩이게 했다. 성취감이 더욱 커지고 기쁨도 늘어났다.

교육과정 발표회를 준비하는 과정에서 아이들은 무엇을 배우고 얼마나 성장하게 되었을까? 촌극도 모둠별로 준비했기에 교사의 손을 거의 빌리지 않았다. 그러다 보니 조금 어색하기도 하고 미흡한 점도 있었다. 그러한 모습에 한 학부모가 아이에게 "선생님 도움 없이 너희들끼리 준비한 거 같던데?"라고 하셨단다. 그때 우리 반 아이는 아주 자신감 있게 이렇게 말했단다. "선생님이 도와주지 않고 우리끼리 스스로 했기 때문에 의미가 있는 거예요. 그래야 되는 거잖아요?" 이렇게 스스로 자신의 성장에 기뻐하고 자신을 돌아보며 의욕적으로 해 나가는 모습이 바로 우리들이 원하는 아이들의 현재와 미래가 아닐까?

구름산 초등학교 5학년 교육과정 발표회 내용 구성의 예

· 촌극으로 표현하기(6학년의 다짐, 교과 내용 재구성, '온작품 읽기' 작품 중 하나 등)
· 학급 신문 만들기
· 시 낭송하기(내가 쓴 시나 시집에서 고른 시를 낭송하고 느낌 전하고 나누기)
· 주제별 포트폴리오(프로젝트 학습, 체험 학습, 발전 학습 등과 같이 주제별로 정리)
· UCC 만들고 상영하기(학교 폭력 관련 UCC 만들기 수업을 하고 난 결과물)
· 난타 공연, 악기 연주 공연 (음악 시간이나 창의적 체험 활동 시간에 배운 내용을 좀 더 연습)
· 그림이나 만화 전시(동아리 시간이나 미술 시간에 만든 작품 전시)
· 주제에 대한 PPT 발표(내가 선택한 주제나 배운 내용을 심화하여 정리 발표)
· 노래 부르기(음악 시간에 배운 내용이나 교과 내용을 개사하여 발표)
· 음악 줄넘기 공연(창의적 체험 활동 시간에 배운 내용을 변형하여 발표)
· 나만의 주제를 연구한 소논문 발표(일 년 동안 관심 있었던 주제에 대하여 조사·연구)
· 퀴즈와 골든벨 문제 만들고 진행하기(교과 내용을 정리하여 아이들과 학부모 대상으로 진행)
· 사진 전시(동아리 시간이나 여러 프로젝트 시간에 찍었던 사진을 의미를 담아 전시)
· 무용으로 표현하기(체육 시간의 표현 활동이나 주제 학습 시간에 배운 내용을 심화)
· 코너 학습 맛보기(과학 시간의 코너 학습을 학부모 대상으로 진행하여 아이들 스스로 어떻게 공부하는지 학부모들 앞에서 직접 시연)

학생 자치
모두 주인공이 되는 학생 자치

"형식적인 생활 계획 수립과 반성만을 반복하는 학생 회의.
학생들 스스로 고민하고 운영하는 학생 자치를 실현할 방법,
어디 없나요?"

학생 자치는 혁신학교들마다 큰 비중을 두어 고민하며 새로운 길을 찾으려 하는 중요한 영역이다. 학교의 주인공이 되어야 할 아이들을 학교 활동의 중심에 세우는 일인 동시에, 삶 속에서 민주주의를 체득하는 소중한 기회를 아이들에게 주는 활동이기 때문이다. 학교에 따라 운영하는 모습은 조금씩 다르지만 아이들을 주인공으로 세우려는 노력은 모두 같다.

임원 제도 자체를 없애고 모든 학생에게 회의를 진행하는 기회를 골고루 주려는 학교가 있는가 하면, 임원 선거 제도를 강화하여 후보 토론회를 운영하려고 시도하는 학교도 있다. 구성원이 모두 모여 앉아 이야기를 나누는 다모임의 형태로 운영하기도 하고, 학년을 섞어서 작은 단위의 모임으로 회의를 진행하고 그 의견을 모아 의사를

결정하는 형태로 운영하기도 한다. '학교 어린이 약속'을 함께 정하여 실천하는가 하면, 아이들이 놀이마당, 축제, 알뜰 나눔 장터 등 크고 작은 학교 행사들을 직접 기획하고 진행하는 역할을 수행하기도 한다.

학생 자치 준비하기

학생 자치를 운영하기 위해서는 몇 가지 생각해 보아야 할 문제들이 있다. 먼저 임원 제도가 꼭 필요한지 충분한 검토해야 한다. 그리고 이를 바탕으로 학생 자치회를 어떻게 조직할지 고민한다. 학생회장과 같은 자치회의 대표를 선출할 경우, 11월이나 12월경 미리 선거를 하여 새로 뽑힌 회장이 기존 회장의 옆에서 보고 배우며 다음 해를 준비할 수 있게 하는 방법도 좋다. 시간과 공간, 예산도 충분히 고려해서 마련하여야 한다. 교육과정에 대해 충분히 이야기 나눌 수 있는 시간을 확보해야 하고, 자치회실과 같은 자치 활동 공간을 마련해 주면 좋다. 아이들이 필요할 때 사용할 수 있는 예산을 확보해 놓고, 아이들이 필요에 따라 예산을 집행할 수 있는 절차와 방법도 마련해 두어야 한다. 자치회는 아이들이 자율적으로 운영할 수 있게 하고 교사의 역할은 최소화한다. 또, 학교 규모를 고려하여 의견을 잘 나누고 모을 수 있는 학교만의 조직 구조를 고민하고 마련한다. 학교 행사 중에 아이들이 기획하고 운영할 만한 행사가 있는지 미리 검토해 보는 일도 필요하다. 학생회 대표가 학교에 자신들의 의견을 전달하는 길을 마련해 주는 일도 적극적으로 검토해야 한다.

학생 자치는 학생회를 조직하는 일에서부터 시작한다. 학생회 대표를 세우고 필요한 조직과 역할을 나누는 일에서 출발하는 것이다. 이때 되도록 모든 아이들이 참여하고 의견을 제시할 수 있는 구조를 고민해야 한다. 조직을 어떻게 할 것인가 하는 문제는 운영의 측면과도 관련이 된다. 학교 규모와 상황에 따라 서로 다른 방식으로 운영할 수 있을 것이다.

작은 학교의 경우에는 학생 전체가 모인 다모임의 형태로 진행할 수도 있다. 하지만 작은 규모의 학교가 아닌데 처음부터 전체 다모임을 바로 한다면 자칫 비효율적일 수 있고, 예상치 못한 어려움도 겪게 된다. 따라서 학급이나 부서, 동아리와 같이 작은 단위로 협의를 먼저 한 후 모여서 그 결과를 나누며 의사 결정을 하는 방법을 쓰면 좋다. 작은 단위가 학급이라면 학급의 대표가 있어야 하고, 부서라면 각 부서의 대표가 있어야 한다. 또 동아리 활동과 자치 활동을 결합하는 경우, 동아리 대표들이 그러한 대표 역할을 맡아야 한다. 이때 학년을 섞어서 진행하면 동아리 선후배 사이에서 협력적 배움을 불러일으키는 좋은 방법이 될 것이다.

학생 자치회가 조직되고 나면 학교 어린이 약속이나 헌법을 제정하여 활동을 시작하는 것도 좋겠다. 또 함께 해결해야 할 문제들을 발견하여 그 해결 방안을 같이 찾거나, 학생들이 주인공이 되어 계획하고 진행하는 행사를 준비해 볼 수도 있다.

사람은 누구나 주인공으로 서고 싶어 하고 그 소망이 실현되었을 때 신바람을 느낀다. 학교가 아이들의 그러한 꿈을 이루어 주는 공간이어야 하지 않을까. 아이들 한 명, 한 명이 주인공이 되어 신바람을 느끼는 시간들로 학생 자치 활동이 채워진다면 참 좋을 것이다. 그러면서 자연스레 민주적 생활 태도와 민주적 기본 소양을 체득하게 되리라 기대한다.

- 창의적 체험 활동 중 자율 활동 시간처럼 정기적으로 회의를 진행할 수 있는 시간을 확보한다.
- 회장, 부회장 등 전체 자치회를 대표하는 대표단을 뽑는다.
- 투표 과정을 거칠 경우 후보 토론회를 열어 자치회 대표의 역할에 대해 좀 더 구체적이고 명확하게 검토해 보는 것도 좋다.
- 하부 조직을 어떻게 할지 고민하여 정비한다. 부서를 나눌 경우 실제 활동을 할 때 꼭 필요한 부서로 조직하고, 부서의 대표를 뽑아 필요한 역할들을 나눈다.
- 학급이나 부서, 동아리별 회의를 먼저 진행한 다음 전체 회의를 진행한다.
- 결정된 결과는 실천할 내용과 함께 정리하여 게시하고 이후 실천과 진행 상황을 점검한다.
- 학교에 건의하거나 학교와 함께할 사항이 있는 경우 이야기할 수 있는 통로를 마련해 주고 적극적으로 도와준다.

민주적인 학교로 가는 첫걸음을 내딛다

52학급이 있는 대규모 학교인 구름산 초등학교에서는 전교 어린이회라는 말보다는 '두레'라는 말이 익숙하다. 우리 조상들이 두레를 이루어 문제를 해결하였듯이 그 정신을 이어받아 어려울 때 돕고 문제를 함께 해결하자는 의미를 담은 이름이다.

한 학기에 한 번 두레장을 뽑는 날이면 학교는 신나는 행사를 연다는 흥분과 기대로 설레고, 아이들은 이 분위기를 반긴다. 구름산 초등학교의 두레장 선거에서 특이한 점은 러닝메이트 제도이다. 전교 두레장 1명과 각각의 두레장 4명이 한 팀을 이루어 투표를 한다. 두레를 자발적으로 이끌어 가기 위해 팀 제도가 필요하다는 생각에서 개교 때부터 실행한 방식이다. 이런 러닝메이트 방식은 두레장 모집부터 선거 활동, 공약 발표의 과정까지 이어져 아이들만의 축제로 펼쳐진다. 두레장 선거가 있기 전에 팀을 구성해 놓은 아이들은 선거 포스터를 만들고 등교 시간에는 교문 앞에서, 쉬는 시간에는 각 교실을 돌며 유권자인 동생들을 만나 두레장이 되면 자신들이 무엇을 할지 알린다. 그 과정도 후배들에게는 새로운 경험이다. 또 선거 날에는 모두 강당에 모이는데, 후보들은 개그와 춤을 섞어 공연처럼 꾸민 공약 발표를 한다. 아이들은 자신들을 대변할 팀에 한 표를 행사한다. 이러한 과정에서 아이들은 두레장 선거를 으레 하는 일로 받아들이기보다는 재미있는 행사나 축제로 본다. 그러면서도 투표의 기준은 각자 명확하게 세운다.

구름산 초등학교는 각 반에서 임원을 따로 뽑지 않는다. 4학년부터 각 반에서 두레원으로 활동할 아이들을 자발적으로 구성하고, 두레원과 두레장이 모여 매주 함께 두레 회의를 진행한다. 두레 회의에서는 아이들이 공약을 실천할 방법과 다루어야 할 문제를 스스로 찾아내어 해결 방안을 함께 모색한다. 세월호 리본 달기, 친구 사랑의 날 행사, 스승의 날 행사, 학교 축제 등을 스스로 기획하고 이리저리 뛰며 동생들과 함께하려고 노력한다. 두레원은 각 반에서 나온 이야기를 두레 회의에 전달하는 역할을 한다. 다른 학교의 반장, 부반장과 같은 개념이 아니라 우리 반을 대표해서 두레 회의에 적극적으로 참여하는 일꾼의 개념이다.

후배들은 이러한 두레장과 두레 회의, 두레 행사의 모습을 보며 자기도 5, 6학년에 올라가면 두레장이 되고 싶다는 생각을 하게 된다. 스스로 학교의 주인이 되어 학교를 함께 꾸려 나가고, 그런 기회가 보장된 학교! 우리 어른들은 학창 시절에 경험하지 못했지만 우리 아이들은 경험해야 할, 민주적인 학교로 가는 첫걸음이 아닐까?

Q 선생님들이 교육과정 워크숍을 형식적인 행사로 여겨 관심을 보이지 않아요.

교육과정 워크숍은 새로운 도약을 위한 징검다리 역할을 한다. 교사들 모두 함께 힘을 모아 건너야지 몇 명만 시늉할 일이 아니다. 모든 교육과 정 워크숍의 핵심은 반영과 실천이다. 교사들이 교육과정 워크숍에 소극 적인 이유는 무엇일까. '어차피 우리끼리 이야기해도 위에서 결정하는 대로 되는 것 아닌가? 모여서 오래 이야기하는 것보다 교장 선생님 생각 을 먼저 알아보는 것이 빠르지.'하는 생각일 것이다. 교육과정 워크숍이 성공하려면 구성원이 합의한 결과는 반드시 교육과정에 반영하고 함께 실천한다는 규범이 있어야 한다. 교사들은 관심이 없는 것이 아니다. 무 의미한 워크숍에 에너지를 낭비하고 싶지 않을 뿐이다.

Q 12월에 교육과정 워크숍을 진행했는데, 봄 방학 워크숍까지 할 필요가 있을 까요?

탁월한 교사는 방학 때 바쁘고 3월은 여유롭다고 한다. 학교도 마찬가지 다. 봄 방학을 어떻게 보내느냐에 따라 일 년이 달라진다. 그래서 많은 혁 신학교에서 봄 방학 워크숍을 운영한다. 2월을 어떻게 보내느냐에 따라 새 학년 활동이 달라지기 때문이다. 여러 어려움이 있겠지만 사나흘 정도 워크숍을 운영해 보자. 다만 시간 때우기 식으로 워크숍을 진행한다면 안 하느니만 못하다. 워크숍을 위해 투자한 귀한 시간이 한 해 동안 긍정적 인 영향력을 발휘하려면 구체적이고도 섬세한 프로그램이 필요하다.

봄 방학 워크숍에서는 만남이 중요하다. 새로 전입한 교사들이 친숙해질 수 있는 시간을 마련한다. 친교를 쌓을 수 있는 활동을 워크숍 프로그램 중 한두 꼭지로 준비해 보자. 또한 봄 방학 워크숍에는 교육과정을 공유하는 시간이 있어야 한다. 부장 교사 한 명의 생각으로 만든 교육과정은 말 그대로 문서에만 있는 교육과정, 캐비닛에 고이 잠든 교육과정이 될 수밖에 없다. 12월 교육과정 워크숍에서 나눈 이야기를 바탕으로 학년과 학급 교육과정에서 함께 진행해야 할 프로젝트 수업이나 공동 수업을 계획하고 준비한다. 학년과 학급에서 공통으로 지켜야 할 기본 생활 태도가 무엇인지 약속을 정하는 것도 필요하다. 학습에 필요한 기본 습관이 무엇인지, 아이들이 친구들과 좋은 관계를 맺기 위해 어떻게 해야 하는지 이야기를 나누자. 워크숍의 형태는 다양하지만 오전에는 학교 전체가 공유할 내용을 다루고, 오후에는 학년별로 필요한 것을 나누는 것이 일반적이다.

Q 학생회가 여는 회의에서 논의가 활발하지 않고 그나마도 몇몇 아이들 중심으로 이루어져요.

많은 아이들이 한데 모여 회의를 진행하는 것이 쉬운 일은 아니다. 모인 사람의 수가 많으면 그만큼 발언의 기회도 적어지기 마련이다. 그럴 때는 작은 단위로 나누어 회의를 진행한 후 이야기를 모아 가는 방식이 더 효율적이다. 더 많은 아이들이 주인 의식을 가지고 회의에 참여할 수 있는 방법이기도 하다. 협의할 안건에 대해 부서나 반, 동아리별 회의를 진행한 후 그 결과를 바탕으로 전체 회의를 열어 다시 협의하고 결과를 정리하여 게시한다. 또 협의를 거쳐 나온 아이들의 결정을 존중해 주고, 그 내용들이 학교생활에서 잘 실천되도록 권한을 부여해 주는 일 역시 중요하다.

1~2월

새로운 한 해를
준비하며

1~2월은 한 해의 시작이다. 새로운 해의 첫머리에서 앞으로 다
가올 시간을 꿈꾸고 계획하며 가슴 두근거리는 때다. 한편으로
는 6년 동안 한 학교에서 자라나며 꿈과 희망을 키운 아이들을

더 넓은 세상으로 떠나보내는 시기이기도 하다. 시작과 끝이 맞
물린 1~2월, 시작과 끝은 하나이며 모든 종착점이 결국은 출발
점이라고 말하는 듯하다.

문화·예술 교육

학교 교육 계획 수립

졸업식

문화·예술 교육
자신을 드러내고
세상과 소통하는 도구

초등학교 저학년 아이들이 가장 즐거워하는 놀이는 그림 그리기다.
그러나 미술 시간에 '잘 그렸다' 또는 '못 그렸다'는 등급이 자기 그림에 매겨지면서부터
아이들은 그림 그리기에 흥미를 잃어버린다.

문화·예술 교육이라고 하면 교사들은 자신이 문화·예술 교육의 전문가가 아니기 때문에 전문 강사가 와서 프로그램을 진행하는 것이 당연하다고 생각하기 쉽다. 하지만 문화·예술 교육은 기능과 내용의 습득에서 그치는 일이 아니다. 아이들이 표현의 즐거움을 느끼며 자기 생각과 요구를 자유롭게 발산하고, 이를 통해 다른 사람과 소통하는 것이 중요하다.

문화·예술 교육을 받으면서 아이들은 타인에 대한 이해심과 배려심을 기르고 긍정적 사고, 책임감, 협력하는 마음을 키울 수 있다. 교육은 교사의 일방적인 가르침이 아니다. 가르치는 사람과 배우는 사람이 경험을 나누는 일이다. 문화·예술 교육은 언어와 몸짓으로 서

로를 이해하며 다른 이와 여러 가지를 나눌 수 있게 한다.

이렇게 문화·예술 교육은 다양한 방식의 소통과 생각을 담아낼 수 있어 학교 문화를 건강하게 하는 효과도 있다. 대학 진학이 교육과 학교의 목적이 되어 버린 우리 현실에서, 이러한 교육은 '학생의 행복과 성장'이라는 교육의 내재적 목적을 찾아가는 길을 보여 준다.

문화·예술 교육 준비하기

문화·예술 교육을 제대로 실현하려면 어떻게 해야 할까. 목표를 세우고 그 달성 정도를 평가하는 기존의 '계단형 교육과정'에서 벗어날 필요가 있다. 기존에는 처음에 정한 목표를 목적지로 삼아 거기에 도달하는 일을 우선시했다. 이렇게 하면 가시적인 성과를 거둘 수 있을지는 몰라도 창의적인 사고방식이나 대상을 탐구하는 정신보다는 효율과 기능을 중시할 가능성이 높아진다. 그렇기에 설정한 주제나 문제를 아이들이 탐구하는 과정을 거쳐 문제를 해결한 후, 과정과 결과가 드러나게 표현하는 '등산형 교육과정'으로 전환되어야 할 필요성이 있다. 교육과정 재구성을 거쳐 주제를 정하고 그 주제를 탐구한 뒤 학생들이 각자의 배움을 표현하게 하자. 이 과정에서 문화·예술 교육을 도입하는 것이 가장 효과적인 접근 방법이라고 본다.

이때 표현의 기회를 모두에게 주어야 한다는 점을 먼저 고려해야 한다. 수업 시간을 살펴보면 흔히 발표를 자주 하는 학생들에게 표현의 기회가 집중되는 경향이 있다. 다른 아이들은 그 시간에 입을 다문 채 친구의 발표를 들을 뿐이다. 배움에서 가장 중요한 단계가 자신과의 만남, 즉 배움의 내면화라는 점을 고려할 때 침묵하는 다수의 학생들에게 충분한 표현의 기회를 제공해야 한다. 모두에게 표현의 기회가 돌아갈 때 학생들을 수업의 방관자가 아닌 참여자로 끌어들일 수 있다. 수업은 소수의 것이 아니라 다수의 것이며 더 나아가 모두의 것이다. 이러한 참여와 배려의 과정을 거치며 아이들은 표현에 대한 두려움을 줄이고, 자기표현에 대한 즐거움을 느끼며 자신감을 키운다.

따라서 아이들이 즐겁게 참여할 수 있도록 아이들의 문화적 요구를 교육과정에 반영하고, 아이들이 직접 기획에 참여하게 하는 과정을 거쳐야 한다. 무엇이든 스스로 하고 즐겁게 했을 때 거기에 애정을 느끼게 되는 법이다. 이 과정에서 아이들이 문화적인 표현법까지 배우게 구성한다면, 공동의 소통과 참여가 이루어지는 본질적인 문화·예술 교육 프로그램이 될 수 있다.

문화·예술 교육 운영하기

학교와 학급 단위에서 문화·예술 교육을 실현하는 방법은 매우 다양하다. 우선 교과 수업에서 체험 활동이나 통합 교과 수업을 운영하는 방안이 있다. 계절 학교, 재량 활동, 동아리 활동 등과 연계하여 새로운 문화·예술 교육과정을 구성하는 방법도 있다. 축제, 수련회 등 학교 행사에서 학교의 울타리를 넘어 보자. 지역 사회, 자연, 환경을 직접 찾아 체험하는 프로그램도 구성하여 지역 문화 축제, 문화 캠프 등의 방식으로 전환하는 방법까지 다양하고 광범위하게 구성할 수도 있으니 말이다.

교과 수업에서 문화·예술 교육을 담아내려면 교사가 먼저 교과를 통합적으로 바라보아야 한다. 교과를 주제나 문제 중심으로 재구성하고 그 과정 안에 문화·예술 교육이 담기게 해야 한다. 학습 계획을 세울 때는 학생들과 협의를 거쳐 그 결과를 학급 교육과정에 반영하는 것이 좋다.

문화·예술 교육을 진행하면서 학생들이 준비하기 어려운 영역이 있다면 학부모들의 지원을 받는다. 교사와 학부모, 다른 학년 학생들이 참여하여 준비한 공연을 마치면 아이들은 큰 프로젝트를 성공적으로 해냈다는 자긍심을 느끼게 된다. 다른 이와 협력하여 자신을 표현하고 다른 이를 바라보는 일이 얼마나 기쁘고 소중한지 알게 되면, 아이들은 그러한 기회가 다시 왔을 때 이를 놓치지 않으려 할 것이다. 이러한 경험은 추후 다른 표현 중심 프로젝트를 할 때 더 심화된 내용을 다룰 수 있는 바탕이 된다.

대다수 학교의 경우에는 창의적 체험 활동 영역에서 문화·예술 교육을 하려는 경향이 강하다. 외부에서 지원되는 문화·예술 강사를 활용하기 위해서다. 이때도 대상을 단순히 시수의 개념으로 바라보기보다는 내용이라는 측면에서 접근해야 한다. 접근의 관점을 달리한다면 이 역시 교과 시간에 이루어지는 문화·예술 교육처럼 계절 학교, 동아리 활동, 학교 특색 활동 등 다양한 형태로 실현할 수 있다.

- 교과를 통합적으로 바라본다.
- 시수나 결과, 평가가 아니라 내용과 과정 중심으로 접근한다.

- 프로그램을 수립할 때 학생을 포함한 구성원들과 그 구체적 내용과 방법을 함께 고민하고, 원칙을 합의하는 과정이 필요하다.
- 교사 또는 학생이 준비하기 어려운 영역은 다른 구성원에게 도움을 적극적으로 요청한다.
- 마지막에 크든 작든 결과물을 발표하고 함께 즐길 수 있는 자리를 마련한다.

창조적 기획력을 키워 주는 문화·예술 교육

문화·예술 교육이 일상적으로 이루어지려면 이를 수업 내용 속에 녹여야 했다. 국어 교과에 극본을 활용한 연극이 포함되어 있다. 이를 즐거운 생활 영역의 '그림자와 친구 하기'와 통합해서 그림자 인형극을 만들고 공연하기로 하였다. 총 24차시를 확보한 후 그중 2차시를 활용하여 학습 계획을 세웠다. 이 과정에서 아이들은 자신들이 생각하는 이야기를 인형극에 반영하면서 소통을 경험하고 창의력을 발휘하였다. 아이들이 준비하기 어려운 인형극의 음향 부분은 학부모들이 도움을 주었다. 인형극은 다른 학년의 교사와 아이들, 학부모가 모인 자리에서 오전과 오후 두 차례에 걸쳐 공연했고, 성황리에 끝났다.

전교생이 울릉도로 현장 학습을 갔을 때의 일이다. 마지막 날 배를 타기 전까지 3시간 정도 시간이 남아 근처에 있던 초등학교에 아이들을 데리고 가서 자유 시간을 준 적이 있었다. 아이들은 작은 그룹별로 새로운 놀이들을 만들어 놀기 시작했다. 스탠드나 나무 그늘에 앉아서 시간을 보내는 아이들은 거의 없었고 각자 소통하고 협의해서 만들어 낸 놀이에 집중하는 아이들이 대다수였다.

　문화·예술 교육이 활발히 이루어지는 학교를 보면 학교 곳곳에 수시로 안내 포스터가 붙는 것을 볼 수 있다. 각 학급에서 진행된 프로젝트 결과를 표현하는 발표회 포스터인데, 학생들이 직접 만든 것이다. 아이들은 이런 포스터를 붙이고 초대장을 돌린다. 그 내용을 보면 전시회, 뮤지컬, 인형극, 음악회 등 다양하다. 이러한 다양한 경험을 통한 문화적 역량의 향상은 학생들의 창조적 기획력과도 이어진다. 자신의 머리로 생각하고 마음으로 표현하는 법을 배우게 되는 것이다.

학교 교육 계획 수립
구성원들의 꿈을 만들어 가기

학교에 의논이나 협의는 없고 지시와 수행만 있다.
교장의 지시를 교감이 전달하고, 부장 교사의 지시를 평교사가 수행한다.
회의라도 하면 긴 훈시가 이어지거나 서로 자기주장을 내세우느라 얼굴을 붉힌다.

혁신학교에 근무하면 가장 먼저 의논 문화를 경험하게 된다. 학교의 대소사를 공동체의 의견을 물어 진행하는 일은 새로운 경험이었다. 당연한 일인데도 어느새 낯설어진 의논 문화. 학교를 바꾸는 일은 이렇게 작지만 아주 중요한 것에서 시작한다.

학교 교육 계획은 의논하는 학교에서 살아가는 사람들에게는 경전과 같다. 혁신학교는 학교마다 차이는 있지만 대체로 이상적인 학생상, 그것을 뒷받침하는 학교상, 함께 지킬 교육 원리, 교육 원리가 작동할 수 있는 학교 문화, 교사들의 교육 행위를 지원할 수 있는 교육 체계로 구성되어 있다. 그리고 그 저변에는 모든 아이들이 자신을 지키고 타인을 지키며 세상을 지켜 가기를 바라는 마음이 있다.

교육 계획을 수립할 때 꼭 지켜야 할 사항이 있다.

첫째, 구성원들 간의 합의가 매우 중요하다. 민주주의는 사람에 대한 믿음을 바탕으로 하며 이는 자발성을 발휘할 여백을 남기는 일에서 시작한다. 구체적인 방법을 합의하는 일은 쉽지 않다. 구체적인 모든 것을 합의할 수 있다고 믿는다면 오만일지도 모른다. 합의는 추상적이며 포괄적인 문장과 어휘로 정리해야 좋다. 그래야 그것을 실현할 때 각각의 방법을 사용할 여지가 생긴다. 교육 계획 안에서 학교 교육의 목표, 이상, 원리를 실현하는 각각의 실천을 나누고, 서로 배우고 다양성을 발견하는 과정 속에서 교사들이 지성과 품성의 폭을 넓혀 가는 것이다.

둘째, 아이들을 키우고 가르치는 교사와 학부모가 어떻게 살아가야 할지 나눈다. 자신이 할 일을 묵묵히 해내고, 다른 이를 용서할 수 있는 넉넉한 마음을 갖춘 이가 어른이라고 생각한다. 세상에 힘들지 않은 존재는 어디에도 없다. 그것을 당연하게 받아들이며 내게 허락된 성취에 힘을 얻고, 타인의 배려와 격려에 고마움을 느끼면서 묵묵히 자기를 지키며 살아가는 이가 어른이 아닐까. 어리고 젊은 사람들이 살기 위해 애쓰고, 더러는 흔들리고, 더러는 다른 이를 밀쳐 내는 모습을 보더라도 살짝 눈감아 줄 수 있고 모두들 그렇게 살아가는 것이라 격려해 줄 수 있는 품이 너른 사람 말이다. 혁신학교의 교사와 학부모들이 어떻게 살 것인가를 이야기하는 일은 아이들이 성장하는 데에 참 중요한 일이다.

셋째, 협력이다. 사람은 사회적 존재다. 함께 살아야 '나'가 누구인지 알고, '너'를 보며 삶을 이해한다. 아무도 완전하지 않기에 느끼게 되는 필연적인 불안함을 극복하는 것이다. 사람은 사회적 존재로 살아가면서 결국 자유를 얻는다. 타인이 곧 자신의 거울임을 알게 된다. 혁신학교 교사들 역시 협력하며 살기 위해 애쓰고 있다. 재량권 혹은 자율이라는 이름으로 높은 벽에 갇혀 은밀한 즐거움과 두려움을 동시에 느끼는 대신, 서로의 생각과 실천을 나누며 학교와 교육의 본질을 찾기 위해 부단히 애쓴다. 함께 교육 계획을 수립해 가면서 묻고 답하며 교육, 삶, 세상의 전체를 보고 싶어 한다. 그것이 배움임을 알고 일상에서 실천하고자 한다.

넷째, 모든 일의 중심에 사람을 두어야 한다. 문학을 가르치고 예술을 가르치며 사람에 대해 이야기한다. 가족, 학교, 사회의 구성원으로 어떻게 살지 항상 물어본다. 입학식, 졸업식, 축제, 운동회 등에서 어떤 이야기를 전달하고 어떻게 모두를 주인공으로 만들지 고민하는 것이다.

학교 교육 계획 수립하기

혁신학교의 교육 계획 속에는 학교에서 필요한 거의 모든 것이 담겨 있다. 학교의 비전을 담은 학교 교육과정, 교육과정 지원 체제, 교육과정 지원 프로그램, 방과 후 프로그램, 업무 간소화 계획과 업무 분장, 학교 교육력 평가 체제, 교육과정 평가, 학교 문화 평가, 교육과정 지원 시스템 평가를 담고 있다. 그래서 학교 교육 계획을 수립하려면 아주 긴 시간이 필요하고, 일단 수립한 뒤에도 평가회를 여러 날 진행한다. 학교 교육 계획을 수립할 때 생각해 보아야 점들은 다음과 같다.

- 학교 진단을 통해 해결해야 할 과제 설정: 장점과 단점, 기회와 위기
- 이상적인 학생상과 학교상 설정
- 해결해야 할 과제와 이상을 실현할 수 있는 학교 교육의 목표 설정
- 구성원이 추구해야 할 가치 설정: 자발성, 신뢰, 공동체, 협력 등
- 학교에서 추구하는 학력 설정
- 학교 교육의 목표와 가치, 학력을 실현할 수 있는 교육 원리 설정: 맞춤 교육, 활동 중심 교육, 감성 교육, 실천 교육 등
- 교육 원리와 학력을 실현할 최소한의 공동 실천 프로그램 마련: 기본 학습 능력 향상 프로그램 운영, 학기별 1회의 교과 통합 프로젝트 학습, 학기별로 12차시 문화·예술 교육 2회 실시, 학기별 1회의 생태 학습 등
- 학교에서 추구하는 가치와 교육 원리가 적용되는 수업 기획·실행·나눔 방안 마련
- 학력 평가 시스템과 지원 방안 마련
- 학교 교육과정에 성공적으로 도달하기 위한 학교 차원의 지원 프로그램 마련: 진로 적성 검사, 작가와의 만남, 논농사 지원, 완전 텍스트 지원, 학교 축제 등
- 학교 교육과정 지원 시스템 정비: 업무 경감, 학습 준비물실 운영, 활동 중심 교육과정 운영비 지원 등
- 학교 교육력 평가 체제 정비: 목적 및 위원회 구성, 평가 영역과 방법, 평가의 환류 등
- 학교 교육 계획 평가회 운영

처음 교육 계획을 수립할 때에는 항목별로 상당한 시간이 필요하다. 혁신학교에서는 대체로 한 학기를 할애하여 교육 계획을 수립한다. 매주 한 차례씩 10~20회의 협의가 필요한 셈이다. 학교의 근간을 마련하는 일이니 교사들은 대체로 기꺼이 동참한다. 교사들이 하는 이야기는 교육이 마땅히 해야 할 일에 관한 내용이 많다. 내부에서 발현되는 윤리성에 대한 내용이다. 윤리가 바깥에서부터 강요된다면 참으로 슬픈 일이고 갈등의 원인이 되겠지만 내부에서 발현되는 윤리는 아름답고 희망적이다.

학급 수가 적은 학교는 교사들의 이야기를 모아 분류하는 과정을 거쳐 교육 계획을 수립한다. 학급 수가 많은 학교는 대체로 워크숍을 많이 활용한다. 교사들의 협의를 거쳐 교육 계획을 만들어 가는 학교에서는 협의에 참여한 사람들의 수가 정말 중요하다. 또한 다양한 생각, 다양한 용어, 다양한 바람 등을 충분히 듣고 담아내기 위해서는 적절한 협의 체제를 만들어야 한다. 하지만 더 큰 틀에서 보면 사람들의 바람이 그리 많지도 않다. 분류 기준만 잘 마련하면 많은 사람들의 생각을 모으는 일이 막연하지만은 않다.

전문적 학습 공동체와 학교 교육 계획 평가회 운영하기

학교 교육 계획이 수립되고 나면 매주 특정 요일에 전문적 학습 공동체를 운영한다. 전문적 학습 공동체에서는 학급 교육과정, 교과 통합 프로젝트, 생태 학습, 문화·예술 교육, 학생 자치, 동아리 활동, 학생 주도 프로젝트 활동, 수업 기획과 비평 등을 다룬다. 혁신학교는 학생, 교사, 학부모가 함께 성장하는 학교를 추구한다. 다른 이를 설득하거나 자기 의견을 주장하기에 앞서, 함께 실천한 일과 서로의 삶을 놓고 이야기를 나누는 것이다. 그 속에서 구성원이 합의한 가치, 교육 원리, 학력에 대해 더 깊게 이해하고자 한다. 교사들은 아이들이 자신을 지켜 가기를 바라고, 교사들 역시 자신을 지키기 위해 노력한다. 훌륭한 사람의 실천을 따라 하기보다 각자의 실천을 나누며 의미를 찾고 자신의 생각과 방법을 발전시킨다. 계속해서 의견을 나누고 이야기하는 전문적 학습 공동체는 혁신학교 교사들이 학교의 철학, 이상적인 학교와 교사, 공동체를 실현하게 만드는 원동력이다.

교육 계획에 관한 평가회도 치밀하게 진행한다. 대체로 월말 평가회, 학기말 평가회, 학년말 평가회로 구성되어 있다. 오류가 누적되기 전에 성찰하고자 하는 신중함과 현명함이 필요하다. 판단하지 않고 결과를 이야기하는 것도 중요하다. 바람직하거나 바람직하지 않다는 등의 판단은 매우 신중하게 해야 한다. 자칫 잘못하면 갈등의 씨앗이 되기 때문이다. 자신의 신념이나 판단이 다른 이와 부딪혀서 힘들어하는 경우가 많은 것을 보면, 교육 계획 평가회를 실천하기가 쉽지 않은 모양이다. 물론, 갈등에도 장점은 있다. 갈등은 서로 다른 사람들이 함께 살면서 겪는 우여곡절로, 각자의 틀에 세상을 가두려는 자기중심적인 사고에서 벗어나는 계기가 되기도 한다. 그래서 평가 위원회에 학부모와 학생, 전문가의 참여를 보장하고 평가 결과를 학부모에게 공개해 위로와 격려의 시간을 확보하는 일은 아름다운 모습이다.

틀린 것이 아니라 다를 뿐인 우리

혁신학교를 시작하면서 소통은 고통이라는 말이 생겨났다. 서로 다른 성격, 서로 다른 이상, 서로 다른 판단이 만나면서 그야말로 '멘 붕'을 경험하기도 하였다. 똑같은 가치와 교육 원리인데도 그에 대한 해석은 사람들의 수만큼 여러 가지였다. '다르다'고 말해야 할 일을 '틀리다'고 말하기도 하며 상처를 주고받았다. 서로의 생각을 인정하고 묻고 들으면서 학교 철학을 중심으로 조금씩 소통하면 좋을 텐데, 민주주의의 경험이 부족했던 탓인지 사람은 없고 도달해야 할 목표만 있었다. 그것도 순전히 각자의 방식대로 말이다. 새로 전입해 온 선생님들이 낯섦과 소외, 갈등의 과정을 거치는 것을 보면 다양성을 인정하며 공동체 속에서 살아가는 일이 머리로는 쉽게 해결되지 않는 문제인 것 같다. 오로지 겪어서 알아낼 수밖에.

혁신학교는 힘든 학교라는 이미지도 있었다. 모두 교육 계획을 수립하면서 생겨난 말이다. 서로가 원하는 상, 가치, 교육 원리, 공동 실천 프로그램, 지원 시스템 등을 협의할 때 할 말이 참 많아 저녁을 먹고도 계속 이야기하는 경우가 흔했다. 내 이야기가 전부인 양, 다른 이의 생각은 나와 완전히 다른 양 많은 이야기를 쏟아 냈다. 그 이야기를 다 듣자면 시간이 많이 걸리니, 여기는 힘든 학교라는 생각이 들었을 것이다. 시간이 지나면서 용어의 차이인지, 생각의 차이인지 구분하는 지혜가 생겼다. 함께한다는 일은 직접 겪지 않고는 제대로 해내기 어렵다.

혁신학교는 끊임없이 사례를 나누고 협의하고 각자의 생각을 드러낸다. 어떤 면에서는 각자의 민낯을 보여 달라고 요구한다. 부담스럽고 긴 이야기로 힘들기도 하고, 더러는 지치기도 한다. 그래서 선생님들의 요구도 많고 불만도 제법 많다. 그렇지만 대부분의 혁신학교 교사들이 만기를 채우고 학교를 옮긴다. 혁신학교에서 살아가는 하루하루가 교사들에게도 의미 있는 시간이기 때문일 것이다.

학교 교육 계획 구조 예시(2015년 조현 초등학교, 16학급)

비전	교원의 자발성으로 지속 가능한 혁신학교의 모델 만들기		
	학생상	학교상	교사상
상	· 자신의 장점을 최대한 발현하는 어린이 · 자연과 예술을 사랑하는 어린이 · 더불어 살아가는 삶의 태도를 지닌 어린이	· 참여와 협력의 공동체 학교 · 모두의 수월성과 형평성을 추구하는 학교 · 학생·교사·학부모가 함께 성장하는 학교	· 자발성과 책무성을 품고 참여하는 교사 · 교육 활동에 자율적이고 창의적인 교사 · 집단 지성을 통해 서로 성장하는 교사
가치	신뢰, 자발성, 협력, 공동체		
교육 원리	맞춤 교육	활동 중심 교육	실천 교육	감성 교육
공동 실천 교육과정	· 디딤돌 교육 · 동아리 활동	· 통합 학습 · 조현 수업 만들기	· 어울 마당 · 발전 학습	· 문화·예술 교육 · 생태 교육
	수업 기획	수업	수업 나눔
수업	· 세 분과로 나누어 공동 기획 · 분과별 모든 학년의 교사 배정	· 활동, 협력, 교재의 다양화로 자기 생각 만들기 수업 진행	· 가치, 교육 원리 중심 수업 성찰 · 수업 기획 분과별 수업 나눔
학교 교육과정 지원 프로그램	· 작가와의 만남 · 학습 도서 활용 수업	· 조현 가족 축제 · 학부모 교육 참여	· 상담실 운영 · 진로 적성 검사
학교 교육과정 지원 시스템	· 업무 경감 · 업무 분장	· 학습 자료실 · 교육과정 중심 예산 편성	· 학년 전담제 · 참여와 소통의 학교 운영
학력 평가 시스템	· 학교 부적응 학생 심리 치료 · 학력 결손 구제 협력 교사 지원 · 논술 평가 확대 및 점수 지양		
학교 교육력 평가 위원회	· 교사, 학부모를 동수로 구성하되 외부 자문 위원 2인 위촉 · 평가 보고서를 기반으로 교원 학년말 평가회 진행		
학교 운영 기반	학생, 교사, 학부모가 함께 만들어 가는 공동체 학교		

졸업식
축하와 잔치,
학교의 주인공을 떠나보내며

강단에서 진행되는 식과 상관없이 친구들과 떠들다가
가족과 기념사진 한 장 찍고 밥 먹으러 가며 끝나는 풍경,
그것이 우리네 졸업식이다.

우리나라의 학교 행사는 지나치게 격식을 갖추려
한다. 그래서 행사의 주인공으로 즐거워해야 할 학생이 지루하게 시
간을 견디는 경우가 많다. 혁신학교의 졸업식, 아니 학교의 졸업식이
좀 더 유쾌하고 즐거운 축제의 장이 되고자 하는 노력들을 담아 본다.

- 딱딱한 격식으로 아이들을 소외시키지 않는다.
- 내빈이나 정치인 등이 참석하여 차지하는 시간을 최소화한다.
- 졸업생들과 학교의 여러 식구들이 함께 축하하는 장으로 만든다.
- 후배들이 파티를 준비할 수 있는 시간과 공간을 만들어 준다.
- 졸업생들이 원하는 방식에 원하는 내용을 담아 준비한다.

- 학생이 많을 경우 학급별 졸업 파티나 축제를 기획한다.
- 전체 행사와 학급별 파티를 결합하는 방법도 고려한다.
- 맞벌이 가정을 위한 야간 졸업식도 기획할 수 있다.

끝은 곧 시작과 같다. 시작은 늘 완성, 마무리를 향해 달린다. 졸업식은 단순히 무엇이 끝났다는 것과는 다른 의미다. 아이들은 학교에 시 긴 경주에 적응하고 그것을 견디며 자신의 길을 걸어왔다. 6년이라는 긴 시간 동안 자신이 찾은 빛깔과 앞으로 찾을 빛깔, 여러 이야기들, 각자의 삶 속에서 만날 수많은 사람들……. 이런 것들이 아이들의 머리를 스쳐 지나갈 것이다. 그리고 아이들은 또 새 길을 출발하는 순간에 서 있다. 응원과 격려가 가장 필요한 때다. 그 전에 먼저 6년이란 시간을 달려온 노고에 바치는, 축하와 잔치가 필요하다.

졸업식 준비하기

12월은 졸업생, 재학생, 교사 모두 어떻게 학교를 떠나고 다른 이를 떠나보낼지 고민하고 준비하느라 분주하다. 졸업생은 6년 동안 얼마나 많은 일을 겪고 어떤 일을 해냈으며 어떤 추억을 쌓았는지 정리하며 뿌듯해한다. 또 후배와 선생님들에게 어떻게 축하받고 싶은지 이야기한다. 교사와 재학생은 졸업생들의 이야기를 바탕으로 졸업생을 어떻게 축하하고 후회 없이 환송할지 의논한다. 그들이 보여준 훌륭한 모습, 함께한 추억, 그들과 함께 만든 학교의 이야기를 생각하는 것이다.

- 졸업생들이 바라는 졸업식이 무엇인지 듣기
- 졸업식에 담을 내용 의논하기: 졸업장, 재학생 축하, 선생님 축하, 졸업생 이야기, 보내는 말, 의식가 부르기 등
- 축하 공연 준비하기
- 의식가 정하고 익히기
- 졸업장, 학교장상 문구, 상패 정하기
- 선생님들의 '보내는 말'을 영상으로 만들기
- 졸업생들의 학교 활동을 영상으로 만들기
- 졸업생이 학교에 남기는 말과 재학생의 '보내는 글'로 식장 꾸미기

소중한 이를 떠나보내는 졸업식

축하를 건넨 이들이 서 있는 가운데 졸업생들이 등장하며 졸업식이 시작됐다. 졸업생들은 초등학교의 전 과정을 수료했음을 증명하는 졸업 증서를 받는다. 재학생들은 축하 공연을 하기도 하고, 편지를 읽기도 하고, 영상을 상영하기도 했다. 마음과 의미를 담은 유쾌한 축하 무대 후, 졸업생들은 무대 위로 올라 떠나는 말을 했다. 학교가 어떤 곳이었는지, 무엇을 배웠는지, 앞으로 어떻게 살아갈 것인지…… 한두 명이 훌쩍이는 소리는 서로의 마음에 파장을 일으키며 어느새 많은 이들의 눈시울을 붉게 만들었다. 행복한 이별이라고 해서 슬프지 않은 것은 아닌 모양이다. 60여 명의 아이들이 그렇게 자신의 말을 마친 후 졸업가를 부르고 마지막이 될 교가를 불렀다. 그들이 무대에서 내려와 더 넓은 길로, 조금 더 힘든 길로 나아가는 것

을 전 교직원이 축하하고 격려한다. 모두가 함께 키운 아이들이었기에 꼭 안아 주며 이별의 말을 건넸다. "건강하고 행복하게 지내야 해. 최고였어. 사랑해!" 매년 되풀이되는 일이지만 두 시간여의 졸업식은 늘 쌀쌀한 바람을 맞는 일 같다. 소중한 이를 보내는 일은 쉽지 않다.

졸업생에게 보내는 말

그동안 우리는 많은 시간을 함께해 오면서 자기 자신을 알아 가고, 나와 다른 사람을 이해하고, 더 큰 세상을 알아 가는 공부를 해 왔습니다.

학교를 행복한 배움터라고, 학교는 꿈이라고, 학교는 나의 삶이고 미래라고, 환한 아침이라고, 그리고 학교는 천국이라고 말해 준 여러분이 있어 행복했습니다.

모두가 조현 초등학교를 자랑스럽게 생각하지만, 조현 초등학교가 더욱 빛난 것은 여러분이 있었기 때문입니다. 이곳을 행복한 향기로 채워 준 이도 여러분입니다.

여러분이 있어 우리 선생님들은 행복했습니다. 학교를 떠나는 졸업생 여러분, 여러분과 함께 자란 운동장과 나무는 자랑스러운 여러분을 그리워할 것입니다. 바람을 가르며 달렸던 운동장도 한동안 심심해할 것입니다. 가끔 학교에 놀러 오던 뒷산 산새들도 여러분이 떠난 학교에서 어리둥절해할지도 모르겠습니다.

― 2014년 조현 초등학교 졸업식, 최영식 교장의 '보내는 말'에서

졸업생이 남기는 말

배움은 즐거운 것이라는 것을 알았습니다. 학교가 저에게 가르쳐 준 것은 많았으나 깨달음을 얻은 것은 적었습니다. 이렇게나 부족한 저이기에 좀 더 배워야겠습니다. 부족한 저를 항상 이끌어 주시고 존중해 주신 선생님들께 감사합니다.

― 2014년 조현 초등학교 졸업식, 유○○ 졸업생이 남기는 말

혼자 돋보이려고만 하던 제가 조현 초등학교에 와서 협력을 배웠습니다. 저 혼자만 하려던 일을 나누어 맡아 준 것은 친구들이었고, 누구보다 저를 잘 알아 주시고 이해해 주시는 최탁 선생님과 저의 가능성을 알게 해 준 부모님, 모두 감사하고 사랑합니다.

― 2014년 조현 초등학교 졸업식, 윤○○ 졸업생이 남기는 말

13월

매일을
풍요롭게 하는 활동

어떻게 하면 매일을 새롭고 풍요롭게 보낼 수 있을까. 아침맞이, 교사 협의회, 협력 교사 등 혁신학교의 대명사처럼 알려진 활동들은 그러한 고민이 담긴 걸음걸음이다. 어느 시기를 특정할 수

없는, 일상적으로 진행하는 활동을 13월의 활동으로 모았다. 지금 이 순간에도 아이들의 일상을 새롭고 풍요롭게 만들기 위한 노력이 그치지 않는 만큼, 혁신학교의 13월 활동도 더욱 늘어날 것이다.

아침맞이

디딤돌 학습

교사 협의회

동아리 활동

생태 교육

독서 교육

협력 교사

아침맞이
학교, 안녕하십니까?

교문 지도는 등교하는 아이들을 긴장하게 만든다.
학교는 가르치고 야단치는 곳일까?
훈계와 권위만 있는 학교는 이제 그만!

'인권은 교문 앞에서 멈춘다.'는 말이 있다. 감시와 통제가 목적인 교문 지도는 아침 등굣길을 긴장과 공포의 공간으로 만들고는 한다. 이런 상황이라면 학교에서 제일 처음 만나는 곳, 하루 중 가장 긴 시간을 보내는 학교의 첫인상이 그리 상쾌하지 못하다. 교문 지도는 학생과 교사 모두에게 큰 짐이 된다. 학생들에게 학교는 가까이 하기에 너무 먼 존재가 되고, 교사들에게 학생은 그저 지도해야 할 수동적인 대상이 될 뿐이다.

이런 대한민국 학교의 아침 풍경이, 혁신학교를 중심으로 조금씩 변화하고 있다. 선생님이 학생들의 이름을 불러 주고 하이파이브로 인사하는 학교가 늘어 가고 있다. 감시와 통제가 있던 교문 지도에서 기대와 여유가 있는 아침맞이로 바뀌고 있는 것이다.

혁신학교는 아침맞이를 소중히 여기고 학교 전체에서 실천하려 애쓴다. 좋은 교육은 교사와 학생의 따뜻한 만남과 관계에서 시작된다고 믿기 때문이다. 교문에 들어서는 학생들에게 그들이 존중받는다는 느낌을 주고 교사와 학생 간의 친밀감을 이끌어 내는 것, 그것이 아침맞이를 하는 이유다. 관계 맺기야말로 좋은 교육의 시작이고, 그 시작은 교사들에게서 나온다. 아침 인사는 좋은 관계를 만드는 마중물인 셈이다.

아침맞이 함께하기

학교의 아침을 살펴보자. 교사들은 대부분 아이들이 아닌 컴퓨터와 인사를 나누며 하루를 시작한다. 쉬는 시간도 바쁘다. 업무 포털 사이트에 접속해 어떤 공문이 왔는지 수시로 확인해야 하기 때문이다. 수업 중 끊임없이 반짝이는 메신저에는 각종 안내문과 협조를 구하는 내용이 가득하다. 머리가 멍해진다. 잠깐 딴청이라도 부린 날은 아침부터 독촉 전화가 울린다. 아이들이 들어오는지, 인사를 하는지 볼 시간이 없다. 넉넉하고 따뜻하고 친밀한 아침맞이가 가능하려면 교사부터 여유가 있어야 한다. 불필요한 행정 업무를 줄여 학생들에게 집중할 수 있도록 하고, 오전 중에는 업무 관련 메시지를 보내지 않기로 약속해 보자. 사실 그렇게까지 바쁘고 시급한 공문은 거의 없다. 담당 교사가 급한 마음에 아침부터 메시지를 보낼 뿐이다.

본격적인 아침맞이를 하기에 앞서 '아침맞이를 무엇이라 생각하는가?', '아침맞이를 실천하기 어려운 이유는 무엇인가?', '최고의 아침맞이는 어떤 방식으로 할 수 있을까?'라는 질문을 두고 함께 고민해 보자. 아침맞이는 단순한 인사가 아니다. 학생을 존중의 대상으로 인정하겠다는 선언이다. 2월 말 전입 교사를 포함한 전체 교사들이 모여 아침맞이에 대한 가치와 철학에 대해 이야기를 나눌 필요가 있다.

아침맞이는 학교 전체가 실천할 때 의미 있다. 단순히 지시로 될 일은 아니다. 가장 좋은 방법은 앞선 선생님들이 남긴 좋은 사례를 나누는 것이다. 아침맞이가 왜 좋은지, 어떻게 좋은지 들어 보면 마음이 바뀌는 경우가 많다. 교실에서 아이들을 반갑게 맞아 주는 인사로 무엇이 좋을지 이야기 나누어 보자. 눈인사, 안아 주기, 하이파이브 등 구체적인 실천 방법이 나올 것이다. 이런 작은 나눔이 아침맞이로의 동참을 이끌게 된다.

- 아침맞이의 가치와 철학 공유하기
- 교사를 아이들 곁으로 보내기 위해 지원하고 개선해야 할 점 찾기
- '컴퓨터 켜지 않기', '오전 중에 메시지 보내지 않기' 등 여유 있는 오전을 위한 약속 정하기
- 학년·학급의 아침맞이 사례 공유하기

아침맞이가 가져온 행복

2011년 3월, 아침맞이 풍경을 보며 저러다 말겠지 생각했다. 처음에는 "사랑합니다."라는 말이 어색했다. 교장 선생님이 굳이 교문 앞까지 나와서 아이들과 학부모들에게 인사를 해야 하느냐며 학교장의

권위가 떨어진다고 말하는 경우도 더러 있었다. 그러나 학생과 학부모들의 반응은 뜨거웠다. '우리 학교가 혁신학교가 되었구나!'라는 것을 교장 선생님의 따뜻한 아침 인사로 실감한 것이다. 예전보다 많이 낮아졌다고는 하지만 학교에 대한 심리적 문턱은 여전히 높았다. 교사는 다가서기 어려운 존재, 학교는 두려움의 대상일 때가 많았다. 이런 삭막한 학교 이미지가 "사랑합니다."라는 말 한마디에 변하기 시작했다. 학기 말 설문 내용을 잊을 수 없다. 혁신학교로 지정된 후 가장 큰 변화로 아침맞이가 뽑혔으니 말이다.

2013년에는 교사들이 모두 모여 아침맞이 실천에 동참하기로 약속했다. 처음 온 선생님들은 어리둥절해했다. 도대체 얼마나 중요하기에 약속까지 하는지 궁금하다는 분도 있었다. 몇 달의 시간이 지난 뒤 아침맞이에 대한 이야기를 다시 나누었다. 아침맞이를 혁신학교의 문화라고 여기고 별생각 없이 시작했는데 그 덕분에 학생들과 가까워졌고, 이 관계가 좋은 수업으로 이어졌다는 말이 인상적이었다. 이전에는 하루 종일 이름 한 번 부르지 않고, 눈 한 번 마주치지 않은 채 헤어진 아이들이 생각보다 많았다는 고백에 숙연해지기도 했다. 특히 하루의 시작이 행복해졌다는 말에 모두 공감했다. 가장 큰 변화는 아침을 기대하게 되었다는 점이다. '오늘 아이들과 어떤 인사를 할까? ○○이가 어제 속상해하면서 집에 갔는데 괜찮을까?' 이런 생각을 하며 온전히 아이들에게 집중하게 된 것이다. 학년 연구실에 들러 커피 한잔을 하고, 동료 교사와 한참 수다를 떨다 수업 10분 전에야 교실로 가던 예전의 모습과는 완전히 달라졌다.

"아침은 바쁘고 힘도 없어요. 엄마나 아빠한테 꾸중 들은 날은 학교 가기가 싫어요. 그런데 그런 날에 교장 선생님과 인사를 하면 기분이 좋아져요. 위로받는 느낌이랄까? 담임 선생님들도 많이 바뀌셨죠. 옛날에는 저희가 들어오는 줄도 모르고 컴퓨터 앞에만 계셨어요. 그런데 요즘에는 밝은 얼굴로 먼저 "안녕!" 하며 인사해 주시니까 좋아요. 생기 있는 아침이 됐다고 해야 하나? 선생님이랑 친해진 느낌이 들어요. 친구들도 좋다고 하고요."

아이들이 해 주는 이런 말들이 아침의 밝은 해가 되어 학교에 떠오른다.

디딤돌 학습
배움의 길에 디딤돌을 놓아라

미래를 꿈꾸러 가는 학교에서 아이들은 자꾸만 실패하고
뒤처지면서 실망과 낙담을 배운다. 학습이란 무엇인가?
학습이 잘 이루어지는 학생과 그렇지 않은 학생은 어떤 차이가 있는가?
스스로 학습하는 데에 반드시 필요한 능력은 무엇인가?

아이들이 학교에서 자존감을 세우지 못할 뿐만 아
니라 상처까지 입게 되자, 이에 관한 다양한 의견과 해법이 제시되었
다. 한 가지 특기만 잘 키우면 된다는 특기 적성 중심 교육, 교육의
권리는 학생에게 있다는 수요자 중심 교육 등이 그 예다. 그런데 이
러한 교육은 결과적으로 교육의 공공성을 무너뜨렸고, 사회적으로는
도덕성과 공동체의 붕괴를 가속화했다. 이러한 문제점이 꾸준히 제
기되면서 시대상을 반영한 교육으로 그 자리를 잡아 가고 있다. 그러
나 학습하는 곳으로서의 학교는 여전히 위협받고 있다.

혁신학교를 준비하며 선생님들이 한자리에 모였다. 그 자리에서
각자가 생각하는 이상적인 학생상을 나누었다. 이 과정에서 확인한

공통의 학생상은 '학습하는 학생'이었다. 배움의 즐거움을 아는 사람, 배움으로 성장하는 사람, 제대로 배우는 사람, 배움을 실천하는 사람 등 다양하게 표현할 수 있지만 결국 공통점은 '학습하는 사람'이라는 점이었다. 그러면서 우리는 학습을 관찰하고, 원리를 발견하고, 구조를 설계하는 시도를 꾸준히 하게 되었다.

학습이란 말 그대로 배우고 익히는 일이다. 배운다는 깃은 모르던 것을 아는 일, 생각을 깊고 넓게 하는 일, 보다 많은 이와 함께하는 방법을 아는 일이다. 그런데 그동안 학교는 배움의 길에 꼭 필요한 내용을 알려 주고 그것을 익히게 하는 일에는 별로 신경을 쓰지 않았다. 익히는 일은 모두 아이들의 몫으로 돌리고 왜 더 잘하지 못하느냐며 책임을 묻는 일만 열심히 했다.

배움은 만남에서 시작한다. 새로운 지식을 대하고 기억에 남겨 두는 일, 당면한 어려움에서 해법을 찾는 일, 익숙한 것에서 새로운 면을 발견하는 일, 다양한 삶의 양식에서 더 가치 있는 것을 생각하는 일 등을 배우려면 어떻게 해야 할까? 일단 지식을 만나고, 자신에게 닥친 어려움과 마주하고, 익숙한 모습을 관찰하고, 다양한 삶의 양식을 읽어야 한다. 대상을 만나서 마음을 두면 배움은 저절로 이루어진다. 스스로 배우고, 협력해서 배우고, 선생님에게 청하여 배운다. 하지만 만나지 못한다면 어떤 배움도 일어날 수 없다. 결국 학습의 대상을 만나는 일이 중요한데 보편적으로 사용하는 방법은 보고, 듣고, 읽고, 느끼는 일이다. 이런 과정 없이 그 결과만을 강조했으니, 아이들은 배움에 마음을 두기가 쉽지 않았을 것이다.

많은 혁신학교에서 디딤돌, 다지기 등의 이름으로 학습에 영향을 주는 기능을 추출하고 있다. 그중 가장 보편적으로 추출된 기능이 읽기, 셈하기다. 보고 듣는 것은 일상에서 진행되지만 읽고 셈하는 것은 아이들의 일상이 아니기 때문이다. 이 외에도 악기 연주, 운동장 놀이 등의 기능을 추가하는 학교도 있다. 이러한 기능을 일상생활에서 익힐 수 있게 시간을 배정하고 아이들을 지켜보며 인정하고 격려하는 피드백을 한다. 아이들이 앞에서 말한 기능에 숙달된다면, 그다음에는 이를 어떻게 보고 듣고 읽고 느끼는 일로 이어 갈지 생각해 보아야 한다. 배움과 익힘이 조화로운 교육을 시도하는 것이다.

디딤돌 학습 준비하기

앞에서 말했듯, 많은 학교에서 동의하는 디딤돌 교육은 읽기와 셈하기다. 글과 수가 아이들의 일상이 되어야 이를 활용한 배움이 가능하다고 생각하기 때문이다. 아주 쉬운 텍스트조차 분석하기 어려워하거나 정보를 추출하지 못하는 아이들이 있는데, 해당 내용을 읽어 주면 이들 중 많은 아이들이 문제를 스스로 해결한다. 글을 읽고 문제 해결이 되지 않으면 독해력이 부족한 것을 그 원인으로 간주하기 쉽지만, 실제로는 글 자체를 능숙하게 읽지 못해 문제가 생기는 경우가 많은 셈이다.

다음은 아이들이 읽기를 일상으로 접할 수 있도록 읽기 디딤돌 학습을 기획한 예다.

읽기 디딤돌 협의 내용		읽기 디딤돌 예시(5학년)
1~2학년군	국어 시간에 20분 동안 소리 내서 책 읽고 수업 시작하기	※ 아래의 글 두 쪽을 시간을 재며 읽고, 읽은 내용을 한 두 문장으로 요약하세요.
3~4학년군	20분 동안 끊어 읽을 곳 표시하며 눈으로 읽기	고구려를 세운 지 200여 년이 흘렀습니다. 을파소라는 귀족이 살고 있었습니다. 그는 공부하는 것을 너무나 좋아해서 귀중한 책을 구할 수 있다면 먼 길도 마다하지 않았습니다. 을파소가 여러 가지 경험도 쌓을 겸, 귀한 책도 구할 겸 나라 곳곳을 여행하는 중이었습니다.
5~6학년군	두 쪽의 텍스트를 눈으로 읽으며 다 읽은 시간 표시하기	고갯길을 오르던 을파소는 소나무에 목을 매어 스스로 목숨을 끊으려는 한 농부를 보았습니다. (이하 생략)
운영 원칙	· 학년 수준보다 쉬운 글을 읽게 하기 · 생각과 의견을 묻는 것이 아니라 단순히 글을 읽는 것을 익히게 하기	걸린 시간 ( )분 ( )초 내용 요약:

다음과 같은 순서로 디딤돌 학습을 준비해 보자.

● 교과 학습을 위해 꼭 필요한 기능적인 요소 추출하기: 듣기, 읽기, 쓰기, 셈하기, 달리기, 학습 기자재 사용하기, 연주하기, 선그리기, 바느질하기 등
● 익혀야 할 기능 중 대부분의 교과에 필요한 기능 모으기: 듣기, 읽기, 쓰기 등

- 스스로 해낼 수 있을 정도로 쉬우며 학년별 단계가 있는 디딤돌 교육과정 마련하기
- 필요한 기능을 충분히 익힐 수 있도록 시간 배정하기
- 도전이나 성취감을 느낄 수 있는 요소 마련하기

꼭 필요한 디딤돌을 찾아서

처음 디딤돌 학습을 기획할 때에는 기능이 아니라 기초 학력의 측면에서 접근하였다. 아이들이 학습에 어려움을 겪는 이유가 독해력이 부족하기 때문이라고 생각했고, 이를 해결하기 위해 국어 시간마다 논술 학습지를 한 회씩 풀게 하였다. 논술 학습지의 구조는 간단했다. '시사적인 텍스트 읽기 → 사실 묻기 → 의견 묻기'의 구조였다. 아이들은 80분의 국어 시간 중 처음 20분을 논술 학습지를 푸는데에 썼고, 이를 일주일에 3회씩 반복했다. 이렇게 일 년을 진행한 후에 결과를 평가해 봤더니, 아쉽게도 학습한 의미를 찾기 어려웠다. 논술 학습지를 반복해서 풀어도 기능에도 이해에도 깨달음에도 별다른 도움이 되지 않았던 것이다.

이후 어휘력 중심의 국어 디딤돌을 기획하였다. 국어책에서 추상적인 낱말을 찾아 그 뜻을 알아보게 했다. '배려'라는 낱말이 있다면 그 뜻을 일단 짐작해서 쓰게 했다. 그리고 국어사전에서 정확한 뜻풀이를 찾아 쓰고, 이를 자신의 삶과 연결해 보게 하였다. 아이들은 '배려란 부모님이 싸울 때만이라도 내가 할 일을 제대로 하는 것이다.'와 같이 자신만의 경험을 그날 학습하는 단어와 재미있고 재치 넘치

게 연결했다. 하지만 이 역시 아이들의 독해력을 기르는 데에는 도움이 되었으나 읽기 자체를 어려워하는 아이들에게는 큰 도움이 되지 않는다는 결론을 얻었다. 어휘력 향상을 위한 노력은 수업 중에 해야 가장 자연스럽다는 생각으로, 현재는 읽기 중심 디딤돌 교육을 진행하고 있다.

매번 다시 시도하고 그 과정을 되돌아보는 일을 계속해 나간다면 언젠가는 아이들에게 꼭 필요한 디딤돌을 찾을 수 있을 것이다. 밥 한 술에 배부르지 못하듯이, 아이들에게 꼭 맞는 디딤돌을 찾는 일도 정성과 노력을 충분히 들인 뒤에 그 결실을 맺게 되리라 믿는다.

교사 협의회
학교 혁신의 밑바탕 마련하기

교장 선생님이나 교감 선생님이 전달 사항을 줄줄이 나열하고
선생님들은 수첩에 메모하기 바쁘다.
수십 명의 선생님들이 한자리에 모였는데 어떻게 이렇게 조용할 수 있을까?

진짜 혁신을 실천하는 학교와 무늬만 혁신인 학교를 구분하는 기준은 무엇일까? 성공한 혁신학교라 평가받는 학교들이 공통적으로 말하는 것이 있다. 제대로 된 혁신학교에는 살아 있는 교사 회의 문화가 있다는 것이다. 혁신학교에서 교사 회의는 지위의 높고 낮음, 나이의 많고 적음, 경험의 있고 없음을 떠나 자신의 생각을 편안하게 나눌 수 있는 자리다. 편안함은 서로에 대한 따뜻한 마음과 배려가 있어야 생긴다. 교사 회의는 따뜻한 관계로 출발해 집단 성찰로 연결되는, 학교 성장의 중심이다. 따라서 학교가 진짜 혁신을 실천하기 위해서는 지시와 전달만 존재하는 회의를 소통과 사람이 중심이 되는 회의로 바꿀 수 있어야 한다.

수업 나눔 회의 준비하기

혁신학교에서 민주적 교사 회의를 만들기 위해 점검해 보아야 할 사항이 있다.

첫째, 소통 문화다. 우리 학교 회의에서 얼마나 많은 사람이, 얼마나 많은 이야기를 주고받는지 확인해 보자. 회의가 질되려면 발언권을 한두 사람이 독점하지 않게 해야 한다. 말이 없는 교사들은 왜 그런지 그 처지와 이유를 들어 볼 필요가 있다. 대체로 회의 진행 방법이 부담스럽거나 주제가 낯설어 침묵하는 경우가 많다. 이런 경우, 학년에서 미리 이야기를 나누고 회의에 참여하는 것이 좋다. 회의를 교무부장이나 연구부장이 진행하지 않고, 학년별로 돌아가면서 진행하는 방법도 있다.

둘째, 반영 문화다. 혁신학교 초기에 회의를 할 때에는 교장 선생님의 뜻이 무엇인지를 묻는 물음이 많이 나왔다. 한마디로 우리가 회의를 해 봤자 교장 선생님 마음에 들지 않으면 말짱 도루묵인데, 힘 빼지 말자는 뜻이었다. 과연 이것이 한두 학교만의 문제일까? 부끄럽지만 대한민국 초등학교의 보편적인 현실이라고 생각한다. 회의를 하는 가장 중요한 이유는 학교 구성원들의 의견을 교육 활동에 반영하기 위해서이다. 기껏 어렵게 협의한 내용이 제대로 반영되지 않을 때, '회의(會議)'를 할수록 '회의(懷疑)'가 생긴다는 말이 나오는 것이다. 그래서 우리 학교의 반영 문화를 점검해 볼 필요가 있다. 만약 회의 결과를 현실에 반영하기 어려운 문화라면 그 문화를 바꾸는 일에서부터 출발해야 하기 때문이다.

이러한 부분에 대한 점검이 끝났다면, 본격적인 수업 나눔 회의를 위한 사전 활동이 필요하다. 회의를 할 수 있는 여건을 마련하는 것이다.

시작은 따뜻한 관계 맺기다. 서로에 대한 신뢰가 없는 상태에서 상대의 의견에 반박하고 무엇인가를 결정해 나가면 마찰이 생길 수밖에 없다. 간혹 사람을 품지 못하고 일을 중심으로 운영되는 혁신학교가 있는데, 위태롭고 위험하다. 빨리 가려면 혼자 가야 한다. 하지만 수업 나눔 회의는 열 사람이 내딛는 한 걸음을 위한 시간이다. 늦더라도 함께 가는 방법이다. 당연히 기다림과 인내가 필요하다.

다음으로 생각할 것이 시스템과 내용이다. 수업 나눔 회의가 가능하려면 교육과정과 수업 중심의 학교 운영 시스템이 필요하다. 업무 정상화를 거쳐 교사들이 수업에 전념할 수 있는 환경을 만들어야 한다. 그릇은 비어 있을 때 쓰임이 있다는 말이 있다. 수업 나눔 회의도 학교의 시스템에 여유가 있어야 그 안에 담길 수 있다.

일반 학교에서도 수업을 주제로 한 회의를 정기적으로 실시하고 있다. 혁신학교에서 하는 수업 나눔 회의는 이와 어떤 차별성이 있을까. 수업 나눔의 가치와 비전을 공유한다는 점이 가장 큰 차이라고 할 수 있다. 수업 나눔의 가치는 공동의 연구와 공동의 실천을 통해 공동의 성장을 도모하는 것에 있다. 필요하다면 교육과정 워크숍이나 토론회 등을 열고, 수업 나눔 회의를 '왜' 해야 하는지 고민할 필요가 있다. '어떻게'는 그다음이다. 이런 성찰이 바탕이 될 때 교사들의 회의가 빛난다.

수업 나눔 회의 운영

수업 나눔 회의는 다음과 같은 순서로 운영한다.

- 운영 일정 약속하기: 매주 학교 전체가 함께하는 '수업 나눔의 날' 정하기
- 수업 나눔 회의를 지원하는 실무 팀 구성하기: 간식 준비, 교수·학습 자료 제작 등의 지원
- 학년별 수업 나눔 사례집 및 자료집 제작하기
- 학기 말에 동료 교사와 지역에 실천 결과를 공개하고 공유하기

일주일 중 하루를 정해 '수업 나눔의 날'로 운영한다. 매주 특정한 요일을 '○○ 초등학교 수업 나눔의 날'로 운영하는 것이다. 이날은 학교 행사와 업무 협의를 하지 않는 것을 원칙으로 한다. 온전히 수업 나눔에 집중하는 것이다.

회의는 학급 이야기로 시작한다. 지난주 함께 실천하기로 약속한 교육 활동을 나누는 것이다. 예를 들어, 1학년에서 나라 사랑이라는 주제로 함께 태극기 만들기를 했다면 반별로 활동한 내용을 공유한다. 이때 평가와 비평이 아닌 격려와 칭찬으로 마음 편히 이야기할 수 있는 분위기를 만들자.

학급별 실천을 공유한 후 다음 주에 배울 내용을 공동으로 연구한다. 관심 있는 교과를 맡은 후 발제하는 방식이 일반적이다. 혼자 모든 교과에 대해 깊이 있는 교재 연구를 하는 일이 쉽지 않은데, 공동

연구를 통해 이런 어려움을 해결할 수 있다. 처음에는 개별 교과로 시작하고 점차 교육과정을 재구성하여 프로젝트 수업으로 진행하도록 한다.

또한 수업 나눔 회의를 지원하기 위한 지원 팀을 만들 필요가 있다. 교감 선생님을 중심으로 전담 교사와 행정 실무사가 학년을 맡아 지원한다. 즐거운 회의를 위한 간식 준비에서부터, 시간이 걸리는 교수·학습 자료 제작까지 다양하게 도움을 줄 수 있다. 이는 행정 중심의 학교 문화를 수업과 교육과정 중심으로 변화시키는 방법이다.

수업 나눔 회의의 결과는 기록하는 것이 좋다. 예를 들어, 올해 4학년에서 시청과 관공서를 체험하는 '우리 마을 알기' 프로젝트 수업을 하고 이를 잘 기록해 두면 내년 4학년에서는 훨씬 쉽게 프로젝트 수업을 할 수 있다. 앞선 경험을 참고하며 실수를 줄일 수 있기 때문이다. 그리고 무엇보다 좋은 교육 활동을 지속적으로 실행할 수 있다는 장점이 있다.

혁신학교 초기에는 교사들의 역량과 관심에 따라 학년 및 학급 교육과정 운영에 차이가 생길 수밖에 없다. 그런데 수업 나눔 회의를 반복하면 서로의 노하우가 공유되어 점차 비슷한 수준으로 발전한다. 상향 평준화가 되는 셈이다. 학기 말에는 그동안 실천한 수업 나눔 사례를 전체 교사들과 함께 나눈다. 여건이 허락된다면 수업 나눔 사례에 관심을 가지는 지역의 교사들을 초대해 보자. 보통 1학기에는 학교 선생님을 대상으로 하고, 2학기에는 다른 학교 선생님들과 함께한다.

여유와 기다림이 필요한 교사 회의

2010년 남한산 초등학교를 비롯한 초기 혁신학교들의 성공 사례는 가슴을 뛰게 했다. 그해 겨울, 함께 공부해 온 지역 혁신 연구회 선생님들과 혁신학교로 지정된 초등학교로 들어가기로 결심했다. 그 학교는 신규 교사들이 주로 발령을 받아 가는 곳으로, 인근 지역에서 만기가 되어 어쩔 수 없이 잠깐 들르는 학교였다. 쉽게 말해 스쳐 지나가는 휴게소 같은 학교라고 할까. 현실적인 여건은 좋지 않았지만 노력하면 좋은 결과를 얻을 수 있으리라 굳게 믿었다. 하지만 현실의 벽은 높았고 글로 배운 혁신 운동은 현실 속에서는 위태로웠다.

혁신학교는 새롭게 무엇을 하는 학교가 아닌, 좋지 않았던 것을 개선해 나가는 학교다. 개선은 동전의 양면이었다. 나에게는 개선해야 할 문제가 어떤 교사에게는 지켜 나가야 할 보루였다. 대표적인 사례가 청소년 단체와 영재반 문제였다. 청소년 단체 폐지의 경우 업무 정상화 차원에서 의미가 있었다. 영재반 폐지는 소수를 위한 교육보다는 모두를 위한 교육으로 나아가겠다는 의지를 보여 주는 상징성이 있었다. 하지만 실행하려고 하니 쉽지 않았다. 가장 큰 어려움은 담당 업무를 맡아 오던 교사들의 입장이었다. 혁신학교로 지정되기 전에는 그 두 가지가 학교의 대표적인 특색 사업이었던 것이다. 승진 점수가 필요해서 시작했다지만 그 나름대로 의미 있게 학생들을 위해 활동해 왔다고 믿었는데, 갑자기 폐지를 하자고 하니 마찰이 생기는 것이 당연했다. 교사들 사이에 불필요한 논쟁과 미묘한 신경전이 오고 갔다. 여기에 두 단체에 속한 아이의 학부모 민원까지 더해져

학교가 조용할 날이 없었다. 결국 폐지 시도는 유야무야 없던 일로 하기로 했다. 굴러 온 돌이 조용한 집을 괜히 들쑤셔 놓은 모양새가 되었다.

만약 그때로 돌아간다면 어떻게 할까? 당장 변하지 않더라도 결국 변화되는 것이 혁신이다. 조금 돌아가더라도 동료 교사들과 더 협의하고 이야기를 나누는 여유가 필요했는데, 성급했다. 성공한 혁신학교를 만들겠다는 의지는 강했으나 주위를 둘러볼 여유가 없었다. 옳은 일이면 바로 해야 한다는 조급한 믿음이 공동체에 큰 상처를 준 것이다. 그 일 이후 교사들 사이에 보이지 않는 벽이 생겼고, 그 벽을 허물고 신뢰를 다시 쌓는 데는 갑절의 노력과 희생이 필요했다. 올바른 사람보다는 동료에게 좋은 사람이 되는 일이 우선이었는데, 그때는 미처 몰랐다. 동료에 대한 신뢰 없이 진행된 회의는 좋은 결과를 가져오지 못한다. 혁신도 결국 사람이 하는 것이다.

동아리 활동
애들아, 동아리 가자!

서로 친밀한 관계를 맺으려는 열망이 없는 동아리 활동,
기능을 가르치고 배우는 일에만 급급한 동아리 활동,
사정이 이렇다면 방과 후 활동의 연장에 불과하지 않을까?

혁신학교에서는 동아리를 단순한 재능 계발이 아닌 학생 자치 문화의 한 갈래로 생각한다. 학생들은 스스로 동아리를 만들고 함께 정한 원칙에 따라 마음껏 운영해 보는 소중한 시간을 경험한다. 도움을 주는 지도 교사도 학생들이 직접 섭외하는 것이 원칙이다. 아이들이 교사를 찾아 도와 달라고 부탁하는 과정을 통해 동아리에 대한 사랑과 책임감을 키우고, 재능 기부를 이끌어 내는 경우도 많다. 또한 이 과정 자체가 관계 맺고 함께 성장하는 방법을 배우는 민주 시민 교육의 장이 될 수 있다. 내 입장을 내려놓고 상대방의 이야기에 귀 기울이는 과정을 경험하며 올바른 참여가 무엇인지, 어떻게 해야 소통이 되는지, 더불어 살아가는 법이 무엇인지 익히게 되는 것이다.

학생 중심 동아리 만들기

바쁜 12월, 동아리 활동은 작은 부분으로 여겨져 소홀한 대접을 받는 경우가 많다. 그래서 동아리 활동을 꼼꼼히 챙기고 미리 준비해야 할 필요가 있다. 학교 규모와 학년별 학생 특성에 맞는 동아리 운영 방식을 결정하고, 어떻게 동아리를 지원할지 점검한다. 본격적인 준비는 2월 말에 전입 교사들과 함께 해 나간다.

3월 첫 주를 알뜰하게 사용해 보자. 혁신학교 초기에는 학생들 스스로 동아리를 만들기보다는 평소 관심 있던 분야의 동아리에 참여하는 경우가 많다. 그래서 학생들의 다양한 관심을 채워 줄 수 있는 재능 기부가 필요하다. 3월 초에 희망 동아리의 수요를 조사하고 학생들의 요구를 파악한 후, 재능 기부 희망서를 받아 활용 가능한 인력을 파악한다. 이때 교사, 학부모뿐만 아니라 학생들의 재능 기부도 받는다.

학생들이 동아리를 만들어 등록할 때는 적정한 최소 인원, 안전, 도움(지도) 교사 등을 따져 보게 한다. 특히 공간에 대한 고민이 필요하다. 운동장, 교실 등이 부족하여 애써 만든 동아리가 운영되지 못하는 일이 종종 발생하기 때문이다. 요일별로 사용 가능한 공간을 학생들에게 미리 안내하여 조율할 수 있도록 한다. 협의가 어려운 경우 도움(지도) 교사의 도움을 받거나 동아리 회의 등을 거쳐 해결한다.

학기 말에는 동아리 활동 경험을 나누는 자리를 마련한다. 예컨대, 고학년이 저학년 반을 찾아가 작은 음악회 등의 발표회를 개최해 보는 것이다. 학년별로 마무리 잔치를 열어 친구들과 저마다의 활동을 나누는 방법도 좋다. 학교 축제가 있는 경우 전시회와 공연을 열어 그동안의 동아리 활동으로 쌓은 솜씨를 뽐낼 수도 있다. 이런 나눔의 시간은 성장으로 이어진다. 발표를 준비하면서 책임감을 키우고 보람을 느낄 수도 있다. 어린 동생들은 선배들의 모습을 보고 '나도 언젠가 저런 활동을 할 수 있겠구나!' 하는 기대와 보는 눈을 키우게 된다.

- 동아리 운영 방식 협의하기: 학급, 학년/학년군, 학교 전체(12월 말)
- 수요 조사하기: 학생 희망 동아리 조사서 배부(3월 초)
- 인력 자원 확보하기: 재능 기부 안내장을 보내 학부모, 교사, 학생 인력 확보(3월 초)
- 동아리 운영 계획 안내하기: 학년(급) 교육과정 설명회에서 안내하기
- 동아리 홍보하기: 학교 게시판, 벽을 활용해 동아리 알리기
- 동아리 등록: 최소 인원, 장소, 안전, 도움(지도) 교사 등을 고려하기
- 동아리 활동 원칙 정하기: '~하기', '~하지 않기' 식의 구체적 활동 규범을 정하기
- 학년(급) 잔치 및 학교 축제와 연계하기

모두의 힘을 합쳐 시작한 학생 중심의 동아리 활동

학생 중심의 동아리 활동이 필요하다는 것을 머리로는 이해했지만 쉽게 시작할 엄두가 나지 않았다. 학생들이 적은 희망 동아리 설문지에는 수많은 요구가 있는데 현실적으로 동아리를 어떻게 만들어 갈지 막막하기만 했다. 동료 교사들 역시 자신들이 알고 가진 것이 많아야 동아리를 운영할 수 있는데 '아직은' 아니라는 의견이 많았다. 뾰족한 수가 보이지 않아 외부 강사를 초빙해 보기도 했지만 아이들과 따뜻한 관계를 맺는 과정 없이 기능 위주로 운영되다 보니 아예 안 하느니만 못한 결과가 생기기도 했다. 동아리라 말하지만 실상은 또 하나의 방과 후 교실인 셈이었다.

의미 있는 변화는 우리 힘으로 문제를 해결해 보려 노력할 때 일어났다. 첫 물꼬는 6학년이 터 주었다. 학생들이 원하는 동아리는 특별한 경우가 아니면 개설하겠다는 공약을 발표한 것이다. 이는 묵직한 '돌직구'가 되어 주었다. 담임 교사, 전담 교사, 교장 선생님 모두 총출동을 하여 6학년 학생들의 바람이 이루어지도록 다방면으로 애썼다. 교사들의 노력만으로 그 많은 수요를 감당하기에는 역부족이었기에 학부모의 지원을 받기로 했다. 3월 말, 학교와 학년 교육과정 설명회 때 동아리의 진행 상황을 알리고 도움을 부탁했다. 처음에는 학부모들도 부담스러워했다. 가장 큰 고민은 역시 아이들에게 무엇을 가르칠 정도의 실력이 아니라 선뜻 나서기 어렵다는 생각이었다. 최소한 '직업 교육'을 할 수 있을 정도의 실력이 있어야 지도 교사로 참여할 수 있을 것이란 오해가 컸다. 학생들이 만든 동아리를 옆에서 지켜봐 주시는 것만으로도 훌륭한 재능 기부라고 말하여 불안해하는 마음을 안정시켰다.

우여곡절 끝에 교사 동아리 4개, 학부모 동아리 3개, 학생 동아리 16개가 만들어졌다. 동아리별 최대 인원은 10명으로 제한하였다. 10명이 넘어가면 적극적인 아이들과 끌려가는 아이들로 나뉘는 것을 많이 경험했기 때문이었다. 이런 이유로 마술부의 경우 마술 1, 2, 3부까지 만들어졌다. 학기 말에는 교사와 부모님들과 함께 모여 동아리 활동 경험을 나누었다. 학부모가 한 말 중, "내 일이 작은 역할이라 생각했는데 아이들이 크게 받아 주어서 정말 고마웠다."라는 말이 기억에 남는다. 그냥 옆에 있어 주는 것만으로도 아이들에게는 큰 힘이 되었던 것이다.

저학년은 또 다른 부분이 문제였다. 아직 돌봄이 더 필요한 1학년인지라 동아리를 해 보자고 말은 했지만 걱정이 앞섰다. 천둥벌거숭이들이 다른 반에 가서 잘 적응할까? 괜히 욕심부린 것은 아닌가 하는 생각도 들었다. 게다가 1학년은 특성상 스스로 동아리를 만든다는 일은 꿈도 꿀 수 없었다. 온전히 교사와 부모님 도움에 기댈 수밖에 없는 상황이라 말 꺼내기조차 미안했다. "1학년 아이들이 원하는 동아리를 운영해 보고 싶은데, 가능할까요?" 에둘러 표현한 부탁에 부모님들의 대답은 뜻밖에도 간단명료했다. "가능하죠." 무엇보다 경험이 최고의 자신감이었다. 그동안 3~6학년에서 학부모 재능 기부를 통해 다양한 동아리를 운영하며 쌓은 자신감이다. 고학년 동아리의 교사로 참여해 온 학부모들이 저학년 동아리 활동에도 큰 역할을 해 준 것이다.

학생들이 원하고 재능 기부가 가능한 활동을 중심으로 10개 동아리를 만들었다. 동시와 동요, POP, 요리, 창의 미술, 재활용 아트, 과학 놀이, 실외 놀이, 북 아트, 일본어, 음악 줄넘기. 4주 동안 가장 돋보인 것은 부모님들의 협력이었다. 진행 교사와 보조 교사로 역할을 나누어 원활한 활동을 이끌었다. 특히 사진 담당을 따로 두어 동아리의 활동 내용과 과정을 학부모 SNS를 통해 공유하였다. 맞벌이 등의 이유로 동아리에 참여하지 못하는 부모님을 위한 배려였다. 반응은 폭발적이었다. 마음은 있지만 선뜻 용기가 나지 않았던 학부모들이 2학기에는 동아리 교사로 활동하겠다며 앞다투어 신청했다. 아이를 위하는 동아리 활동이 학부모들의 자발적 참여 문화까지 이끌어 낸 것이다.

생태 교육
학교, 농부를 꿈꾸다

"어휴, 농사는 아무나 짓나요? 학교에서 무슨 농사까지 ⋯⋯."
과연 국어, 영어, 수학만 진짜 공부일까?
머리가 아니라 몸으로 배우고 익히는 교육도 필요하지 않을까?

혁신학교에서는 생태 교육을 소중히 여긴다. 땀과 노동의 가치를 머리가 아닌 온몸으로 배우는 시간이기 때문이다. 돌을 고르고 잡초를 뽑는 동안 땀의 소중함을 몸으로 체험한다. 물을 주고 수확하는 과정을 거치며 노동의 정직함을 배우게 된다. 이는 생명의 소중함을 배우는 시간이기도 하다. 가끔씩 길 위에 나와 있어 사람을 깜짝 놀라게 하는 징그러운 지렁이, 발로 함부로 밟고 지나가던 그 지렁이를 우리 텃밭을 지켜 주는 귀중하고 가까운 친구로 받아들이는 것이다. 잡초라 여긴 풀들이 거름이 된다는 사실을 깨달으면 풀 한 포기도 가볍게 생각하지 못하게 된다.

때로는 생태 교육이 자신을 되돌아보는 성찰의 시간이 되기도 한다. 매일 오르던 학교 뒷산, 그 길을 걸었을 뿐인데 분하고 노여운 마음이 사라진다는 말을 자주 듣는다. 작은 식물 하나를 돌보았을 뿐인데 어쩐지 마음이 통하는 친구를 얻은 것 같다는 글을 읽게 된다. 매일 즐겁게 텃밭에 가는 친구가 이런 말을 했다. "텃밭에 가면 마음이 편해요. 지난번 제가 딴 상추로 비빔밥을 해 먹었거든요. 반 친구들이 고맙다고 했어요. 야영 때도 제가 딴 상추와 고추로 삼겹살 파티 할 거예요." 정성스레 키운 생명을 누군가에게 나눠 주어 그 사람에게 의미 있는 이가 된다는 것, 특별하고 소중한 경험이다. 생태 교육이 준 기쁨이고 땀 흘린 사람만이 누리는 즐거움이다.

학교 텃밭 만들기

혁신학교에서 하는 생태 교육은 학교 텃밭(상자 텃밭, 옥상 텃밭)이나 텃논 가꾸기, 숲 속 체험, 전문 기관과 함께하는 생태 교육 등으로 나눌 수 있다. 이 중 학교에서 가장 손쉽게 운영할 수 있는 것이 학교 텃밭이다. 학교 텃밭은 공간을 확보하는 일이 관건이다. 1층 화단과 학급 창가를 활용해 보자. 안전만 보장되면 옥상 텃밭을 추진해 보는 것도 좋다. 학교 텃밭을 준비할 때는 다음 사항을 점검한다.

- 텃밭 상자와 흙 등을 구입할 예산이 책정되어 있는가?
- 지자체에서 지원하는 학교 텃밭 사업이 있는가?
- 화단, 옥상 등 텃밭으로 활용 가능한 공간이 있는가?
- 옥상을 활용할 경우 안전 문제는 어떻게 해결할 것인가?
- 교과를 재구성하여 생태 프로젝트 학습으로 운영이 가능한가?

학기 말에 텃밭을 운영할 반과 학년을 조사한다. 조사 결과를 바탕으로 텃밭 상자와 흙 등을 구입하기 위한 예산을 편성한다. 텃밭 상자를 만들 때 새것을 구입하기보다 스티로폼 등을 재활용하면 예산도 아끼고 환경을 보호한다는 뜻도 살릴 수 있다. 학기 초에 급식실에 미리 부탁해 준비해 두면 좋다. 최근 도시 텃밭이 인기를 얻으면서 지자체가 지원을 해 주는 경우도 있다. 제때 신청을 하면 텃밭 상사, 흙 등을 제공받을 수 있다. 지자체에 따라 전문 강사 교육을 지원하기도 한다. 주로 12월 말에서 3월 초 사이에 해당 공문이 발송되니 꼼꼼히 챙기자.

여유 공간이 없는 학교라면 옥상 텃밭을 추천한다. 대신 안전 점검이 필수다. 옥상 벽의 높이와 바닥이 미끄러운 정도를 꼼꼼하게 확인한다. 그래도 불안하다면 안전을 위한 울타리를 설치하거나 일정 시간만을 개방하는 방법도 있다. 텃밭 지도 교사와 함께 출입하는 것을 원칙으로 하되 학생, 학부모 텃밭 동아리를 만들어 도움을 청해 보는 것도 좋다. 옥상 텃밭의 경우 물 주기가 쉽지 않고 물도 금방 마른다. 따라서 빗물을 활용할 수 있는 취수통을 마련한다. 김장할 때 많이 쓰는 플라스틱 통 크기가 적당하다. 그리고 여름 방학이 되기 전 텃밭 상자를 사람들이 자주 다니는 1층 화단으로 옮겨 관리한다.

학교 텃밭은 교과를 재구성하여 생태 프로젝트 학습으로 운영하는 것이 좋다. 예를 들어 음악 시간을 활용하여 자연과 관련된 노래를 부르고, 미술 시간에는 텃밭 작물을 관찰하고 그림을 그리게 할 수 있다. 국어 시간에는 텃밭 사랑 광고를 만드는 방법이 있다. 마무리는 실과 시간에 음식 만들기 활동으로 하면 좋다. 텃밭에서 직접 딴 상추와 고추로 비빔밥을 만들어 직접 기른 채소를 친구들과 나누게 하자.

주제	단계	차시	활동 내용	교과 추출 내용		
				과목	단원	차시
아낌 없이 주는 나무	알아 보기	1~7	식물의 역할과 종류 알아보기	실과	6. 식물과 함께하는 생활	4
			협동과 봉사의 의미 알기	도덕	9. 서로 돕고 힘을 모아	3
	체험 하기	8~19	'나무의 노래' 부르기	음악	6. 함께 불러요	2
			자연 놀이를 하고 숲 속에서 아름다운 무늬를 찾아 사진에 담기(숲 속 체험 학습)	창체	자연 놀이 하기	4
				미술	1. 색의 변화	
			매체를 사용하여 무늬 발표하기	미술	9. 사진과 영상	2
			텃밭 가꾸기	실과	6. 식물과 함께하는 생활	2
			텃밭 작물을 관찰하고 자세히 그리기	미술	4. 관찰 표현	2
	실천 하기	20 ~25	자라는 과정 연작으로 그리기	미술	4. 관찰 표현	2
			숲, 텃밭 사랑 광고 만들기	국어	6. 깊이 있는 생각	2
			한 그릇 음식(비빔밥) 만들기	실과	2. 나의 영양과 식사	2
시수 합계						25

추수한 쌀 여섯 가마니를 어떻게 쓸까?

저학년에서도 텃밭을 해 보겠다고 했다. 콘크리트로 뒤덮인 강당 옆 공간을 텃밭으로 바꾸었는데도 공간이 부족했다.

"논농사를 지어 보면 어떨까요?"

6학년 텃논은 이렇게 시작했다. 의도하지는 않았지만 결과석으로 생태 교육의 큰 틀을 완성했다. 1~2학년은 옥상 텃밭, 3~4학년은 학교 텃밭, 5~6학년은 텃논 형태로 생태 교육을 하게 되었다. 요즘 학교는 콘크리트 건물과 작은 운동장, 좁은 화단이 전부인 경우가 많다. 이런 상황에서 생태적 상상력을 발휘해 학교 안에서 활용 가능한 곳을 찾고, 시선을 밖으로까지 넓힌 것이다.

텃논을 하자고 말은 했지만 쉽지 않았다. 학교에서 논을 빌린 사례가 드물어 어떻게 논을 임대해야 할지 난감했다. 조현 초등학교 등 텃논을 운영한 경험이 있는 학교에 연락하여 행정적으로 필요한 부분이 무엇인지 자문하기도 했다.

가장 큰 어려움은 논을 찾는 일이었다. 논 전체를 빌리는 것이 아니라 일부를 대여하는 방식이라서 더 힘들었다. 우리 쪽에서 괜찮다고 생각한 논이 있어도, 논을 소유한 쪽에서 아이들에게 맡기면 논이 망가진다며 꺼려했다. 너무 멀거나 넓어 감당하기 어려운 경우도 많았다. 학교의 힘만으로는 해결하기 어려워 지역과 학부모, 동문회에 도움을 요청했고, 결국 학교 근처 논을 어렵사리 얻을 수 있었다. 학교 동문 선배님이 학교의 어려운 사정을 듣고 선뜻 빌려 주었다.

고마운 일이 많았다. 논농사를 해 보면 교사와 아이들의 힘만으로 감당하기에는 벅찬 경우가 많다. 농기계가 필요할 때가 대표적이다. 모내기 전 논갈이, 쓰레질 하기, 논물 보기, 모 키우기, 탈곡하기 과정에서 특히 많은 도움을 받았다.

우여곡절도 있었다. 논의 실제 주인과 빌려 준 사람이 달라 애를 먹은 것이다. 요즘은 논을 소작 주는 경우가 많다. 땅 주인과 계약을 맺은 줄 알았는데 빌린 땅을 다시 빌린 모양새가 된 것이다. 의도하지 않았지만 행정적인 실수를 한 셈이다. 땅 주인을 만나 학교에서 논농사를 하는 취지에 대해 설명하고 양해를 구했다. 땅 주인이 즐거운 마음으로 이해해 주어서 다행이었다.

한 해 농사를 마무리하자 고민이 생겼다. '추수한 쌀 여섯 가마니를 어떻게 쓸까?' 하는 문제였다. 그중 한 가마니는 작년처럼 10월에 있을 '해누리 책 축제' 때 인절미 만들기 부스에서 사용하기로 결정했다. 남은 다섯 가마니를 어떻게 해야 할지 의견이 다양했다. 1~6학년 전체에서 우리가 추수한 쌀로 밥을 하자는 의견과 떡을 만들자는 의견이 팽팽했다. 토론 수업으로 이어졌다. 추석 때처럼 햅쌀로 밥을 해 먹는 것이 의미가 있다는 의견이 나왔고, 한 번에 그렇게 다 먹으면 너무 아쉽다는 반대 의견도 만만치 않았다. 가래떡을 만들어 나누어 먹자고 하니 보통 떡은 묵은쌀로 만드는데 100% 유기농 햅쌀로 떡을 하기는 아깝다는 의견도 적지 않았다. 한 번에 결정하기 어려워 반별로 좀 더 이야기를 나누고 6학년 전체가 의견을 모으기로 했다. 최종 의견은 떡을 만들어 학교 전체에 돌리고, 6학년은 가족들과 한 번 밥을 해 먹을 정도의 쌀을 집에 가져가기로 했다. 그래도 남은 쌀은 마을에 홀로 계신 어르신들께 전달하기로 했다. 이때 많은 친구들이 함께 가고 싶어 했다. 어떤 마음인지 이해가 되었다. 자신들이 흘린 땀이 소중히 쓰이는 장면을 직접 보고 싶은 마음이었을 것이다. 텃논에서 나온 우리 쌀이 학교와 마을을 따뜻하게 채워 주었다.

독서 교육
온작품 읽기

책 읽기와 독서 교육의 중요성에는 다들 동의하지만
'어떻게'는 여전히 어려운 문제이다.
우리 독서 교육이 나 홀로 책을 읽고 나 홀로 감상문을 쓰게 하는
활동에 그치고 있는 것은 아닐까?

아이들이 책과 가까이 지냈으면 하는 바람을 담아 학교마다 펼치는 노력은 참으로 깊고 넓어 보인다. 읽은 책의 권수를 교실 벽면에 게시하기도 하고, 독서록 쓰기 과제를 꾸준히 내기도 하며, 각종 독후 활동 행사를 진행하기도 한다. 또 책 읽어 주기, 책 돌려 읽기를 진행하기도 한다. 이런 노력을 해도 아이들의 관심은 만화책이나 판타지 소설 등 흥미 있는 책에만 몰린다. 그리고 학년이 올라갈수록 책 읽기를 싫어하는 아이들이 늘어난다. 이런 현실 속에서 혁신학교의 독서 교육은 어떻게 방향을 잡아야 할까? 혁신학교의 대표적인 독서 교육 활동이 바로 '온작품 읽기'다.

온작품 읽기는 온전한 형태의 텍스트를 다 함께 읽고 함께 나누는

활동이다. 많이 읽기보다는 깊이 읽기가 중요한 목표이다. 책을 읽는다는 행위는 문자 해독을 넘어서는 일이다. 한 작품에 푹 빠져서 그 맛을 제대로 음미하는 경험은 매우 중요하다. 그런 경험을 해 본 독자만이 다른 작품도 깊게 읽을 수 있는 힘을 지니게 된다. 좀 더 온전한 형태의 책을 읽고 그 맛을 제대로 느낄 수 있도록 하는 것이 또 하나의 목표다. 교과 안에서 읽기는 특정한 목표에 도달하기 위한 도구로 사용되는 경우가 많다. 그래서 보통 편집된 형태의 텍스트가 주를 이룬다. 그런 부분적이고 단편적인 읽기에서 벗어나, 편집하지 않은 온전한 원작을 읽고 그 재미와 감동을 느끼게 하자는 운동이 온작품 읽기인 것이다.

온작품 읽기 운영하기

온작품 읽기를 진행할 때는 학급의 모든 아이들이 똑같은 책을 읽는다. 그리고 교과 수업 시간을 활용하여 책 이야기를 나누기도 하고, 읽은 내용과 관련된 경험을 공유하기도 한다. 또 필요한 질문을 마련해 보기도 하고, 토론이나 몸으로 표현하기 같은 활동과 연결하여 진행하기도 한다. 그뿐만이 아니다. 글쓰기 활동이나 미술 활동으로 이어 가기도 한다. 때에 따라서는 작품을 쓴 '작가와의 만남'을 하는 경우도 있다. 이런 과정을 거치며 아이들은 작품을 좀 더 깊이 있게 읽고, 입체적으로 맛보며 해석하는 경험을 하게 된다. 여럿이 같은 책을 읽은 뒤 자기 느낌과 경험을 나누는 과정에서 얻게 되는 교사와 아이들, 또는 아이들끼리의 인간적인 교감도 크다.

온작품 읽기에서는 작품을 고르는 일이 가장 중요하다. 주로 문학 작품을 선정하여 읽기를 진행하는데, 당연히 문학이 주는 감동과 재미가 첫째 조건이 된다. 또 아이들의 삶을 헤아려야 한다. 이 시기에 어떤 주제를 공부하고 있는지, 아이들의 삶 속에서 어떤 이야기가 중요한지 생각해 보아야 한다. 사람마다 책을 보는 안목과 경험이 다를 수밖에 없다. 따라서 책을 고를 때 부족함이나 어려움을 느낀다면, 같은 학년 교사들이나 둘레에 뜻이 맞는 교사들이 함께 모여 지혜를 모으는 것도 좋은 방법이 된다.

온작품 읽기는 책 읽기를 일상 수업 시간으로 옮겨 온 것이다. 하지만 개인의 책 읽기를 수업 시간에 하기에는 어려움이 많다. 책을 읽는 속도가 아이들마다 다른 데다, 수업 시간(주당 2시간)이 한정되다 보니 자칫 책 읽는 활동 자체에만 집중하여 나 홀로 책 읽기에 그칠 가능성이 크기 때문이다. 따라서 온작품 읽기를 계획할 때는 교육과정 재구성을 통해 시간을 정기적으로 확보한다. 그리고 개인적인 책 읽기는 수업 전에 미리 하고, 수업 시간에는 함께하는 책 읽기 활동을 진행하는 방법이 좋다. 물론 그림책의 경우 선생님이 읽어 주는 것도 작품의 맛을 제대로 전달하는 방법이 되기도 한다.

함께하는 활동은 경험이나 느낌 나누기, 몸으로 표현하기, 그리기나 만들기, 밑줄 긋기, 짧게 느낌 쓰기 등으로 구성해 본다. 학년이 차츰 올라가면서 질문 만들어 답해 보기, 독서 감상문 쓰기, 토론하기 등 사고력이 더 필요한 활동으로 수준을 높여 가면 좋다. 이 활동들은 특정 활동이나 목표를 위해 텍스트를 사용하는 선에서 그쳐서는 안 된다. 텍스트를 좀 더 깊이 있고 입체적으로 만나기 위한 과정이고 방법이 되어야 한다.

함께 매주 한 권의 책을 읽고, 함께 책 속으로 더 깊게 들어가 보는 경험을 공유하는 일은 참 즐겁다. 하지만 자칫 잘못하면 매주 한 권의 책을 읽어야 한다는 것이 아이들에게는 부담이 될 수도 있다. 또 책 읽기가 꼭 해야 되는 지루한 공부가 되어 버릴 우려도 있다. 이러한 폐단을 막으려면 책을 고르는 과정에서 책의 수준을 고려하여 배치하고, 아이들이 즐거움을 잃지 않도록 다양한 활동을 하며 융통성 있게 독서 과정을 운영해야 한다.

온작품 읽기는 아이들에게 독서의 재미와 맛을 알려 주는 일, 삶 속에서 꾸준히 책 읽기를 하는 기회를 만들어 주는 일, 함께 책 읽는 즐거움을 알게 해 주는 일, 그리하여 평생 독자의 바탕을 마련하게 도와주는 일이다.

- 국어 교과를 비롯한 각 교과의 성취 기준을 검토하여 주당 2시간 가량을 확보한다.
- 주제 중심으로 수업을 재구성할 경우 관련 주제 수업과 통합하여 진행하는 방법도 있다. 부명 초등학교의 경우는 책을 중심에 두고 진행하는 인문학 중심 교육과정을 운영하고 있다.
- 함께 읽을 책을 선정하면 아이들에게 미리 안내하여 수업 시간 전에 읽게 한다.
- 학교 예산을 검토하여 아이들 수만큼 구입할 수 있는 책은 구입하고, 그렇지 않은 경우 각 가정에 자세하게 안내하고 협조를 구한다. 큰 학교의 경우 2~3학급 분량을 구입하여 돌려 읽기 형태

로 진행할 수도 있다.

- 각각의 책에 맞는 다양한 활동을 구상한다. 처음에는 교사가 활동을 구상하고, 차차 아이들과 함께 이야기를 나누며 활동을 전개하면 좋다.
- 활동 모습과 결과물을 담아 책 소식지를 만들어 전시하는 방법도 있다.
- 예산 확보가 가능하다면 책을 쓴 작가와 직접 만날 수 있는 기회를 마련해 보는 것도 좋다.

마음과 느낌을 모아 함께 읽다

3월은 새 학년이 시작되는 시기이므로 서로를 알아 가는 과정이 중요하다. 선행 초등학교의 5학년 전체에서 3월 한 달 동안 자존감, 공동체라는 가치를 중심에 두고 아이들과 작품을 나누는 시간을 마련했다. 그림책은 한 주에 2시간씩 이야기를 나누었고, 옛이야기는 국어 시간에 별도로 시간을 마련해 진행했다.

그림책의 경우 학기 초에 교실에 함께 모여 앉아서 교사가 책을 읽어 주는 방법으로 진행했다. 아이들에게 글은 선생님이 읽을 테니 그림만 따라오면 된다고 했다. 그림책을 읽고 난 후에는 작품에 대해 이야기를 나누었다. 필요에 따라 줄거리나 내용을 다시 확인하는 과정도 있었지만 "읽고 나니 어때?", "무얼 말하려는 걸까?" 같은 질문을 하여 아이들이 자신의 생각을 편안하게 표현하도록 하였다. 이야기의 마지막에는 그림책의 주제를 우리 반과 연결해 보도록 했다. 그림책을 주제를 달성하기 위한 재료로 활용하기보다는 그림책을 읽어 가면서 자연스럽게 우리(반)의 이야기로 연결하게 하려는 의도였다.

5월에는 가족을 주제로 하여 온작품 읽기를 진행했다. 이때는 그림책, 장편 동화를 활용하였다. 실과, 도덕, 국어, 미술 교과에서 성취 기준과 수업 시수를 분석한 후에 국어 수업 시간 중 주 2회 정도를 온작품 읽기와 관련된 수업으로 진행하였다.

온작품 읽기를 고려한 교육과정 재구성을 위해서는 관련 교과에서 성취 기준을 추출하여 연관된 주제끼리 통합하는 과정이 필요했다. 교과 통합 과정은 단원별이 아니라 한 학기나 일 년을 기준으로 교과 성취 기준을 분석하는 것이 적절하다. 성취 기준을 분류하다 보면 영역별로 너무 많은 성취 기준이 흐트러져 있는 것을 알 수 있다. 그래서 모든 성취 기준을 연결하기보다는 교과별로 제시된 핵심 성취 기준을 가지고 작업을 진행했다.

수업 시수의 경우에는 '무엇이 가장 중요한가.'를 기준에 두고 내용에 따라 시간을 배분했다. 국어, 도덕, 실과, 미술 등 주제와 관련된 시간 이외에도 필요한 경우 창의적 체험 활동 시간을 활용하기도 했다. 온작품 읽기의 경우에는 시간에 쫓기다 보면 작품과 아이들의 삶에 대해 깊게 이야기하지 못하고 형식적으로 지나가 버리는 문제가 생길 수 있다. 그렇기에 작품을 읽고 이야기를 나눌 주제, 실행할 활동을 정리하여 시수를 배정한 후 별도로 2시간 이상씩의 여유 시간을 두었다. 그리고 이를 담임 교사가 상황에 따라 적절하게 활용하게 하였다.

협력 교사
모두 교사가 되다

"내 교실, 내 수업은 내가 책임져야지. 내 수업에 누가 들어오는 건 싫어."
교사가 모든 분야에 전문가가 될 수는 없다. 더 많은 어른과 함께일 때
아이들은 더 풍부한 경험을 얻을 수 있지 않을까?

　　　　　학교는 규격화된 자격증을 딴 사람만이 아이들을
만나고 가르칠 수 있는 폐쇄적 공간이 되어 버린 지 오래다. 그 개인
이 아무리 훌륭하다 해도, 수십 명의 아이들이 단 한 명의 어른을 보
며 성장한다면 이는 너무 빈약한 환경이다. 교사 개인의 한계를 넘어
서지 못하는 폐쇄성은 교사에게도 아이들에게도 유익하지 않다.
　혁신학교는 그런 규칙들을 벗어나려 하고 있다. 공간을 열고 누구
든 선생이 되어 아이들을 만날 수 있도록 프로그램을 짜기도 한다. 학
교 바깥의 수많은 선생님들을 향해 아이들을 도와 달라고 손을 내밀
고 있다. 문화·예술 분야, 체육 분야, 생태와 농사 등 여러 분야에서
전문적 재능을 갖춘 분들이 오기도 하고 학부모와 지역 단체의 활동

가들이 오기도 한다. 체험 학습에 아이들과 동행하는 일부터 놀이마당 부스 운영 도우미, 요리 수업, 미술 수업, 목공 등 교육을 위해 학교에 오는 분들을 우리는 협력 교사라 부른다. 협력 교사란, 담임 교사 외에 누구든 아이들 교육에 도움을 주는 사람이라면 얻게 되는 이름이다. 아이들은 마을의 수많은 어른들을 모두 선생님으로 모시며 성장한다. 물론 학교마다 협력 교사 외에 다른 이름을 사용하기도 한다.

협력 교사제 준비하기

외부 전문가들이 진행하는 문화·예술 교육, 숲 해설, 독서·논술 교육, 체력 증진 프로그램 등은 아이들의 배움을 알차게 한다. 이런 교육은 아이들과 학부모들의 만족도가 아주 높은 편이다. 교사들도 협력 교사제를 경험한 후에는 무엇이든 혼자 하는 것보다 함께하는 편이 아이들을 훨씬 더 잘 도울 수 있다는 점을 깨닫게 된다. 협력 교사제를 준비할 때는 대체로 다음과 같은 과정을 거친다.

- 교육과정을 기획할 때 전문가나 지역, 학부모 등의 도움이 필요하거나 함께할 수 있는 내용을 확인하기
- 협력 교사를 운영할 때 예산이 필요한 부분 정리하기
- 12~2월 중에 다음 해 계획에 맞는 외부 단체나 전문가 섭외하기
- 교육 활동의 기획 단위에서 협력 교사와 담임 교사, 혹은 해당 학년 교사들이 함께 의논하기
- 학부모 협력 교사는 3월 초 학부모회 구성 시 학교에서 필요한 내

용을 안내하여 협력 교사 활동 신청서를 미리 받기

- 여러 분야의 협력 교사, 단체, 지역의 전문가, 학부모 동아리 등의 네트워크를 정리하여 자료화하기
- 협력 교사 활동이 끝난 후 평가 자료를 남겨서 다음 해에 반영하기

협력 교사제 운영하기

학교 전체에서 동시에 협력 교사제를 적용하는 경우는 문화·예술 교육 분야일 때가 많다. 아틀리에 학습 또는 다빈치 프로젝트 등 문화·예술 분야의 강사를 섭외하여 매주 한 블록씩 기타, 오카리나, 가야금, 발레, 도예, 미술 등 아이들이 선택한 부서에서 예술 수업을 진행하는 프로그램이다. 숲 체험 프로그램은 숲 해설가와 함께하는 활동으로 한 학급당 숲 해설가 2명 정도가 함께 운영하면 적절하다. 이 밖에도 학교 사정에 따라 연극, 독서 등의 분야를 협력 교사제로 운영할 수 있다.

학교 전체에 적용하기 어려운 경우에는 학년별로 협력 교사제를 운영할 수도 있다. 예를 들면, 체력 증진 프로그램을 운영하여 체육 전문 강사가 와서 여러 가지 체력 강화 활동을 할 수 있고, 음악과 연계하여 북, 무용, 민요, 장구 등을 배우는 국악 교육 활동을 진행할 수도 있다. 국어 수업 시간과 연계해 독서·논술 강사와 함께 진행하는 독서 수업, 수학 협력 교사와 팀을 이루어 수학을 어려워하는 아이에게 도움을 주는 교육도 가능하다. 다문화 관련 단체와 연계해 다문화 체험 활동을 진행하는 다문화 프로젝트나 국어, 미술, 체육 등의 교과와 연계하여 연극 놀이 활동을 프로젝트로 운영할 수도 있다.

혁신학교에서는 독서, 요리, 목공, 디자인 등 학부모 동아리가 운영되고 있는 경우가 많다. 따라서 학부모 동아리 활동과 연계해 학년이나 학급에서 요청한 영역의 수업을 담임 교사와 함께 준비하여 팀 티칭으로 진행하는 방법이 있다. 경우에 따라서는 체험 학습의 인솔 도움 활동, 놀이마당 부스 도움 활동 등 다양한 학년이나 학급의 요청에 따라 학부모들이 협력 교사로 봉사하기도 한다. 화전 만들기, 봉숭아 물 들이기, 송편 빚기, 축제 준비하기, 캠핑 활동, 농사 활동, 학습 준비물 제작 활동 등에서 저학년은 특히나 담임 교사와 학부모 협력 교사의 협력이 필요할 때가 많다.

협력 교사가 참여하면 수업에 다양함을 줄 수 있다. 다만 이 과정에서 담임 교사와 협력 교사의 역할을 어느 정도 구분해야만 즐거운 수업이 된다. 협력 교사가 참여하는 수업 중에 학부모 교사가 수업을 지원하는 역할을 맡을 때에는 담임 교사가 주 수업자가 되고, 협력 교사가 도움 교사 역할을 해야 한다. 하지만 문화·예술 프로젝트, 숲 해설, 독서·논술 교육, 체육, 학부모 재능 협력 수업 등에서는 협력 교사가 주 수업자가 되고 담임 교사는 도움 교사의 역할로 물러설 줄 알아야 한다. 이때 유의할 점이 두 가지 있다. 첫째, 어느 경우든 모든 협력 교사에게는 기본적으로 '선생님'이란 호칭을 사용하는 것이 좋다. 둘째, 협력 교사가 교육 활동을 할 때에 담임 교사는 팀 티칭을 위해 절대 배움 현장을 떠나지 말아야 한다.

교실에 활기를 더하는 협력 교사

시작은 가장 어려웠지만 어떤 면에서는 가장 쉽고 효과적이었던 제도가 바로 협력 교사제였다. 협력 교사제를 시작할 때는 교사에 대한 인식의 벽이 어려움으로 다가왔다. '수업은 교사만 하는 것이다. 자격증이 없는 사람은 아이들을 만나면 안 된다. 정규 시간에 교사 외의 다른 사람이 아이들을 만나면 안 된다.', '협력 교사가 수업을 하다가 문제가 생기면 누가 책임을 지느냐?', '나의 수업을 보여 주는 환경은 싫다. 내 교실, 내 수업은 다른 이에게 열어 보일 수 없다.' 이런 선입견에서 벗어나는 것이 말처럼 쉽지는 않았다.

어른들은 외부인(?)이 아이들을 만나는 일을 조심스럽게 여겼지만 아이들은 환호했다. 단단한 인식의 벽은 협력 교사가 진행하는 수업을 한두 번 경험하면서 바뀌어 갔다. 교사는 물론 학부모들도 마음의 벽을 허물기 시작했고 어느새 협력 교사가 해 주면 좋을 활동을 구상하기도 했다. 그렇게 문턱을 낮추자 교실에는 다양한 선생님들이 공존하게 되었다.

아이들은 종일 같은 담임 교사와 지내기 때문에 교사의 얼굴만 바뀌어도 이를 새로운 자극으로 인식한다. 학부모 협력 교사가 송편 빚기나 화전 만들기만 하러 와도 신명 나 기뻐하는 아이들을 볼 수 있었다. 매일 보는 담임 교사 외의 새로운 얼굴만이 일으킬 수 있는 환기 효과다. 다양한 재능을 갖춘 분들이 교실로 와 담임 교사와 함께 다양한 프로젝트를 진행하면, 아이들은 평소 지루하게 여겼던 활동이라도 거기에 금세 몰입한다.

혁신학교가 즐겁다고 하는 이유가 이렇게 수업을 다양화하기 때문이다. 절대 한 사람이 모두를, 오래 만족시킬 수는 없다. 아이들은 더 많은 어른이 동시에 존재해야 더 잘 배울 수 있다. 그런 가르침과 배움을 위해 혁신학교는 협력 교사제를 활용하는 것이다.

Q 아침맞이를 하지 않는 반이 있을 때는 어떻게 해야 하나요?

아침맞이 인사를 하기로 약속했는데 함께하지 않는 선생님이 있다면 어떻게 해야 할까? 교장·교감 선생님이 아침마다 돌아다녀야 할까? 그럴 때는 이솝 우화 '나그네 외투 벗기기'의 지혜가 필요하다. 교사 스스로 아침맞이가 필요하다는 생각을 하지 않는다면 자발적으로 참여하기 어렵다. 당연한 말이지만 자발적이지 않은 활동이 긍정적인 영향력을 발휘할 리도 없다. 그래서 '나도 한번 해 볼까?' 하는 마음이 생기게 하는 일이 중요하다.

많은 혁신학교에서 사용하는 공개와 공유의 전략을 써 보자. 학기 말에 하루 날을 정해 아침맞이 경험을 함께 나누는 것이다. 이런 사소한 일 때문에 모두가 시간을 맞춰 만날 필요가 있는지 의문이 들 수도 있다. 하지만 사소하다는 것은 쉽게 접근할 수 있다는 뜻이기도 하다. 대신 잊지 말아야 할 점이 있다. 아침맞이는 반드시 해야만 하는 활동이 아니라는 점이다. 모든 혁신학교가 아침맞이를 하는 것도 아니다. 다만 함께 아침맞이를 하기로 약속했는데도 자발적으로 참여하지 않는 동료들이 있다면 스스럼없이 솔직한 마음을 나누는 자리를 마련해 보는 것이 좋겠다는 뜻이다. 그 자리에서는 아침맞이 경험을 나누는 것은 물론, 아침맞이를 계속 이어 갈지도 이야기할 수 있다. 아침맞이를 시작한 본래의 의도를 되새겨 학생과 교사의 따뜻한 관계에 대해 성찰하는 시간을 공유하고, 자발적 참여를 유도하거나 새로운 대안을 마련할 수도 있을 것이다.

Q 교사 회의를 할 때 의견이 대립하기만 하고 합의가 되지 않는다면 어떻게 해야 하나요?

혁신학교 초기에는 서로 합의하고 약속할 것들이 많다. 그러나 모든 선생님들의 의견을 고루 반영해 모두가 만족하는 결과를 끌어내기란 쉽지 않다. 각자 중요하게 여기는 자신만의 교육 방식과 교육 철학이 있기 때문이다. 블록 수업이나 중간 놀이의 운영 여부, 방식에 대한 생각이 모두 다르기 마련이고, 상장을 주는 것에 대한 의견도 다를 수 있다. 더구나 교사 승진에 필요한 청소년 단체나 영재반 운영 여부 등이 걸릴 경우에는 첨예하게 의견이 대립하기도 한다.

3월 초에 교사 회의에 대한 규칙을 정할 필요가 있다. 축구와 야구의 경기 규칙처럼 교사 회의의 규칙을 정하는 것이다. 우선 안건에 대한 결론을 어떻게 최종 결정할 것인지 그 방법을 먼저 논의해 보자. 합의로만 결정할지, 다수결이 필요한 상황을 인정할지 이야기를 나눈다. 다수결이 필요하다면 어느 정도가 동의해야 인정할 것인지도 정한다. 전원 협의든 다수결이든 결론을 내는 방식을 미리 정해 두면 앞으로 회의 과정에서 생길 수 있는 마찰이나 갈등을 줄일 수 있다. 예를 들면, 회의 참석 인원의 3/4 정도가 동의한다면 의견이 다르더라도 함께 실천한다는 약속을 하는 것이다. 물론 그 전에 충분한 논의와 설득의 시간을 보내야 할 것이다.

회의 규칙을 정하는 과정이 왜 중요할까? 나는 비록 동의하지 않지만 우리 구성원들이 합의한 회의 규칙에 따라 함께 실천한다는 내부적인 규범이 세워지기 때문이다. 관용과 배려의 정신을 발휘하여 우리 공동체의 뜻을 존중하는 마음을 키우는 것이다. 같은 맥락에서 교사 회의 시간, 발언 횟수, 회의를 여는 데 필요한 최소한의 인원 등 진행 방법을 함께 정해 보는 것이 좋다. 작은 약속이 의미 있는 회의를 만든다.

Q 동아리 활동을 할 때마다 싸우는 아이들을 어떻게 해야 할까요?

학생 중심으로 동아리 활동을 해 보려 하지만 결코 쉽지 않다. 설상가상으로 아이들이 모이기만 하면 싸우니 예전처럼 각자 자기 반에서 알아서 진행하면 좋겠다는 말이 나온다. 동아리 활동은 사람이 만나는 일이기에 갈등이 생길 수밖에 없다. 위기는 기회라 했던가? 회피하기보다는 잘 준비하여 갈등을 풀어 보자. 무엇보다 갈등이 생겼을 때 상황을 해결하는 원칙이 있어야 한다.

1~3학년의 경우에는 교사와 학부모들이 모여 동아리 활동 지도 방법에 대해 몇 가지 약속을 정해 보자. 4~6학년에서는 동아리 활동 규칙을 학생들과 함께 정해 보는 것이 좋다. 예를 들어 '활동 시간에 늦지 않기, 내 주장만 하지 않기, 다툼이 있을 때는 선생님에게 도움 청하기' 등의 규칙을 정하는 것이다. 약속이 지켜지지 않았을 때 어떻게 하면 좋을지도 정한다. 하지만 이렇게 정한 규칙을 어떤 반은 지키고 어떤 반은 지키지 않을 때, 혼란이 생긴다. 학생과 교사가 함께 정한 규칙은 모든 반에서 동일하게 지켜져야 한다. 교사부터 솔선수범하는 모습이 필요하다.

Q 동아리 활동이 자발적으로 지속될 수 있게 하고 싶어요. 지원할 수 있는 방법은 무엇인가요?

동아리 활동을 아이들에게 전부 맡겨 두었을 때 처음에는 의욕적으로 운영되다가도 꾸준히 이어 가지 못하는 경우가 생긴다. 아이들이 동아리를 만들어 활동 계획을 세우고 실제 활동을 해 가는 과정에서 어느 정도는 교사의 도움이 있어야 한다. 활동을 할 수 있는 시간을 확보해 주는 것도 필요하다. 40분 단위의 수업을 80분 단위로 묶으면 쉴 수 있는 시간이 30분 나오는데, 이 시간을 아이들이 활용할 수 있게 하는 것도 좋다. 또 활동 과정이나 결과를 다른 친구들과 나눌 수 있는 전시 공간이나 공연 공간을 마련해 주는 것도 필요하다. 그런 공간이 마련되면 다른 친구들과 자신의 경험이나 생각을 공유하기도 쉬워진다. 자신들이 활동했던 내용이나 결과를 그때그때 나누는 가운데 자발성도 이끌어 낼 수 있다. 그와 아울러 학생 자치 활동과 연계해 동아리 활동 결과를 나누는 행사를 계획해 보는 것도 좋다.

Q 생태 학습으로 텃논을 가꾸어 보고 싶은데, 농사 경험이 없어도 괜찮을까요?

농사를 직접 지어 본 교사가 몇 명이나 될까? 텃밭이나 텃논에 도전해 보자고 하면 바로 "저는 농사해 본 적이 한 번도 없어요."라고 한다. 혁신학교에서 몇 년 동안 텃밭을 운영한 교사들도 텃밭에 나가면 아직도 어리둥절하다. 그러니 경험이 없다고 고민하고 망설이지만 말고 동아리를 만들자. 씨와 모종 중 어느 것이 나은지, 거름은 무엇을 써야 하고, 풀매기는 어떻게 해야 할지 의논하며 서로 도울 수 있다. 학생들과 함께하면 더 좋다. 빛깔 있는 학급 운영이 될 수 있다. 텃논의 경우 학생과 교사의 힘만으로는 운영하기 어렵기에 학부모 생태 모임을 만들 필요가 있다. 예를 들면, 학부모 생태 교육 지원단이란 이름으로 학부모들이 학교 교육활동에 참여하는 것이다. 이렇게 하면 농사로 학생, 교사, 학부모가 연결되고 생태 학습이 효율적으로 이루어진다.

Q 텃밭 농사를 짓기로 했는데, 일이 힘들다 보니 아이들은 초기에만 참여하고 어느새 교사들의 일이 되었어요.

농사 활동의 초기에는 의욕적으로 이것저것 심어 놓고 바쁜 일상에 치여학생들과 자주 찾지 못하는 경우가 생긴다. 그러면 결국 농사는 어른의 일이 될 때가 많다. 큰 규모로 농사를 지을 때 이런 일이 자주 일어난다. 그럴 경우 농사 활동은 아이들이 작물만 심은 후 거둬 가는 형태로 진행 되기 쉽다. 땀 흘려 작물을 가꾸고 돌보는 과정 없이 수확의 기쁨을 누리 기만 한다면 오히려 농사에 대한 잘못된 생각을 심어 주는 결과가 생길 수 있다. 농사의 여러 과정 중에서 하나라도 제대로 겪어 보게 해야 한 다. 땅을 갈아엎어 이랑도 만들어 보고, 모종이나 씨앗도 심어 보고, 물 도 줘 보고, 풀도 뽑아 보고, 그 후에 수확을 하고 수확한 것을 함께 먹거 나 나누는 활동으로 이어 가는 것이다. 이런 점을 고려하면, 텃밭을 소규 모로 운영해 한 가지 작물이라도 땀 흘리며 온전히 길러 보는 것이 교육 적으로 더 큰 의미가 있지 않을까 싶다. 할 수 있는 것을 선택하되, 아이 들이 주인공이 되어 활동을 이어 나갈 수 있도록 시간과 역할을 마련해 주는 일 역시 중요하다.

Q 학생들이 읽을 책은 어떤 자료를 참고해 선정하나요?

도서 목록을 구할 수 있는 방법은 많다. 도서관이나 독서 관련 단체들이 분야별로 정리해 발표하는 어린이 권장 도서 목록도 있고, 교과와 연계된 도서 목록도 있다. 어떤 책을 아이들과 함께 읽을지 고민할 때는 염두에 두어야 할 점이 있다. 책을 통해 아이들과 나누고자 하는 이야기와 달성 하고자 하는 교육적인 목표도 중요하지만, 그것이 아이들만의 독서가 되 어서는 안 된다는 점을 고려해야 하는 것이다. 그래서 교사인 내가 먼저 읽은 책이어야 한다. 내가 읽었더니 재미있었거나 감동을 받은 책 중에서 선택해 보자. 책을 보는 안목과 식견이 있는 교사들의 도움을 받는 것도 좋다. 안목과 식견이 서로 엇비슷한 경우라면 기존에 정리되어 있는 목록 을 참고하여 함께 읽고 이야기를 나누며 우리만의 도서 목록을 정리해 나 가는 방법이 좋겠다. 어느 단체나 개인이 정리한 도서 목록이 우리 학교에서 우리 아이들과 함께 읽기에 적절한 목록이라는 보장은 없기 때문이다. 우리 아이들을 가장 잘 아는 사람은 아이들과 함께 지내는 교사들이다. 여러 자료를 참고하되 자신의 경험과 동료의 지혜를 믿는 마음을 잊어서는 안 된다.

그럼에도
불구하고

13월의 교육 활동에서도 담지 못한 이야기가 '당연히' 많다. 못

다한 이야기를 나누기 위해 필자들이 다시 한자리에 모였다. '소

통·열정·아이들'을 주제로 혁신학교에서의 삶을 돌아보고, '그럼

에도 불구하고' 제도적인 한계나 어려운 점이 무엇인지, '그럼에

도 불구하고' 혁신학교가 좋았던 점이 무엇인지 못다 한 이야기

중 몇 가지를 골라 얼굴을 마주 보며 이야기를 나누었다. 혁신학

교를 처음 시작하려는 선생님들에게 힘을 실어 줄 수 있기를 바

라는 마음에서 시작한 대화였기에 어떤 대화보다 길었고, 그래

서 또 짧았다.

혁신학교를 푸는 열쇠,
소통·열정·아이들

우리는 '소통'을 제대로 경험한 적이 없었다

● 양영희 혁신학교라고 하면 '소통'을 가장 먼저 떠올리지 않을까 싶어요. 일반 학교에서는 교사와 관리자, 또 아이들과 교사, 교사와 학부모 간에 소통이라는 말이 필요하지 않았죠. 수직적인 관계가 아니라 수평적인 관계에서, 소통을 바탕으로 조직을 운영할 수 있다는 상상을 하기 어려웠던 분위기나 문화 속에 살아왔기 때문이기도 할 거예요. 그래서 혁신학교를 시작하려는 이들 모두가 소통이 필요하다고 말하는 것일지도 모르겠어요. 그런데 제각기 생각하고 있는 소통의 의미나 방법이 굉장히 다른 것 같아요. 그래서 우선 '소통'이 어떤 의미인지, 또 학교에서 소통은 어떤 방식으로 이루어지고 어떤 노력이 필요한지 이야기 나누었으면 좋겠습니다.

● 최탁 많은 사람들이 소통이라는 말의 속뜻을 '내 뜻이 학교 운영에 반영되는 것, 그래서 나의 존재성이 부각되는 것'이라고 생각하는 것

같아요. 그런데 상대와 이야기를 많이 나누면 나눌수록 어떤 경우는 절대 동의하지 못하는 부분이 있을 수 있다는 것을 알게 됩니다. 처음 그것을 확인했을 때 굉장히 괴로웠죠. '소통'이 결국은 '고통'이 되는구나 싶었지요. 소통이 주는 고통 때문에 오히려 관계가 깨질 수도 있겠구나 생각했어요. 그래도 포기하지 않고 계속 이야기를 나누다 보면 사람들이 참 다양하고, 이렇게 다양한 데는 이유가 있다는 것을 체감하게 돼요. 학교에는 굉장히 다양한 사람들이 있고, 이처럼 각기 다른 사람들이 있기 때문에 학교 공동체가 조금이라도 더 완전에 가까워진다는 것, 다른 사람은 나와 다른 것이 당연하다는 것 등을 깨닫게 되었어요. 지금은 소통을 위해 필요한 것이 말보다는 서로를 존중하는 마음, 열린 마음, 겸손함, 겸허함이라는 생각을 해요. 소통을 고민한 지 6년쯤 되어서야 소통의 본질을 조금이나마 알게 된 것이지요. '우리의 민주주의 역사가 짧구나.', '우리에게는 아직 존중하는 문화가 자리 잡지 못했구나' 하는 생각과 함께.

● 고은정 선생님 말씀에 공감해요. 어떤 사람은 소통을 상대의 이야기를 잘 듣고 공감해 주는 것이라고 생각하고 어떤 사람은 소통이 그 사람이 원하는 바를 이루도록 뭔가 해결해 주는 것이라고 생각해요. '존중한다'는 게 뭐고, '소통한다'는 게 뭔지 우리는 한 번도 이야기해 본 적도 없고 제대로 경험해 본 적도 없으니까 사람마다 다르게 생각해요. 그래서 오해가 생기고요. 그러다 보니 똑같이 열심히 하는 교사들이지만 행동이 달라지고 서로 신뢰하지 못하게 되는 것이 아닌가 싶어요. '소통'처럼 우리가 일상적으로 쓰는 단어 하나하나를

깊이 있게 이야기해 봐야 해요.

• 권재우 저는 혁신학교 초기에는 절차적인 소통에 너무 연연했던 것 같아요. "돌아가면서 한마디씩 해 봅시다." 이 말을 선생님들이 못 견뎌 하시더라고요. 한마디씩 의견을 말하고 나서 결정을 하면 굉장히 소통이 잘되리라 생각했는데, 많은 선생님들이 표현은 부드러워졌지만 방식은 예전과 별반 다르지 않다는 반응을 보였어요. 핵심은 '결국은 당신들이 원하는 대로 하겠지.'였어요. 그 이야기를 들었을 때 충격이 컸어요. 개인적으로 소통은 신뢰라고 생각하거든요. 제가 생각하는 신뢰는 '내가 손해 보더라도, 내가 조금 피해를 보더라도 우리 공동체의 뜻이니까, 동료니까, 생각과 행동을 같이할 거야.' 하는 마음이에요. 그 기본을 잊고 무엇인가를 관철하거나 나의 뜻이 반영되는 것에만 너무 집중했던 것 같아요.

• 심은보 저도 우리가 소통을 제대로 경험해 본 적이 없다는 말에 공감해요. 저희 학교도 초기에 교장 선생님은 내심 '나는 그래도 교장인데.' 하는 생각으로 서운해하시기도 했고, 선생님들 사이에서도 이야기를 하는 분들만 주로 이야기를 했어요. 이야기를 하지 않는 분들은 마음속에 불만을 품기도 했고요. 그런 상황에서 '너는 왜 이야기 안 해? 네 생각을 이야기해 봐.' 하고 묻는다고 해서 마음속 이야기를 꺼내 놓을 수 있는 것이 아니겠지요. 중간에 서로 힘들었던 상황들도 있었어요. 치열하게 부딪히기도 했고, 친해지기 위해 시간을 갖기도 했고, 시스템의 변화를 고민하기도 했어요. 시간이 지나면서 차츰 달라

졌어요. 새로 오신 선생님들도 자연스럽게 자유롭게 이야기하기 시작했거든요. 그 힘들었던 과정에서 문화의 성장이 이루어진 것 같아요. 물론 어떻게 하면 서로에 대해 배려를 할까 하는 고민들이 바탕에 있었다고 저는 생각해요.

• 고은정 혁신학교를 하면서 교사들이 서로 묻고 진행해야 하는 과정이 많았어요. 하지만 우리는 함께 이야기를 나누어 무엇인가를 협의해 나가는 경험이 무척이나 부족했죠. 그 과정에서 많은 사람들이 상처를 입기도 했어요. 그래서 혁신학교 교사들은 서로 상처 주지 않기 위해 말을 조심해서 하는 편이기도 해요. '맞다. 틀리다.'가 아니라 '그것도 좋지만 이런 방식도 있지 않을까요? 다른 방안도 고려해 보면 어떨까요?' 같은 식으로요. 우선 상대의 의견을 존중하고 자신의 의견을 말씀하지요. 관리자들도 어느 순간에 그렇게 말씀하시다 보니 일반 학교에서 오신 선생님들은 소통 방식이 일반 학교와 많이 다르다고 놀라시는 모습을 보였어요. 아무래도 일반 학교에서는 수직적 관계에 놓여 있다 보니 교사가 말을 하거나 서로 의견을 존중할 기회도 적어지는 것 같아요. 하지만 혁신학교에서는 서로 상처를 받지 않고 의견을 모아 가는 것이 무엇보다 중요하다고 생각하기 때문에 교사와 교사 사이뿐만 아니라 교사와 관리자 사이에서도 서로 조심하고 존중하며 이야기하는 것 같아요. 일반 학교에서 오신 분들의 이야기를 들으면서 '우리가 그동안 아무것도 하지 않은 것은 아니었구나.', '그 나름대로 민주적인 문화를 만들고 있었구나.' 하는 생각을 했어요.

● 최탁 결국은 타인에 대한 존중인데, 겸손함이 존중이기도 해요. 소통이 굉장히 온화하고 따뜻할 것 같지만 그렇지 않아요. 나를 낮추는 과정에서 나의 왜곡된 면과 약점을 여지없이 다 드러내야 하거든요. 함께 이야기하다 보면 그런 얘기를 듣잖아요. '어차피 너도 똑같네.' 이게 나의 민낯을 정면으로 보는 거잖아요. 그런 모습까지 다 수용한 후에야 동등하고 수평적으로, 하나씩 하나씩 받아들이고 마음이 열려요. 여기까지 가려면 사실 많이 상처받아요. 하지만 결국은 아픔이 없는 성장은 없는 것 같아요. 추락을 경험해야 비로소 소통이 이루어지니까요.

소통은 우리 모두를 변화시킨다

● 양영희 지금까지 각자가 생각하는 소통에 대해 이야기를 나누었는데요, 이제 막 혁신학교를 시작하는 선생님들을 위해서 '이렇게 하니 좀 쉽더라.' 하는 이야기를 해 보면 좋겠어요. 뭐가 있을까요?

● 권재우 혁신학교를 시작한다는 것은 학급을 변화시켰던 경험을 바탕으로 학교를 변화시키려는 일이기도 한데, 학급과 학교는 차원이 달랐어요. 학교는 행정적으로 해야 될 일도 많았고, 안팎에서 기본적으로 요구하는 것도 있죠. 그걸 다 맞추려다 보니까 슈퍼맨이 되어야겠다는 콤플렉스가 생겼어요. 돌아보니 혁신학교를 처음 시작했을 때는 여유가 너무 없었던 것 같아요. 혁신학교를 처음 시작하려는 선생님이라면 마음의 여유를 잊지 말았으면 좋겠어요. 소통을 위해서

한 번은 밑바닥까지 떨어져 봐야 하고, 얼마간은 상처를 받게 된다는 말씀에 충분히 동감해요. 하지만 상처를 덜 받고, 받은 상처도 치유하며 갈 수 있게 노력해야지요. 천천히 가더라도 기다려 주고, 결국은 함께 가야지요. 서로 다독거리며 서로의 손을 잡아 주는 여유가 필요해요.

● 최탁 구체적인 사항을 결정할 때일수록 의견이 나뉘기 쉽고, 그 과정에서 상처받기도 쉬워요. 그래서 구성원 전체가 모이는 자리에서는 결정의 방향이나 방법 등 큰 단위에서만 합의하는 것이 좋아요. 그 이후 세세한 것들은 학년 단위라든지 학급 단위에서 자발성을 발휘할 수 있는 여백을 두는 거죠. 여백, 여유를 두는 소통이 필요해요. 또 하나는 큰 규모의 학교에서 고려해 볼 수 있는 방법이에요. 많은 사람들이 모이면 소통이 일어나기 어려워요. 그래서 규모를 적정화하는 게 굉장히 중요하죠. 회의 규모를 몇 명 정도로 하는 것이 적절한지 따져 볼 필요가 있어요. 제 경험으로는 10명이 넘어가면 소통이 쉽지 않았어요. 그런데 반대로 참석자가 너무 적어도 소통이 제대로 안 되더라고요. 관계가 너무 많은 영향을 미치더라고요. 그래서 지금은 6~10명을 최적으로 생각하고 있어요. 중요한 이야기를 나눌 때는 그룹 단위로 공간을 나누어서 이야기한 후에 다시 전체가 모여서 그룹에서 나눈 이야기들을 모으고, '그렇다면 우리 학교는 이렇게 합시다.' 결정해요.

● 심은보 제가 경험했던 것도 비슷했어요. 학급 수가 두 배로 늘어나

면서 소외되는 선생님들이 생겼어요. 그래서 올해 같은 경우에는 작은 단위의 모임을 먼저 하고 그것들을 공유하며 다시 전체 회의를 하는 방식으로 진행하고 있어요. 그게 좀 더 효과적인 것 같고, 실제적인 소통이 가능한 것 같아요.

● 최탁 우리 사회의 경쟁 문화나 비교 문화에 대해서도 생각해 보아야 해요. 교육, 학교, 아이들과 같이 본질적인 주제를 던지잖아요, 그러면 다 자기 생각들이 있지만 공개된 공간에서는 자기 생각을 내놓지 못해요. 누군가 말하는 순간 바로 평가가 시작돼요. '저 사람 저거밖에 모르네?' 그런 말이 막 나오죠. 그런데 누군가가 내가 생각하지 못했던 것을 얘기하잖아요? 그러면 이제는 그 사람을 쳐다봐요. 그럼 어쩔 수 없이 그 사람만 계속 이야기하게 되지요. 그럼 또 뒤에서 '자기가 교장인 줄 아네.' 등의 말이 나와요. 사실 누구의 이야기든 다 가치 있고, 누구의 이야기든 내가 생각하지 못한 면을 담고 있어서 귀 기울여야 하는데도 말이지요. 각자가 기존의 경쟁하는 분위기를 과감하게 떨쳐 내는 용기와 노력이 필요해요.

● 권재우 회의 사례로 들었던 방법이 있는데, 괜찮겠다 싶었어요. 어떤 사람이 하나의 안건을 발의하면 선생님들이 그 자리에서 이야기하기 보다는 자신의 생각을 글로 써서 그 다음날에 돌려 보는 방식이에요. 각자가 쓴 글을 돌려 읽으며 생각해 보는 거지요. 만약에 선생님들이 다 동의해 준다면 시행해 볼 만한 좋은 방법이겠구나 싶었어요.

• 양영희 저는 어떻게 보면 이기적으로 보일 수 있는 마음까지, 그런 생각이 든다면 솔직하게 이야기했으면 좋겠어요. 무엇인가를 결정할 때 '내가 할 수 있을까? 하기 싫은데? 편하게 지내고 싶어.' 하는 교사의 마음이 살짝 개입되는 때가 있어요. 인간이니까 당연해요. 하지만 소통 과정에서 이런 것을 솔직히 말하지 않고 다른 논리를 가져오면 오히려 장벽이 생기는 것 같아요. 그런 마음까지 솔직하게 꺼내 놓고 함께 살피는 과정이 필요하지 않을까요?

• 권재우 조금 다른 이야기인데요, 간혹 "선생님들끼리 이야기해서 결정해 주세요."라고 하시는 교장 선생님이나 교감 선생님이 계시잖아요. 어떨 때는 그런 방식이 정말 업무로 다가올 때가 있거든요. 어느 정도 선에서는 관리자가 상황을 정리해 줄 필요가 있는데 모든 걸 협의하려고 하니까 오히려 힘들어지는 부분이 있어요. 아시죠? 어떤 부분인지? (웃음)

• 고은정 대화하는 연습이 되어 있지 않은데다 남이 아무리 좋은 이야기를 해도 내 것은 지켜야 된다는 생각이 있는 것 같아요. 예전에 덴마크로 교육 연수를 갔을 때 갈등이 있으면 어떻게 조절하는지 물어봤어요. 그때마다 대답이 다 똑같아요. "대화를 하세요. 대화를 하면 되는데 왜 대화를 안 하나요?" 그때는 이해할 수 없는 답변이었어요. 우리도 대화를 하는데 해결되지 않았거든요. 나중에 생각해 보니 그 사람들이 생각하는 대화와 우리가 생각하는 대화가 다르더라고요. 그 사람들은 내 생각과 상대의 생각을 조율하는 데에 익숙했어

요. 네 생각 중 그 부분이 좋으니 가져오고 내 생각 중 이 부분을 반영해 이렇게 하자는 식으로 합의가 되는데, 우리는 듣는 척만 하니까 대화라는 것 자체가 실현되기 어려운 상황이죠.

• 양영희 우리가 다시 학생으로 돌아가 대화하는 방식, 소통하는 방식을 배울 수는 없는데 지금 자기 자리에서 어떤 역할을 해야 하는 상황이잖아요. 혁신학교 안에서는 더더욱 대화를 할 수밖에 없고요. 서툴지만 대화를 계속하다 보니 상대방을 헤아리는 힘도 키워지는 것 같아요. 학교에서 가만히 있는 사람은 아무도 없더라고요. 어렵고 힘들지만 그 과정을 함께 겪으면 다 같이 달라져요. 힘들어도 3년, 4년 지치지 않고 함께 노력한다면 산을 하나 같이 올라온 느낌, 그런 느낌으로 학교가 변해 있지 않을까 해요.

혁신학교의 원동력은 선생님들의 열정이었다

• 양영희 소통이 그렇듯 '열정'도 혁신학교에서 빠질 수 없는 말이죠. 초기에 혁신학교로 이름이 나게 된 학교들을 들여다보면 대부분은 교사들의 열정으로 출발했고, 그 열정이 꽃핀 학교들이었어요. 인근 학교에 엄청난 파급 효과를 가져와 경기도는 물론이고 다른 지역에 까지 변화를 불러일으키는 계기가 됐고요. 피곤하지만 밤늦게까지 일하고, 옆에 있는 선생님 배에서 나는 꼬르륵 소리를 들으면서 9시, 10시까지 회의한 적이 많았거든요. 누가 시킨 적은 한 번도 없어요. 그냥 이야기하다 보면 밤이 되었거든요. 그런데도 너무나 재미있었

고 1년이 어떻게 간 줄도 모르게 시간을 보냈어요. 마치 연애하듯 그렇게 빠져들었단 말이에요. 이렇게 혁신학교 처음 시작할 때의 경험, 그때의 열정에 대해 이야기해 보면 좋겠어요.

• 심은보 저도 그랬어요. 처음에 혁신학교에 왔을 때 신난다고 해야되나? 교사로서, 내가 진짜 선생으로 살아 보는 것 같다는 느낌이었어요. 그전 학교에서는 여건도 신경 써야 되고, 애들하고 이것저것 해봤으면 좋겠어도 제약이 너무 많았어요. 안전 때문에 안 되고, 왜 너만 튀려고 하느냐는 말을 듣기도 하고. 그러다 혁신학교로 옮겼는데 내가 원하는 것들, 교사로서 아이들과 하고 싶은 것들을 이야기하면 같이 들어 주고 같이 해 보려고 하는 선생님들이 있었어요. 제가 말이 많은 편이 아닌데도 다른 선생님과 아이들 이야기를 2시간, 3시간 하고 있는 거예요. 그래서 늦은 시간에 퇴근을 하면서도 가슴이 떨렸어요. 저희 학교 선생님 한 분이 그런 이야기를 하셨어요. 처음에 자기는 월급 받고 일하는 직장인으로 학교에 왔는데, 반모임도 해야 되고 워크숍도 해야 하고 교사 협의회도 해야 하고 선배들이 왜 그렇게 사는지 도저히 이해할 수 없었다고요. 2년간 힘든 시간을 보냈지만 결국 이렇게 고백하셨어요. "나는 선배들 모습이 정말 싫었는데 어느 순간 봤더니 내가 선배들처럼 살고 있더라."라고요.

• 양영희 처음 신학기 계획서를 쓰면서 프로그램 이름, 공간 이름 등을 선생님들과 새로 만들어 붙였는데, 시간이 지나면서 학교의 모든 가족들이 그 말을 쓰고 있을 때 굉장히 행복했어요. 아이들 입에서

배움과 돌봄이라는 말이 나오고, 학부모들까지 그런 말을 일상어로 사용하는 학교. '와, 공동체가 이렇게 형성되는구나!' 실감한 굉장한 경험이었어요. 학년 단위로 혁신학교 예산을 나누어 드리면 선생님들이 구체적인 고민을 하잖아요. 예산을 가지고 아이들한테 뭘 해 줄까, 하고요. 고민 끝에 하나를 하고 나면 선생님들이 텔레비전을 보다가도 인터넷을 하다가도 뭔가 새로운 아이디어를 잡아서 가져오는 거예요. 결정권이 그 선생님들한테 있었기 때문에 정말 뭐든지 할 수 있었죠. 초기에는 정말 미친 듯이 다 해 봤어요. 재미있어서였어요. 학부모님들이 '선생님, 아이들이 좋아해요!' 말씀해 주실 때마다 선생님들은 저도 모르게 '더 하자, 더 하자.' 그랬어요. 일 년 내내 정신없이 살았죠.

• **최탁** 제대로 운영된 혁신학교의 공통점은 교사에게 열정이 있었다는 점이었어요. 지금 우리 교육에 문제가 있다는 점에 공감했고, 그 대안으로 나온 학교였잖아요. 남한산 초등학교 혹은 조현 초등학교 등등. 완벽하지 않은 형태라서 이런 부분을 더 보완하면 좋겠는데 싶은 학교가, 모델이 있었어요. 그런 실체가 있으니까 단순히 설득에 그치지 않고, 마음을 움직이는 감동의 방식으로 나아갔죠. 그것이 교사들에게 열정이 생기게 한 근원이 아닌가 싶어요. 이 열정에 불을 지피고 기름을 부어 준 것은 동료고요. 함께하고자 하는 동료가 있었고, 또 학생과 학부모의 응원이 있었습니다. 심지어는 언론까지도 응원했어요. 학자들도 참여해서 혁신학교에 의미를 부여해 줬고요. 그러면서 자기 능력과 자발성을 발휘할 수 있는 학교 운영 시스템이 만

들어졌어요. 선생님들이 열정을 키우고 유지하는 기반이 되었죠.

• 양영희 혁신학교에는 '보통 선생님'들은 가면 안 된다고 생각하는
것 같아요. 뭔가 특별한 재능이 있거나 미친 듯이 아이들을 사랑하거
나, 그래야 한다는 생각 말이에요. 평범한 선생님들은 혁신학교에 가
서 근무할 수 없다는 헛소문까지 나기도 하고요. 반대로 혁신학교 안
에 있는 선생님들은 지나친 열정 때문에 마음이 다 탈진된 상태, 소
진 상태가 되었다는 이야기도 많이 나오고 그렇습니다. 지금, 열정이
있으신가요?

• 고은정 소진됐어요. (웃음) 그런데 조금 달라진 게 있어요. 예전에는
열정을 얻는 동력이 누군가의 인정이었어요. 아이들의 인정, 학부모
들의 인정, 동료 교사의 인정. 이런 인정 때문에 더 열심히 해야겠다
는 생각이 들었거든요. 지금은 내 옆의 누군가가 열심히 하는 나를
닮아 가고 있다는 것을 느낄 때 행복을 느끼고 열정을 얻어요. 물론
내 영향인지 그건 잘 모르죠, 아닐 수도 있고요. 하지만 서로가 변해
가는 모습을 지켜보거나 느끼면, 누군가가 나를 칭찬하거나 인정해
주지 않아도 원동력이 생겨요.

• 양영희 맞아요! 아까 신나고 재밌게 할 수 있는, 또 내 뜻대로 할 수
있는 일들이 있어 열정이 커졌다고 말했는데, 혼자라면 그 열정이 지
속되지 않죠. 함께 갈 수 있는 사람, 그것에 물들어 가는 사람들이 있
어야 오래갈 수 있는 것 같아요. 보통 혁신학교 교사들이 일반 학교

선생님과 다를 것이라고 상상하는데 그건 아니에요. 어떤 선생님이든 마음은 있는데 그 마음에 어떻게 불을 지피느냐, 이게 열정의 씨앗이라고 봐요. 함께할 수 있는 것들을 꺼내서 손잡는 것이 중요하지 않나 싶어요. 곁에 있는 선생님들이 '그거 어떻게 해요? 알려 주세요. 나랑 같이 해요.' 이렇게 말할 때 기분 좋지 않나요? 그런 일이 자연스럽고 편안한 문화라면 반 이상은 혁신학교가 이미 된 거라고 봐요. '어떻게 하는 거야? 안 가르쳐 주면 나 못해. 알려 줘.' 이런 얘기를 거리끼지 않고 편안하게 할 수 있어야 열정이 꽃피고 교사들도 힘과 용기를 얻게 되는 거죠.

• 최탁 그 열정이 새지 않아야 해요. 따로따로 분리되어 있을 때, 혹은 비난을 받았을 때, 강력한 민원이 발생했을 때 열정에 찬물을 끼얹게 되죠. 결과적으로는 공동체에 해를 주게 되고. 물론 비판하지 말자는 말이 아니에요. 그런데 교사들도 한참 성장하는 과정이니 완벽하지 못하다는 점을 공동체가 공유하는 것이 필요해요. 그리고 교사뿐만 아니라 학생, 학부모 모두가 자기 내면에 훌륭하게 살아갈 역량이 있다고 믿어야 해요. 지금 최선을 다해서 애를 쓰고 있다, 지금은 이게 최대한의 내 모습이다, 이런 부분까지 함께 이야기하고 지켜야 될 지침을 만드는 것이 열정을 보호하는 데 필요한 일이에요.

• 권재우 혁신학교는 교사들의 열정이 사라지고 난 뒤를 고민해야 된다는 생각을 했어요. 간혹 혁신학교로 유명한 학교였는데 몇몇 선생님들이 떠나고 나서 원래대로 돌아가는 경우가 있잖아요. 그 경우는

학교에 성장 시스템이 없었던 거죠. 그 성장 시스템을 만들려면 무엇이 필요할까요. 연수나 장학 컨설팅? 아니죠. 기본으로 다시 돌아가서 학교의 철학과 가치를 전체와 공유하는 것이 필요하다고 생각해요. 개인의 열정을 대신할 수 있는 시스템을 만들려면 함께 가고자 하는 철학과 가치가 무엇인지 끊임없이 자극을 주고 거기에 맞는 것들을 다시 불러일으켜 주는 학교가 되어야 되지 않나, 그렇게 생각합니다.

불확실한 미래 때문에 아이들이 행복한 오늘을 포기하지 말자

● 양영희 혁신학교 아이들은 공부 안 한다, 놀기만 한다는 소문이 주변에 파다한데요. 혁신학교를 다니는 아이들이 오히려 상대적인 만족도가 높다고 봐요. 항상 웃고 있는 아이들이 많고 어떤 일이 있을 때 스스럼없이 교사에게 말하는 아이들이 많다는 거죠. 아이들 이야기를 해 볼까요?

● 심은보 선생님들이 혁신학교에 와서 처음에 힘들어하는 부분이, 말씀하신 그 부분이에요. 아이들이 주저 없이 자기 생각들을 표현하는데, 어디서도 겪어 보지 못한 문화잖아요. 그다음에는 다소 무질서해 보이는 모습들을 보고 많이 힘들어하시죠. 학력이 낮아질까 봐 걱정하시는 분들도 있었어요. 외부의 시선이기도 하고 혁신학교에 막 들어왔을 때 겉으로 보이는 모습들인 거죠. 기존의 관점으로는 문제 풀이를 못하면 학력이 낮다고 보겠지만, 저는 아니라고 생각하거든요.

길게 봤을 때 삶에서 더 필요한 게 무엇일까 생각해 보면, 문제 풀이를 잘하는 것이 진정한 학력은 아니라는 생각이 들었죠. 동료 선생님들과도 그런 관점에서 이야기를 많이 해요. 무엇이 진짜 학력인지. 자기표현을 거침없이 하는 모습, 다소 무질서해 보이는 모습 등을 보면서도 조금씩, 천천히, 아이들의 자율성을 인정하는 쪽으로 가자고 토의가 됐어요.

● 양영희 아이들의 자율성 이야기가 나왔는데요, 우리에게는 국가 수준의 교육과정이 있기 때문에 교육과정 안에서 자율성을 확보하기가 만만치 않아요. 아이들 입장을 고려해 얼마만큼의 시간이나 공간을 배려하는지 생각해 봐야 할 것 같아요. 그 부분이 아이들을 위해서 우리가 할 수 있는 구체적인 일이 아닐까 싶어요.

● 권재우 아이들에게 국어 수업 중에 어떤 시간이 제일 재미있었느냐고 물으면, 도서실에서 마음껏 책을 읽은 시간이 제일 좋다고 해요. 체육 시간에 무엇이 제일 재미있었느냐고 물으면 자유 놀이라고 하고요. 자기가 하고 싶은 것을 마음껏 할 때가 최고의 시간이었던 셈이지요.

● 양영희 아까 선생님들에게 자율성이 생겼을 때 신나고 재미있었다고 했는데, 똑같은 거예요. 그런데 학교는 아이들의 시간과 공간을 억압하고 있고, 또 일정 부분은 억압할 수밖에 없죠. 우리도 갑갑하고 아이들도 재미없고. 혁신학교에서는 이것을 조금이라도 바꿔 볼

까 시도하는 거잖아요, 굉장한 한계가 있지만. 잘되는 혁신학교를 보면 아이들한테 기회를 많이 줘요. 아이들이 제 목소리를 곳곳에서 펼치게 하고 결정하게 하고 실행하게 하고, 또 예산까지 주면서 스스로 계획해서 쓸 수 있게 하고요. 아이들을 학교의 중요한 주인으로 인정하고, 그들이 자기 걸음으로 나아갈 수 있는 여건을 만들어 주는 일이 필요해요.

● 고은정 우리 학교 애들이 졸업해서 가는 중학교에 계신 선생님들이, 혁신학교를 졸업한 아이들을 보면 이런 생각이 든다고 해요. '도대체 저 자신감은 어디서 나오는 거지? 잘하지도 못하면서 매일 하겠다고 그러니.' 자기가 뭔가 할 수 있다는 자신감이나 자존감이 굉장히 높다는 말씀을 선생님도, 학부모도 많이 해요. 저는 초등 교육에서는 그게 정말 중요하다고 생각해요. 수학 문제 몇 개 더 맞는 것보다 '나는 잘할 수 있어. 도전해 보지 뭐.' 이런 마음이 정말 중요한데, 그런 아이들이 많다는 것에 감사해요. 우리가 과연 무엇을 위해서 아이들을 교육하고 있는지 고민하면서 확실히 혁신학교 아이들이 다르다는 것을 몸으로 느끼잖아요. 다르다고 생각하니까 그 힘을 믿고 가도 좋지 않을까요.

● 권재우 비슷한 이유로 혁신학교와 일반 학교의 수업 차이는 참여성이라고, 혁신학교에서는 소외되거나 배제되는 아이들이 없다는 생각을 많이 하거든요. 간혹 가다 선생님들께서 그런 말을 하잖아요. 이반은 올해 정말 마음에 안 드는데 몇 녀석 보고 간다. (웃음) 그런데

혁신학교에서는 어떤 아이도 소외시키지 않으려 하고 아이들 이야기를 더 들어 주려고 하죠. 평가 방법을 바꾸고 상호 작용에 신경을 쓰고요.

● 고은정 이런 비판이 있을 수도 있어요. '혁신학교에서는 경쟁시키지 않고 주체적으로 살아가게 한다지만 사회에 나가면 다 경쟁인데 애가 어떻게 버티겠느냐'. 학부모들도 굉장히 걱정하는 부분이고요.

● 양영희 혁신학교 아이들도 이미 경쟁 구도에서 치열하게 살고 있어요. 학교 밖 사교육 시장이 있잖아요. 어떤 아이는 학원을 7~8개 다니더군요. 그러니 경쟁에서 뒤처질 거라는 얘기는 오히려 꿈 같은 말이에요. 도시에 있는 혁신학교 애들은 사교육을 막을 길이 없어요. 아마 농촌의 사정도 비슷할 거라고 봐요.

● 최탁 우리 사회나 학부모들의 불안감, 두려움에 대해서 견디라고만 말하기에는 어려움이 있어요. 부모님들이 일 년에 한 차례씩 학교에 와서 아이들의 학력이나 진로에 관해 상담하는 과정을 거치면서 학교가 아이들에게 미치는 영향에 대해서 생각해 보는데요. 단적으로 이야기하면 혁신학교가 전통적인 관점의 학력에 악영향을 미친 것은 없다고 생각해요. 왜냐하면 초등학교 단계가 초기 단계라 자료를 다루는 능력 같은 높은 수준의 학력을 다루지 않거든요. 그래서 아이들이 주체적으로 활동하고 즐기면서 동기나 흥미를 잃지 않는 것이 의미 있다고 생각해요.

• 권재우 혁신학교가 처음 꽃핀 곳은 경제적으로 어려움이 있고 소외된 지역이 많잖아요. 이제 성장하는 중인데 일반적인 잣대를 가지고 다른 지역에 비해서 학력이 떨어진다고 이야기한다면 출발점이 잘못 설정된 것이죠. 인생이라는 긴 흐름을 놓고 볼 때 그 아이에게 황금기는 언제일까 고민해야 할 것 같아요. 아이들에게 분명 혁신학교 이전과 이후가 있을 거라고 생각해요. 여러 선생님들이 혁신학교에 대해서 말씀하실 때도 그런 부분을 고려해 주셨으면 좋겠어요. 그리고 혁신학교는 아이들이 좀 놀 수 있는 곳이었으면 해요. 사실 혁신학교 선생님들도 불안감은 있잖아요. 초등학교까지는 괜찮다고 해도 중학교, 고등학교를 갔을 때 어떻게 될까 하는 불안감이 있죠. 그런 불안감의 연장에서 초등학교는 혁신학교에 보내고 중학교, 고등학교는 일반 학교로 보내겠다는 부모도 많이 있거든요. 이런 부분은 우리의 과제이기도 하죠. 지역마다 제대로 된 혁신 초등학교·중학교·고등학교를 하나씩 만드는 일이 중요한 것 같아요.

• 양영희 저도 혁신학교는 아이들이 놀 수 있는 학교가 됐으면 좋겠어요. 제대로, 잘. 정말 아이들이 가고 싶어 하고, 너무 즐거워하고 행복해하는 그런 학교를 만들 수 있으면 그게 최고의 성공이라고 생각해요. 지금 말씀하신 것처럼 부모가 느끼는 불안감은 학교 내에서 해결될 수 없는 부분이잖아요. 학교 안 교육만으로 완치되지 않는 어려움이죠. 경쟁하는 사회 전체의 분위기는 학교를 둘러싸고 아이들을 통제하거나 영향을 줘요. 우리가 혁신학교라고 해서 그런 고리를 완전히 끊어 낼 수 없다는 것이 기본적인 한계죠. 그런 부분에 대해

서 학부모나 아이가 질문했을 때 명쾌한 대답을 해 줄 수 없다는 아주 치명적 한계를 안고 있죠.

● 권재우 불확실한 미래 때문에 현재의 행복을 포기하지 말자고 대답하고 싶어요. 과거에 아이들이 중학교, 고등학교 진학을 위해서 얼마나 많은 것들을 포기하고 희생해 왔는지 보면 참 미안해요. 6학년 일제 고사를 한참 볼 때 이곳이 학교인지, 애들이 문제 푸는 기계인지, 그때 대한민국 교사들은 정말 큰 죄를 지었다고 생각하거든요. 요즘은 무엇을 위해서가 아니라 그냥 그 모습 그대로 아이들이 있으면 좋겠다고 생각해요.

● 최탁 우리는, 교사는 열심히 가르치고 많은 지식을 주입하는 것으로 최선을 다했고 나머지는 아이들의 몫이니 어찌할 수 없다고 착각하지 말아야 할 것 같아요. 배우고 공부한다는 것은 결국 어떤 비전이나 동기를 가지고서 열정을 품는 거잖아요. 열정을 발휘하는 데는 자존감이나 자신감이 필수적인 거고요.

● 양영희 요즘 우리나라 아이들은 현재를 살지 못하고 미래를 위해서 계속 유보되는 삶을 살도록 강요받는 시간을 보내고 있다고 하지요. 행복할 시간이나 기회는 계속 미래로 미룬 채 사는 우리 삶을 아이들한테까지 그대로 강요하고 있어요. 그나마 혁신학교에서는 아이들이 한 시간이라도, 하루라도, 한 달이라도 여유로운 시간을 보내면 좋겠어요. 지금 우리가 해 줄 수 있는 것이 너무 미약해 보여도 결국 그런

역할을 해내야 해요. 그리고 누구든 따뜻한 눈길로 아이들을 바라보고 바로 달려와 도움을 주고, 아이들도 언제라도 달려올 수 있게 팔을 벌리고 있는 상태, 그런 상태를 함께 만들어 가는 것, 그것이 혁신학교라고 봐요. 이런 이야기를 할 때면 애들이 여기에 앉아 있었으면 좋겠어요. 아이들 목소리를 들어 보게요.

그럼에도 어려운 것

제도나 예산, 국가 단위에서 움직이는 정책들

● 양영희 다음으로는 교사들의 열정과 여러 가지 소통을 위한 노력, 그리고 아이들이 행복해질 수 있는 여러 노력을 해 왔음에도 불구하고 '어려운 것, 나아지지 않는 부분, 걱정되는 것' 등을 이야기해 보면 좋겠습니다. 교육 관련 제도나 예산처럼 국가에서 통제하거나 관리해서 우리 힘으로 도저히 어떻게 할 수 없는 벽이 있다고 보는데, 다른 선생님들은 어떻게 생각하세요?

● 권재우 잘 자리 잡은 혁신학교가 삽시간에 바뀌는 경우가 있어요. 사례에 따라 이유는 다르겠지만 교장 선생님 한 분이 바뀌면서 학교가 순식간에 무너지는 경우를 많이 봤어요. 그 문제는 어떻게 저희가 해결할 수 있는 부분이 아니에요. 이런 문제는 교육청에서 어느 정도 보완책을 마련해야 하지 않을까요? 교육청에서 의지를 보이며 풀어나가야 될 부분이라고 생각합니다.

• 고은정 교사들을 점수 매기고 경쟁시키는 문제도 있죠. 혁신학교는 공동체 의식이 중요한데, 공동체는 동료 교사들끼리 협력해야만 유지할 수 있어요. 공동체를 만들고 공유하기 위해 무척 노력하잖아요. '공동체를 만들고 그 안에서 뭔가 해결해 나가자, 같이 함께 손을 잡고.' 그런 대전제가 있는데 경기도의 방침과 국가의 방침이 너무 차이가 나요. 애써서 만들어 놓은 공동체도 순간순간 날아오는 야구공 하나에 깨지는 듯한 느낌을 받을 때가 있어요. 성과급 같은 것이 그 예이죠. '연수 60시간 만점 받을래? 90시간 만점 받을래? 120점 만점 받을래?' 이런 걸로 충돌해요. 성과급이 그렇잖아요. 생활 지도는 몇 점을 줄 것인가 등 굉장히 자잘한 것들로 분열이 일어나요. 공동체를 만들려고 그렇게 노력했는데 사소한 점수 하나로 깨지는 모습, 또 그걸 들이밀었을 때 드러난 동료 선생님들의 민낯도 힘들죠. '내가 조금이라도 더 높은 등급을 하겠다, 손해 볼 수 없다.' 그 과정에서 서로 참고 이해해 주려던 마음이 완전히 깨지기도 해요. 성과급 문제뿐만 아니고, 학교 폭력 가산점 점수제 같은 것도 마찬가지예요. 학교 폭력 위원회를 열었는지 말았는지부터 시작해서 사소한 것들이 점수가 되죠. 더 큰 문제는 학교 폭력 위원회가 열리면 우리 학교의 문제니까 모두가 함께 관심을 가지고 이 아이들을 어떻게 할까, 이 문제를 어떻게 해결할까, 같이 고민하고 학교 차원의 문제로 넓혀 가야 되는데 그게 어려워요. 점수가 매겨지니까 담당자들의 문제, '너 점수 받잖아.' 그렇게 되어 버린다는 거죠. 학교 공동체 문화의 근간을 흔들거나 완전히 깨는 것들을 국가에서 들이밀고 있고, 경기도 교육 방침과 맞지 않는 부분이 있어 힘들죠. 경기도 차원에서는 어떻게

할 수가 없는 거잖아요. 국가 수준에서 정해진 내용이 내려오고, 안 하면 징계를 받는 일도 생기는데, 그런 부분들을 어떻게 해결할 수 있을지 모르겠어요.

• **최탁** 사실 답은 현장에 있거든요. 현장에서 뜻을 세워 공동체 구성 원들 간에 의기투합해서 아무리 성과급으로 우리에게 뭐라고 하더라도 우리의 가치를 지켜 나갈 수 있어야 한다고 생각해요. 그 가치를 제대로 지키며 살아가기 위해서라도 끝없이 우리가 어떤 공동체를 지향할 것인지 머리를 맞대고, 서로 위로하며 걸어가야 하는 것이지요. 물론 경기도 교육청이 노력해야 할 부분들이 있어요. 학교의 승진 구조라든지 진학, 그다음에 학교 문화에 영향을 미치는 공동체를 망치는 여러 제도와 싸우기 위해서 노력해야 해요. 혁신학교의 성과들을 잘 발표하는 것도 그 하나예요. 그것에 의미를 부여하고 가치를 담고, 그 과정에서 혁신학교의 성과나 장점을 또 하나의 주류로, 큰 축으로 만들어 가야지요. 혁신학교가 전국적으로 알려져 있기는 하지만 아직은 약한 기둥이에요. 굳건하고 단단한 두 개, 세 개의 기둥이 설 수 있도록 제도가 감당해야 될 부분도 있거든요. 현장의 노력과 교육청 단위의 제도적인 노력이 서로를 지원해야 될 것 같아요.

• **양영희** 몇 해 전에 혁신학교와 관련해 국제 심포지엄을 여러 차례 했어요. 그때 외국에서 오신 분들에게 우리나라 선생님들이 질문을 했어요. 외국은 학교 교육 계획을 짤 때 교육과정에서 제시한 수업 시수를 어떻게 조절하는지 물어봤는데, 그분들이 질문을 못 알아들

었어요. 질문을 몇 번이나 다시 했는데 그게 무슨 말이냐고 우리한테 되물었어요. 알고 보니 그 나라에는 시수가 없는 거예요. 우리는 국가가 교육을 너무나 틀어쥐고 있는 거죠. 국가에서 시수와 교육 목표까지 다 정한 후 교사들은 기계처럼 그만큼의 시간에 그것만 가르치기를 바라는 거죠. 우리한테 주어진 게 그거잖아요. 그러니 방학이 닥치면 진도 쭉쭉 빼느라 정신이 없죠. 학생들이나 학부모들도 일단 교과서에 있는 내용은 교실에서 다 다루어야 한다고 생각하니까요. 학교를 새롭게 개혁하고 디자인하려면 자율권이 필요해요. 단위 학교의 자율권이 너무나 제한적인 상황이 문제라고 봐요. 메르스 확산 같은 위험한 상황이나 폭염이 계속되는 상황에도 수업 일수 때문에 학교를 가야 되잖아요. 국가가 수업 일수를 통제해요. 1년에 190일 이상을 확보해라, 거기다가 각 과목당 시수까지 정해 놓았기 때문에 여건이 아무리 힘들어도 학교를 나가야만 그 시수를 채울 수 있는 상황이에요. 이런 물리적 환경도 굉장히 문제라고 봐요. 교과서의 문제도 그렇잖아요. 각 교과에 어떤 내용을 담을 것인지 현장 교사들이 들은 적 없어요. 우리에게 그런 얘기 설문이라도 해 본 적 있나요? 교과서에 대한 평가도 교사들에게 묻지 않아요. 일방적으로 내려와요. 동의하지 않는 내용이 있어도, 그 가치에 동의할 수 없어도, 실제로 시대에 맞지 않은 내용이 있는데도 무조건 '가르쳐라!'예요. 이렇게 되면 혁신학교에서 교과서나 교육과정을 재구성해서 아이들한테 생산적이고 창조적으로 가르친다 하더라도 찜찜하죠. 다른 학교 아이들은 이미 다 배우고 있잖아요. 내 반, 내 아이들만 가르치지 않는다고 해서 해결되는 문제가 아닌 거죠. 그래서 교과서, 수업 일수, 시수

등 획일적으로 통제되는 것들이 너무 많은 상황에서 이루어지는 개혁이라는 것이 얼마만큼 깊이가 있는지 의문이 들 때가 있어요. 전체적인 교육 환경이 이렇기 때문에 저는 혁신학교 아이들은 행복하다고 주장한다면 어떤 면에서는 굉장히 눈 가리고 아웅 하는 게 아닌가 하는 생각이 들 때가 있어요. 모 혁신학교에서 한 교육과정 재구성이 굉장히 잘되어 칭찬을 듣게 되니까 모든 교육청에서 모든 학교에 재구성을 지시하고, 무늬만이든 형식만이든 어쨌든 만들어 교육청에 보고하는 상황까지 왔어요. 하지만 옷장 속의 옷은 국가에 다 정해 놓은 거예요. 어떤 옷을 먼저 입을 것인가만 우리한테 선택하라는 게, 거기에서 어떤 장식을 할 것인지 정도만 자율권이 있으면 그게 무슨 혁신이냐는 거죠. 껍질 다 벗겨 보면, 우린 정말 굉장히 많은 제약 속에서 힘들게 노력하는 거죠.

• 권재우 저도 비슷한 생각인데, 선생님들을 믿지 못한다는 생각이 기저에 깔린 것 같아요. '수업 시수를 이만큼 해야지만 너희는 교사로서 역할을 한 거야. 국어는 적어도 이만큼 가르쳐야 돼.' 하는 그 밑바탕에는 교사들은 전문가가 아니라는 생각이 있는 거죠. 교수들의 수업 계획서를 보면 A4 한 장이잖아요. 우리는 뭐 하나 하려면 계획서를 산처럼 내야 되니 전문가로서 존중받지 못한다는 느낌을 받아요. 성취 기준 역시 교수나 연구진이 만드는데 현장 선생님들에게는 물어보지 않아요. 그러니 무엇이든 형식화되고, 억지로 교사들을 끌고 가려고 하고, 결국은 교사들을 대상화하죠. 이런 부분은 현장 선생님들이 분명히 이야기를 해야 될 것 같아요. 교사들에게 '변화하

라, 혁신하라.'고 하면서도 전문가로서 대접하지 않는 부분에 대해서는 분명히 요구를 해야겠죠.

• 양영희 가르치는 사람이 자기의 목표를 고수하지 않고 남이 준 목표를 가지고 대행업을 하는 거예요. 우리 그러고 있잖아요. 그러니까 그것을 무시하는 사람은 또 자기 멋대로 하잖아요. 결국 아이들 입장에서는 혼란스럽죠. 이 선생님은 이 말 하고 저 선생님은 저 말 하고 이렇게 되어 버리니까요. 그런데 그건 통제할 길이 없어요. 우리 제도의 한계예요. 그리고 아까 이야기된 승진 문제 역시 교육을 황폐화하는 아주 큰 원인인 것 같은데 약간 농담 삼아 말하자면 주민 소환제 있잖아요. 그런 장치가 학교에도 필요해요. 교장이나 교감이 됐어도 역할을 못하면 제지를 해야 한다고 봐요, 강력하게. 솜방망이 징계만 하고 다 한 팀이 되어서 봐주니까 막말로 별짓을 다 해도 그 자리를 유지하잖아요. 그 자리에 올라가기까지는 힘들어도 올라가기만 하면 학교를 왕국처럼 운영하는 교장들이 있는 한, 교육 개혁은 굉장히 멀다고 봐요. 현장 구성원들이 이 한계를 내버려 둔다면 높은 벽 안에서 노력하는 격이죠.

• 고은정 교육과정 시수와 교과서 문제 말씀하셨잖아요. 저는 어떤 느낌이 드느냐면, 아이들에게 국가에서 정해 준 옷을 갖다 대고는 '너 왜 이만큼 안 컸어?' 혹은 '너 왜 이렇게 많이 컸어?' 나무라는 거죠. 아이는 자기의 속도대로 잘 크고 있어요. 정상적인 자신만의 속도대로. 그런데 국가에서는 옷을 딱 주면서 '너 왜 키 안 컸어?' 혼내

는 듯이. 이미 옷은 만들어져 있어요. 내 몸을 거기에 맞추어야 하는데 교사도 아이가 이 옷을 입을 수 없다는 것을 분명히 알고 있어요. 하지만 옷은 내려온 거예요. 애한테 어쨌든 입혀야 되니 질질 끌고 다니든 밟고 다니든 어쩔 수 없이 난 애한테 옷을 입혀 보는 거죠. 그것 자체에 교사 스스로 만족하게 하고, 책임을 다했다고 생각하게 하는게 아닌가 해요. 대한민국이라는 국가가 정말 인간에 대해서 조금이라도 관심이 있는가 싶어 절망을 느낄 때가 많죠.

• 양영희 옛날에 남한산 초등학교에 있었던 안순억 선생님이 자주 하신 말이 있어요. "강물이 지도 보고 흐르냐?" 우리는 아이들 삶을 만나는 건데 모든 길을 이미 국가에서 다 정해 놨다는 거예요. 자연스럽지 않죠. 몸에 맞지 않은 옷과 같은 거예요. 불편하고 마음에 안 드니까 아이들이 그 속에서 계속 도망가는 거잖아요. 멀리멀리 가려고 하죠. 이게 내 것이라는 느낌이 안 들기 때문에. 나한테 도움이 된다는 생각도 안 들기 때문에 강요당한다고 느낄 수밖에 없어요. 교사도 그러니까 재미가 없는 거예요. 우리가 수업할 때 재밌는 수업이 별로 없잖아요. 그냥 하는 거잖아요.

• 권재우 저는 수업이 힘든 거라고 생각하거든요. 수업과 공부라는 것 자체가 어렵게 배우고, 그런 어려움 속에서도 즐거움을 찾는 과정이죠. 혁신학교에서 하는 수업들이 더 그런 것 같아요. 왜냐하면 친구들이랑 같이 해야 되잖아요. 혼자 하는 공부는 쉽지만 같이 하는 공부는 어렵거든요. 그렇게 힘들게 공부하는 것이 좀 더 평가받는 시

대, 정량적으로 하지 않더라도 그런 방식이 대접받을 수 있는 시스템이 되면 좋겠어요. 아무리 좋았던 수업도, 수업 장학이라는 이름으로 발문을 몇 개 했느냐는 방식으로 물으면 그 선생님의 모든 수업이 왜곡되죠. 교원 평가가 들어왔을 때도 마찬가지죠. 저 선생님이 '어떤 관점에서 어떻게 애들을 대했는가.'가 아니라 단순히 체크 리스트 방식으로 클릭만 하며 점수화할 때 모든 평가가 왜곡되는 것 같아 안타깝습니다.

● 최탁 국가 수준 교육과정은 국가적 관점에서 지키고 싶은 최소한의 기준이에요. 이상과 기여를 꿈꾸는 교사, 학교, 교육청의 입장에서는 부족하다고 여기는 것은 당연하겠지요. 어떤 면에서는 재구성할 여지를 주고 있다 생각해요. 경기도 교육과정이 등장한 배경도 결국 국가 수준 교육과정이 현실을 충실히 반영하지 못했고 미래를 준비하기에도 부족하다고 판단했기 때문이잖아요? 경기도 교육과정도 사실 현장이 만족할 만한 모든 내용과 방법을 담아낼 수는 없어요. 결국 현장에서 만들고 보여야 해요. 누군가의 제시, 누군가의 용어는 한 단계를 거치면서 약해져요. 현장이 보다 온전한 교육과정을 만들어 내지 못하면 아이들의 건강한 성장은 어쩌면 기대할 수 없을지도 몰라요. 아이들에게 무엇을 가르쳐야 할지 고민하고, 학력이 아이들에게 어떻게 나타나는지 등을 통찰하며 교사들은 전문가가 되어 가잖아요? 현장의 움직임이 결국 국가 수준 교육과정에서 제시하고 있는 시수, 성취 기준, 교과서 등에서 벗어날 수 있는 전문성과 안목을 갖게 해 줄 것이라 생각해요.

• 고은정 현장에서 잘하라는 소리인데 교장 선생님 같아요. (웃음) 하지만 문제는 우리 사회의 여러 학교가 경기도에서 잘 운영되고 있는 혁신학교와 같지는 않잖아요. 그렇게 아주 잘된 케이스를 일반화하면 깜짝 놀라요.

• 권재우 결국에는 그런 것 같아요. 승진 점수가 늘어오고 돈이 들어오고 하다 보면 잘되어 왔던 것이 막판에 가서 왜곡되거나 서로 상처를 주는 경우가 굉장히 많아요. 교사 간에 갈등을 일으키고 학교 공동체를 해치는 정책과 제도가 사라져야 한다고 봅니다.

• 심은보 올해 초 겨울에 유럽 5개 나라를 둘러봤는데요. 그러면서 우리나라 아이들이 정말 불쌍하다는 생각이 들었어요. 그 생각이 '도대체 학교가 누구를 위해서 존재하고 있을까?' 하는 질문으로 이어지고……, 혼란스럽더라고요. 어떤 부분은 굉장히 절망감이 들기도 하고. 특히 북유럽 같은 경우는 학교가 철저히 아이들을 위해서 운영되고, 여러 지원을 받는 모습을 볼 수 있었는데 우리나라는 그렇지 않잖아요. 아이들은 그냥 국가를 위해서, 국가가 원하는 대로 길러지는 상황인데 그 속에서 내가 할 수 있는 일이 무엇이 있을까 고민을 하게 되었어요. 누구를 위한 학교일까? 누구를 위한 사회일까? 사회가, 국가가 기본적으로 한 개인을 바라보는 시선이 다르다는 것을 느꼈죠.

• 양영희 우리나라는 어느 순간 아이들이 잇따라 자살을 하면서 공교

육은 무너졌다는 지탄이 나오기 시작했잖아요. 15년, 20년 됐나요? 그런데 어느 시점 이후로는 아이들이 학교를 너무너무 싫어하게 됐고, 갈수록 더 싫어하는 것 같아요. 학교의 위상이 무척 떨어져 있고요. 이제는 학교에 가서 새로운 것을 배우는 상황이 아니잖아요. 그런 기능이 굉장히 저하된 것도 큰 문제예요. 아까 말씀하셨던 북유럽의 공교육이 성공한 바탕에는 사교육이 없다는 이유가 있기도 해요. 배움은 학교에 가야 가능한 거죠. 우리는 학교에 오기 전에 이미 다 습득할 수 있는 여건이 되어 있고 경제력이 되면 더 앞질러 가는 상황까지 왔어요. 아이들이 그것을 온전히 습득했다는 뜻이 아니라 일단 환경이 그래요. 그러면 교사들이 하는 일은 뭐야? 국가 수준에서 정한 성취 기준은 소용없어요. 아이들은 이미 학교에 있는 시간을 의미 없게 여기고, 그냥 견디는 시간이라고 생각해요. 이 부분은 혁신학교 여부를 떠나서 공교육 전체의 큰 문제거든요. 더 얘기를 하자면 외국은 개인을 존중하는 사회일수록 다양성을 존중하잖아요. 그래서 덴마크에서는 학부모가 10명만 모이면 대안학교로 인정해 주고 모든 경비를 공교육처럼 다 지원해 줘요. 그렇게 다양성이 인정되기 때문에 학부모들이 학교 교육에 목을 매지 않는다고 해요. 그들끼리 모여서 '우리는 이런 거 가지고 아이를 이렇게 키우자.'가 가능한 거예요. 굉장히 편안하게 대안학교를 선택해요. 우리가 홈스쿨링 얘기도 했는데, 우리나라는 특별한 아이가 홈스쿨링을 하고 대안학교에 가죠. 부모가 아주 잘났거나 애가 아주 문제가 있거나 이럴 때. 그런데 덴마크 같은 나라는 아이와 학부모가 아주 어릴 때부터, 나한테 우리 아이한테 맞는 게 뭔지 고민하고 선택해서 갈 수 있는 거예요. 국가에서 교사든 돈이든 프로그램이든, 공간까지 다 지원해 주는 거예요. 우리는 공교육을 이탈하는 순간 모든 것을 개인이 덤터기 쓰잖아요. 부모가 경제적인 뒷받침을 다 해야 되고, 아이는 진로에 대해서 내가 이렇게 살아도 되는지 무진장 고민하게 되고, 고통의 긴 터널을 지나야 되거든요. 공적으로 진행되어야 될 교육이 선로 하나만 벗어나면 완전히 개인의 문제로 수렁에 빠져 버리는 현실은 생각해 볼 부분이지요. 그래서 저는 혁신학교가 여기 안에 들어온 아이들만 잘 보호해 주면 된다는 인식이 있다면 그것을 넘어서야 한다고 생각해요. 경기도에서도 학교가 아이들에 대한 프로그램을 만들고, 고민하고, 이러면서 마을 공동체 같은 대안을 마련하려고 하잖아요. 어쨌든 다른 선택으로 나가는 진로 교육을 고민하지만 뾰족한 수가 없는 게 우리나라인데 다른 선택, 즉 소수자들도 충분히 국가가 책임져 주는 교육으로 가는 게 혁신학교가 다양한 동반자를 만나는 길이라고 봐요.

● 최탁 정말 중요한 부분이에요. 우리나라가 대안학교를 지원하지 않으니까 대안학교가 더 발전하지 못하고 교사들이 계속해서 바뀌잖아요. 큰 문제 같아요.

● 양영희 예산 문제도 있죠. 경기도 혁신학교나 공감학교 대부분은 예산이 학교 운영비에서 따로 책정되어 지급되고 있잖아요. 혁신교육을 위한 예산이 따로 지원되는 거죠. 저는 처음 혁신학교를 할 때는 정말 많은 돈이 필요하다고 생각했어요. 그리고 더 많이 예산을 따 오려고 뛰어다니면서 예산을 끌어오고 그랬거든요. 왜냐하면 선

생님들이 너무나 하고 싶어 하는 게 많은데 돈이 있으면 훨씬 더 효과적인 부분이 많은 거예요. 강사 섭외나 여러 가지 재료 마련, 프로그램 운영 등을 할 때요. 선생님들이 모든 영역에서 다재다능할 수 없기 때문에 그런 것들을 채워 줄 수 있는 예산이 필요했어요. 지금도 많이 그러실 거고. 그런데 지내다 보니까 지금은 생각이 좀 달라졌어요. 어느 특정 학교에 예산을 줘서 그 학교가 괜찮은 프로그램을 만드는, 예산을 써서 효과를 누리는 단계는 지났다고 보거든요. 지금처럼 대부분의 학교들에 혁신 예산이 2천, 3천씩 갈 거면 아예 기본 편성으로 그 돈을 경기도 전체 학교에 주어야 된다고 봐요. 대신 항목을 정해 주고요. 이만큼은 혁신 교육을 위해서 쓰게 하고, 그 돈에서 어떤 영역은 몇 퍼센트를 강제로 사용하도록 특화한 예산을 두는 거죠. 문화·예술이나 영어, 컴퓨터, 체육 쪽은 전문가들이 학교에 상주하면 좋겠어요. 그들이 공교육 교사로 임용이 되어서 모든 학교가 같은 교육을 진행할 수 있게 해야지, 어느 학교는 예산이 있으니까 하고 어느 학교는 예산이 떨어져서 못 하고, 어디는 교장이 바뀌어서 못하고 이건 아닌 거예요. 외국에서는 오전에는 국어, 영어, 수학, 사회 같은 주지 과목을 하고 오후에는 전부 다 특기·적성 교육을 하는 곳이 많잖아요. 공교육 안에서 문화·예술을 다 책임지잖아요. 영어나 외국어까지. 시스템이 전환될 수 있게 국가에서 아예 예산을 그렇게 책정하는 것이 바람직하다고 봐요.

● 권재우 비슷한 이야기인데 학교가 공모 사업을 신청하려고 너무 분주한 것 같아요. 공모 사업을 준비하면 선정 여부가 불확실하니까 교

육과정을 짤 때도 관련 활동을 일단 빼놓게 되더라고요. 그렇게 빼놨다가 돈이 들어오면 무더기처럼 넣는 교육과정들이 너무 많아요. 그러니까 교육이라는 게 어느 정도 예측 가능해야 되는데 공모 사업의 선정 여부에 따라 움직인다면 불안정하죠. 일반 회계로 예산이 안정적으로 들어왔으면 좋겠어요. 그리고 교육청 역시 선심 쓰듯이 '이번에는 너희 학교?' 하는 식으로 예산을 주지 말라고 부탁하고 싶어요. 교사들이나 학교들을 계속 비교하고 경쟁시키고 '보고서 잘 썼네?' 하고 선택하는 일은 없어져야죠.

도식화되는 혁신학교를 넘어서려면

• 양영희　이제 혁신학교를 시작한지 7년째 되어 가죠? 경기도가 선두 주자인데 7년째 들어가면서 혁신학교 내에서도 관습화되거나 정형화되고 도식화되는 것이 생기지 않았나 하는 생각이 들 때가 있어요. 예를 들면, 처음에는 소통한다고 교사들과 다 함께 의논하고 이야기하는 것이 신선했어요. 교육과정 워크숍을 할 때 정말 신선했죠. 서로 주고받으며 배우는 것이 크다고 생각했죠. 그런데 같은 방식으로 매년 살다 보니까 사람들이 점점 감흥이 없어지는 거예요. 뻔하다, 같은 말 또 하는 게 재미없다는 반응이 생기더라고요. '어떻게 이걸 넘어가지?' 이런 생각이 살짝 드는 거예요. 저만 느끼나요?

• 고은정　혁신학교라고 하면 해야 되는 거 몇 가지를 떠올리시는 것 같아요. 중간 놀이, 블록 수업, 계절 학교, 아침맞이, 그런 것들을 꼭

해야만 혁신이라고 생각하는 거죠. 그 활동이 왜 나왔는지는 사실 관심이 없는 것처럼 보여요. 그런 활동이 왜 나왔는지 공유되거나 어떤 활동을 내가 만들어 간다면 어떻게 달라질지 생각하지 않아요. 꼭 아침맞이나 계절 학교, 블록 수업 형태가 아니어도 상관없어요. 얼마든지 자기 학교 상황에 맞게, 우리 아이들에게 맞게 만들어 갈 수 있거든요. 이미 있는 활동을 정형화해서 따라 해야 된다고 여기는 선생님들이 좀 있는 것 같기는 해요. 저는 교육청도 이런 형식화에 일조하고 있다고 생각해요. 아침맞이를 왜 하는지 생각하기 전에 아침맞이를 하면 문제가 다 해결될 것처럼 몰고 가는 부분도 있죠. 물론 그 방식이 꼭 나쁜 것만은 아니에요. 좋은 점을 발견해서 모방하다 보면 단순히 흉내 내는 것에서 더 나아갈 수도 있거든요. 지금의 형국은 모방을 해서 나아간다기보다는 단순히 개수를 늘리고 모방하는 것에 그치고 있는 듯해서 조금 걱정스러운 것이죠. 그 활동을 왜 하는지부터 같이 머리를 맞대고 풀어 갔으면 좋겠어요. 처음 제가 혁신학교를 시작할 때 즐겁고 좋았던 이유가 내가 이 일을 왜 하는지 알고 움직였기 때문이었거든요.

• 심은보 무엇을 했다는 것이 중요한 건 아닌 것 같아요. 학교에 대한 설명을 하면 이건 우리도 하고 있고 그것도 하고 있다고 하잖아요. 아까 말씀하셨던 것처럼 왜 하는지를 생각하고, 또 그 이유를 공유하느냐가 중요한 것 같아요. 이 책이 그런 역할을 할 수 있었으면 좋겠다는 생각이 듭니다. 재작년인가, 2월에 갑자기 저한테 어느 학교에서 전화가 왔어요. "선생님, 저 교육과정 좀 주세요. 우리 학교 교장

선생님이 혁신학교 수준으로 교육과정을 재구성하라고 했어요."라면서요. 혁신학교 수준이 어떤 건지도 모르겠지만 ……. 어쨌든, 재구성을 해 가지고 어떻게 하겠다는 것인지 모르겠더라구요. 물론 저는 아직 시작도 안 했던 상황이었고요. '굳이 해야 되나?' 그런 생각도 있었지만 결국에는 그 선생님께 원론적인 이야기만 하고 다른 학교 자료를 줬어요. 어차피 다른 자료를 가지고서는 어떻게 할 수 없거든요. 아마 학교 이름만 바꿨거나 몇 가지만 바꿔서 제출했을 거예요. 그거 말고도 요즘에 블록 수업 이야기를 많이 들어요. 80분 동안 그냥 수업을 하는 거죠. 다른 학교 학부모님들한테 들은 이야기가, 애들이 80분 동안 죽으려고 한다는 거예요. 사실은 그냥 수업만 묶어서 했기 때문이거든요. "우리도 블록 수업 하고 있어."라고밖에 이야기할 게 없는 사례이지요. 그래서 우리 학교에서 그 활동을 왜 해야 하는지 구성원 모두 같이 질문을 던져 보고, 우리 학교의 필요와 상황에 맞게 제도를 조금씩 만들어 가는 게 정말 중요하다고 생각해요.

• 양영희 '왜?'라는 질문이 없다면 그건 마음이 없는 거예요. 아이들을 먼저 생각하는 마음이 없기 때문에 질문이 없는 거죠. 질문은 중심이 되는 대상이 있을 때 해요. 아이들이 있을 때 질문을 하거든요. 이 아이들이 하나도 놀지 못해요. 놀 시간이 없어요. 그럼 '학교에서 조금이라도 틈을 줘서 쉬게 하고 친구들끼리 문화를 만들 수 있게 할수 있을까?' 이렇게 질문하죠. 그래서 나온 게 중간 놀이잖아요. 마음속에 구체적인 대상과 구체적인 내용을 가지고 고민한다면 '왜?'가 없을 수가 없거든요. 그래서 우리가 이렇게 만들어 가는 거, 반복

을 계속하는 게 필요하다고 얘기하셨는데 그걸 다르게 얘기하면 역사거든요. 그 학교의 역사라고 볼 수 있는데 역사는 '왜?'라는 질문을 통해서 계속 형성되고 추가되는 거잖아요. 중간 놀이도 그 시작은 아이들에게 놀 시간이 없다는 현실이었어요. '학교에서 그 부분을 어떻게 해결해 주면 아이들이 좀 더 행복해지고 다른 수업 시간에 더 집중할까?' 단순하게 시작했다면 그다음 고민을 또 하잖아요. '민속놀이 판을 아예 그려 놓으면 애들이 더 재밌게 놀지 않을까? 놀이 기구를 가져다 놓을까?' 이런 고민을 하잖아요. 점점 고민을 했단 말이에요. '왜?'라는 질문이 진화하는 거예요. 그게 그 혁신학교의 역사라고 볼 수 있죠. 이게 빠져 있을 때 형식화, 정형화가 나와요. 겉으로는 하는데 이 시간이 빨리 가기만 기다리고, 아침마다 너무 힘들고, 빨리 방학했으면 좋겠고, 이런 마음으로 거기 서 있으면 애들도 그 마음을 읽거든요. 그런데 우리 학교 같은 경우에는 교장 선생님이 아침맞이를 안 하세요. 안 하시는데 애들이 교장 선생님을 너무 좋아해요. 아침마다 허름한 옷을 입고 화단이나 텃밭에서 계속 일을 하세요. 그러다 애들을 한 명이라도 만나면 눈높이를 똑같이 하고 인사를 해요. "안녕? 오늘 기분이 어떠니?" 하고요. 이름 모르잖아요. 학생이 너무 많으니까. 그런데 항상 그렇게 하세요. 애들이 전부 다 교장 선생님이 일하고 있으면 막 쫓아가서 "교장 선생님!" 이렇게 하거든요? 거의 학생이 2천 명 가까운데도, 아이들이 교장 선생님을 존경해요. 이번에 정년 퇴임을 하시는데 방학식을 하면서 아이들이 되게 안타까워해요. '교장 선생님 못 본다. 어떻게 하지?' 편지 써서 교장 선생님에게 뛰어가고 이러거든요. 시키지 않아도 그게 가능한 거예요.

마음이 우리한테 있다는 걸 아이들이 가장 먼저 알아요. 저는 출발도 거기고 끝도 거기라고 봐요. 결국은 혁신학교는 사람과 사람이 만나는 거예요.

● 권재우 그런 것 같아요. 말씀처럼 내용을 채워 가고 가치를 채워 가야 되는데 따라 하다 보니까 따라 하는 것만 문제가 되는 게 아니라 기존에 잘해 왔던 학교들이 우습게 되고 폄하되죠. 혁신학교 흐름에서 봤을 때 굉장히 위험해져요. 선생님들 흔히 하는 말이 "하고 있는데? 했더니 나는 별로야. 감흥이 없어. 그러니까 저기도 그럴 거야." 예요. 그랬을 때 우리가 어떻게 그걸 극복해 나갈 것인가, 우리의 숙제죠.

● 양영희 오히려 안 하느니만 못한 그런 결과가 있을 수 있죠. 그러니까 긍정적인 사례는 이래요. 처음에는 아무 생각 없이 따라 했는데 하다 보니까 자기가 행복감을 느껴요. '이거 좋네? 계속해야겠다.' 이럴 수 있지만 반대로 실패한 경우에는 '뭐야, 쟤네도 이런데 잘했다고 하는 거야?' 이럴 수가 있는 거죠. 쟤네도 거짓말했네, 이렇게 될 수 있는 거죠. 처음부터 쉽게 되는 일이 아니잖아요. 열에 아홉은 실패할 수밖에 없는데 그 사실을 안 보려 해요. 앞에서 역사 이야기를 했는데 어느 정도 시간이 지나면 형식화되니 안주하거나 지루함을 느끼죠. 그때는 더 재밌는 일, 신나는 일을 찾으려는 시도가 필요할 것 같아요. 사람은 원래 놀이를 찾아 헤매는 존재니까요. 그 속에서 아이들이 더 즐거워하는 교육도 자연스럽게 나올 것 같아요. 나중

에 시작한 학교들이 앞선 학교들에서 배울 때도 이런 도식화에 빠지지 않으려면 우리만 느낄 수 있는 즐거운 일들에 주목할 필요가 있다고 봐요. 한 가지를 시도하더라고 기쁨을 느껴 봤으면 해요. 그래야 에너지가 생겨서 다음 길을 갈 수 있거든요.

그럼에도 좋은 것,
혁신학교를 시작하는 교사들에게

• **양영희** 선생님들이 혁신학교라서 행복했던 점, 처음 시작할 때 좋았던 점, 설렜던 경험, 혹은 혁신학교를 시작하려는 선생님들께 먼저 겪은 사람으로서 하고 싶은 이야기가 있다면 해 볼까요?

• **고은정** 혁신학교를 먼저 해서 그런지 혁신학교에 대해 질문을 받거나 강의를 가거나 하는 일이 있어요. 그런 과정에서 어떤 선생님과 이런 이야기를 나눈 적이 있어요. 그 선생님은 교장 선생님이 혁신학교를 하라고 한 거예요. 이 선생님은 혁신학교에 대해서 반감이 있어요. 하고 싶지 않은데 하라니까. 그래서 저한테 뭐라고 물어보셨느냐면 "혁신학교를 하면 진짜 변해요?" 이렇게 물어보셨어요. 그 선생님 말뜻은 혁신학교를 하면 '관리자도 변하고 업무도 줄여 주고 아이들한테도 집중할 수 있느냐? 그럴 여건이 되느냐?'였어요. 그런데 제가 그 질문에 이렇게 대답을 했더니 굉장히 당황해하셨어요. "네, 정말 변해요. 제가 정말 많이 변했어요." 그 선생님은 관리자가 변했는지, 업무 경험이 되는지 물었는데 갑자기 내가 변했다고 하니까 당황

하신 거죠. 저는 제 자신이 변해 가는 것, 스스로 내적인 성장을 하고 그것을 나 스스로 알아차릴 수 있는 것, 내가 변함으로써 아이들이 함께 변하고 함께 가는 걸음을 느끼는 것, 그게 혁신학교에 온 이유가 아닐까 생각해요. 그래서 처음 시작하시는 선생님들게도 말씀드리고 싶어요. 무엇보다 자신이 변하는 것을 알 수 있을 거라고.

● 권재우 아내도 교사인데 휴직을 했어요. 내년에는 혁신학교로 가라고 얘기해 주고 있어요. 그러면 아내가 당신이 가지 왜 자꾸 자기를 보내려 하느냐고 물어요. 그럼 제가 아내한테 말하죠. 교사라면 한 번쯤 꿈꿔 봤을 환상이 있잖아요. 학교는 이런 거다, 저런 거다, 그 꿈을 한 번쯤은 현실로 만들어 보는 경험을 해 봤으면 좋겠다. 그 환상이 때로는 사막일 수도 있고 오아시스일 수도 있겠지만 저도 그런 경험을 통해서 많이 성장한 것 같고요. 저는 혁신학교에 있으면서 이런 모습을 봤거든요. 학교 가는 시간을 행복한 마음으로 기다리는 아이들, 오늘 어떤 것을 아이들과 함께 할까 고민하며 이야기를 나누는 선생님들, 아이들이 행복해하는 모습을 보면서 같이 행복해하는 학부모들, 자라나는 동네 아이들을 보면서 뿌듯해하는 마음. 이런 경험들이 교사로 살아가는 데 큰 힘이 된 것 같아요. 그래서 저는 아내에게 항상 말합니다. 혁신학교에 도전했으면 좋겠다, 무모한 도전이 될 수도 있고 무한 도전이 될 수도 있겠지만 그 도전을 응원한다고. 그리고 진심으로 더 많은 분들이 혁신학교에 도전하시길 바랍니다.

● 심은보 내 아이를 믿고 보낼 수 있는 학교였으면 좋겠다. 그런 학교

를 만들어 봤으면 좋겠다는 꿈이 있었어요. 물론 아직 결혼은 안 했지만. 그러다가 우연히 혁신학교를 만나게 된 거죠. 저는 처음부터 혁신학교를 시작했던 사람은 아니니까요. 2년차 때 들어갔는데요, 가면서 '어떤 학교면 좋을까.' 생각을 좀 했는데 그때도 그 꿈을 생각했어요. 나도 가고 싶고 아이들도 가고 학부모도 가고 싶고, 관리자도 가고 싶은 학교였으면 좋겠다는 생각이 있었죠. 학교에 들어와서 많은 어려움이 있었지만 그 과정 속에서 선생님들하고 부대끼고 학부모나 아이들과도 부대끼면서 사실, 좋았어요. 서로 많이 다른 부분들을 맞추어 가며 공동체를 만들 수도 있었고요. 제일 좋았던 건 이런 거죠. '내가 선생으로 살고 있구나!' 그런 느낌이 좋았어요. 얼마 전에 한 아버님이 밤늦게 살짝 취한 채 전화를 해서 "선생님, 함께 삽시다." 이렇게 이야기를 하시더라고요. 우리가 공동체가 됐다는 의미였어요. 처음 그 학교에 갔던 날이 저와 똑같은 학부모인데, 그 말을 듣는 순간 정말 행복하더라고요. 어느 학교에서 내가 이런 이야기를 들어 볼 수 있을까, 항상 긴장하며 각자 살고 있었을 텐데. 그래서 한 번쯤은 우리가 해 볼 수 있는 것 아닌가, 혁신학교 교사로 산다는 게 그런 것이 아닐까 해요. 사람들과 같이 갔으면 좋겠습니다.

● **최탁** 우리는 항상 길을 찾을 것이다, 언제나 그랬듯이. 이게 다인 것 같아요. 서로 대화를 하면 반드시 길은 찾을 수 있어요. 그래서 함께하는 즐거움, 함께하는 위대함, 많은 분들이 그것을 경험하고 그러한 사람들이 더 많이 늘어났으면 좋겠습니다.

● 양영희 "우리가 걸어가면 길이 됩니다." 이미 우리 경기도 혁신학교는 이런 사례들을 만들어 낸 것 같아요. 저는 개인적으로는 아마 저뿐만 아니라 혁신학교 선생님들 다 그럴 텐데 다시 일반 학교로 가라고 하면 절대 가지 않을 거예요. 제 주변 선생님들도 다 그렇게 생각해요. 저는 일반 학교에서는 숨을 못 쉴 것 같아요. 이미 자유를 경험했기 때문에 다시 구속되는 삶을 살 수 없는 거죠. 물론 앞에서 이야기한 것처럼 제한된 자유지만. 그리고 구름산 초등학교에서 처음 혁신학교를 시작할 때 동료애도 대단했지만 늘 응원해 주시는 학부모님들이 계셨어요. 버스 정류장이나 학교 근처 어디서 만나든 항상 인사를 했어요. "선생님, 힘내세요. 선생님, 고생 많으십니다." 엄청난 에너지가 됐거든요. 그런 지지를 받는다는 것이 행복한 거죠. 그럼에도 불구하고 저는 우리가 일반 학교에 비해서 조금 더 행복하다는 이유로 우리가 하는 교육이 완성형이라고 생각하지 않아요. 앞에서 말한 정말 많은 제한과 여전히 하지 못하고 있는 일들이 많다는 것을 늘 기억해야 돼요. 우리가 책임져야 되는 대상, 만나야 되는 사람들은 우리 교실에 있는 내 아이뿐만이 아니라는 것도 염두에 두면 좋을 것 같아요. 이 땅의 모든 아이들이 우리가 만나야 되는 아이들이라고 생각하면 너무나 할 일이 많지 않을까요? 그래서 많은 선생님들이 어렵지만 행복해질 수 있는 혁신학교의 길로 들어오시면 좋겠어요.

- **양영희**
  입학식, 반모임, 학부모 자치, 학부모 총회, 축제, 학부모 상담 주간,
  협력 교사

- **최탁**
  학급 교육과정 세우기, 진로 교육, 블록 수업, 야영·수련회, 학교
  교육 계획 수립, 졸업식, 디딤돌 학습

- **고은정**
  교육과정 설명회, 프로젝트 학습, 운동회 vs 놀이마당, 알뜰 시장,
  교육과정 발표회

- **권재우**
  교육과정 워크숍, 아침맞이, 교사 협의회, 동아리 활동, 생태 교육

- **심은보**
  환경 미화 vs 교실 꾸미기, 학생 자치, 독서 교육

- **박상혁**
  계절 학교, 교사별 평가, 문화·예술 교육

다시, 혁신 교육을 생각하다 2
초등학교의 열두 달 혁신 교육 활동 안내서

초판 1쇄 발행 2016년 5월 25일
초판 3쇄 발행 2020년 6월 25일

지은이 • 양영희 최탁 고은정 권재우 심은보 박상혁
펴낸이 • 강일우
책임편집 • 서영희 설민환
펴낸곳 • (주)창비교육
등록 • 2014년 6월 20일 제2014-000183호
주소 • 04004 서울시 마포구 월드컵로12길 7
전화 • 1833-7247
팩스 • 영업 070-4838-4938 / 편집 02-6949-0953
홈페이지 • www.changbiedu.com
전자우편 • textbook@changbi.com

ⓒ 양영희 최탁 고은정 권재우 심은보 박상혁 2016
ISBN 979-11-86367-30-8 04370